UNIVERSITY OF NORTH CAROLINA AT CHAPEL HILL
DEPARTMENT OF ROMANCE LANGUAGES

NORTH CAROLINA STUDIES
IN THE ROMANCE LANGUAGES AND LITERATURES

Founder: URBAN TIGNER HOLMES

NORTH CAROLINA STUDIES IN THE
ROMANCE LANGUAGES AND LITERATURES

Number 177

A Critical Edition of

LE REGIME TRESUTILE ET TRESPROUFITABLE POUR CONSERVER ET GARDER LA SANTÉ DU CORPS HUMAIN

By

PATRICIA WILLETT CUMMINS

With the commentary of
Arnoul de Villeneuve

Corrected by the *docteurs regens*
of Montpellier: 1480. Lyon: 1491.

CHAPEL HILL

NORTH CAROLINA STUDIES IN THE ROMANCE
LANGUAGES AND LITERATURES
U.N.C. DEPARTMENT OF ROMANCE LANGUAGES

1976

Copyright © 1976
North Carolina Studies in the Romance Languages and Literatures
All rights reserved

Produced and distributed *on demand* by
University Microfilms International
Ann Arbor, Michigan 48106

Library of Congress Cataloging in Publication Data

Regimen sanitatis Salernitanum.   **French.**
  A critical edition of Le regime tresutile et tresproufitable pour conserver et garder la santé du corps humain.

  (North Carolina studies in the Romance languages and literatures ; 177)
  (Monograph publishing on demand, imprint series)
  Bibliography: p.
  1. Hygiene–Early works to 1800. 2. Medicine, Medieval. I. Cummins, Patricia Willett, 1948-   II. Series.

RA775.R34 1976   613   76-25778
ISBN : 978-0-80789-177-3

I would like to express my gratitude to the University of North Carolina for a Smith Fund Grant and Lafayette College for a Research Grant, which helped greatly in the preparation of this edition.

TABLE OF CONTENTS

INTRODUCTION		ix
A.	History of *Regimen sanitatis salernitanum*	ix
B.	Description of the base text	xiii
C.	History of editions	xiv
D.	Analysis of the text	xvi
E.	Literary and historical value	xxi
F.	Language	xxiv
G.	Preparation of the edition	xxv
TEXT	Le Regime tresutile et tresproufitable pour conserver et garder la santé du corps humain	1
NOTES		174
GLOSSARY		191
INDEX NOMINUM		213
APPENDIX A		218
	Poem and translation	218
	Index Rerum	254
A SELECTED BIBLIOGRAPHY		263

INTRODUCTION

A. History of the Regimen sanitatis salernitanum (RSS)

The <u>Regimen</u> <u>sanitatis</u> <u>salernitanum</u> is one of the most popular poems in medical and literary history. Dating from the twelfth or thirteenth century,[1] it has known over 100 manuscript versions and between 250 and 300 editions.[2] In its different forms it acquired variations of the following titles in Latin--<u>Regimen</u> <u>sanitatis</u> <u>salernitanum</u>, <u>Flos</u> <u>medicinae</u> <u>Salerni</u>, <u>Schola</u> <u>salernitana</u>, <u>Medicina</u> <u>salernitana</u>, and <u>De</u> <u>conservanda</u> <u>bona</u> <u>valetudine</u>--and numerous other titles when translated into vernaculars. The poem consists of a compendium of Salernitan medicine, written in leonine verse (hexameters with interior rhyme), and dedicated to the King of the English.[3] It varies in length from under 100 lines to over 3000 lines, and in some versions is accompanied by a commentary.

Toward the end of the fifteenth century, the RSS enjoyed an immense popularity in the version with a commentary attributed to Arnaldus de Villanova, of which our edition is the first French translation. This version spread throughout Europe and was largely responsible for many later Latin and vernacular versions.

The famed medical school of Salerno may have had little to do with the orginal poem, despite its appearance in the opening line:

---

[1] No one can be sure of the precise date as we have no original manuscript.

[2] Most useful sources on the poem's history were Baudry de Balzac, Weller, Verrier, Wickersheimer, Parente and Sudhoff. Baudry de Balzac (in DeRenzi's <u>Collectio</u> <u>Salernitana</u> . . . , V, 1859) lists 81 manuscripts and 246 editions, which he describes and dates in accordance with first hand knowledge or information given by earlier critics on items he has not seen. DeRenzi added 17 manuscripts and 5 editions to Baudry de Balzac's list. This remains the best single source, but its shortcomings are several: descriptions are incomplete, dating has at times been proved faulty by later critics, and some of the manuscripts discussed are now considered questionable. Aside from Salernitan criticism, library catalogues and lists of early books have been helpful.

[3] Occasionally manuscripts dating from the Anglophobic era of the Hundred Years War bear the dedication "Francorum regi."

"Anglorum regi scripsit schola tota Salerni," or "The whole School of Salerno wrote for the King of the English." The poem gives general advice on man's health in the form of cryptic aphorisms like those first introduced by Hippocrates. This advice is consistent with the teaching of the School of Salerno in the twelfth century, but we have no other written evidence from Salerno to confirm the poem's claim. On the contrary, we have a more likely prospect in a possible prose model for the poem, the Secretum secretorum (Secret of Secrets). It is an Arabic work, originally entitled Sirr al-asrār, which was apocryphally attributed to Aristotle and addressed to Alexander the Great. In the twelfth century John of Spain translated into Latin prose the medical portion of this work, whose advice follows very closely that of our Salernitan poem.[4] A single poet probably set to verse passages from this prose translation and began by citing the famous school in order to advertise his work.[5] Some suggest that John of Milan, who lived in the early twelfth century and whose name appears in several manuscripts, may possibly have written it.

Past critics have often taken the poem's authorship at face value and tried to argue over which English king received it from the School of Salerno. René Moreau, a seventeenth century critic, offers us the best possible explanation. According to him, Robert, son of William the Conqueror, stopped at the School of Salerno on his return from the crusades. At that time he was next in line to the throne, although he would never reign. Moreau tells us he asked the doctors to cure his fistula, for which we have a remedy in the poem. The doctors decided to write down not only this one cure, but an entire regimen of general health prescepts, of which our poem was the product. This

---

[4] John of Spain is also known as John of Toledo and John of Seville. For detailed information on these two works see Johannes Brinkmann, Die apokryphen Gesundheitregeln des Aristoteles für Alexander den Grossen in der Uebersetzung des Johann von Toledo. Leipzig: Metzger & Wittig, 1914.

[5] René Verrier presents arguments in favor of this position in his Etudes sur Arnaud de Villeneuve II. Leiden: Janus, 1949, p. 68.

would be an ideal explanation, but historical annals, while verifying that Robert went on the crusade, nowhere indicate a detour to the School of Salerno. Since we have no evidence prior to the seventeenth century, we must consider the identity of the English king at least as uncertain as the role of Salerno.[6]

Finally we come to the question of Arnaldus de Villanova. He was a Catalan physician of the thirteenth century who enjoyed great renown at the School of Montpellier in the fifteenth century. Toward the end of the century a regimen of health written by Arnaldus was published in the same volume with our version of the RSS, edited and commented upon by an anonymous Belgian author.[7] Thereafter both works were attributed to Arnaldus, even when the true Arnaldian work was published separately from the Salernitan poem and commentary. Printers like ours encouraged men to believe the second text Arnaldian. They added still another false advertisement for their book, claiming when it was reprinted that it had been corrected by the doctors of Montpellier, the school which had overtaken Salerno by the fifteenth century. Our French translator added new propaganda in favor of a Cataluñan Arnaldus and against an unknown author brom Brabant: while omitting names of fish given in the Brabantian dialect (50r-52v, n.134-142) as well as the passage where the commentator calls Brabant his homeland (27v, n.59), his French translation gives Spanish sounding titles to the Italian Bertruccio, "Bertuce l'Espagnol"(6v), and to Alexander the Great, "Alesander y otros"(105r). So successful were the various means of deception, that despite René Verrier's discovery of the first editorial error in the mid-twentieth century, many libraries possessing early editions of the work still file them under Arnaldus de Villanova in their catalogues.

---

[6]The identity of the English king has been the subject of many inquiries, of which the most comprehensive is Wickersheimer's "Autour du Régime de Salerne," Le Scalpel, 105 L (1952), 1501-10.

[7]This was first brought to public attention by René Verrier, op. cit., pp. 61-62.

This version long continued to be published, not only in single copies, but in conjunction with other works, such as Arnaldus' Opera or volumes with treatises of more than one author. In addition to its own success, this version of the poem gave rise to many other versions of Regimen sanitatis. Many of these were Salernitan in nature; some had nothing to do with our poem.

Most early manuscripts and incunabula were in Latin. The poem, known best in the form with the commentary, was highly revered as a scholarly medical work. During the sixteenth century the vernacular gradually became more important. We find several editions without the commentary. The sixteenth and seventeenth centuries produced other versions of the poem that cut down or added to the number of lines in the Arnaldian version. Men still respected the poem's value as a medical authority, but it was no longer protected from attack, and sometimes it was even mocked, as in Henault's L'Eschole de Salerne en vers burlesques . . . (1649).

In the eighteenth and nineteenth centuries almost all versions are in the vernacular, and physicians still take it seriously enough to argue its medical value. Editors sometimes reduce expanded versions of earlier centuries in an attempt to restore the original poem. Scholars both publish editions and write criticism on the subject.

The twentieth century layman is still familiar with much of the poem's advice in the form of common sayings and practices handed down from generation to generation. He usually has not read the work and would probably make fun of the four humors and phlebotomy, but his dietary practices and personal hygiene are often very close to those of his medieval ancestors, and even his speech is colored with expressions like "bad humor," "bad blood," or a "physical appearance to fit one's constitution." An indication of its importance is the fact that we have a number of twentieth century editions and translations in a variety of languages, including English, Italian, Rumanian, Russian, Turkish, Portuguese, and now this one in Middle French. The RSS's gradual decline in influence upon the medical profession does not lessen its historical role. The medical practices it outlined in the fifteenth century remained almost unchanged until the developments of the last one hundred years, and even these developments have not wiped out all remnants of the past.

B. Description of the base text

Our text has been based upon an incunabulum printed without colophon. Klebs believes it was printed at Lyon in 1491 and that its type corresponds with that of DuPré. The edition is in quarto with signatures from a to r. It has 120 leaves including the title page. This copy came from the library of the Faculté de Médecine of the University of Paris. Two pages, r recto and r verso, were a cancel, which we replaced with two original pages from the copy at the Philadelphia College of Physicians Library. The type is Gothic and runs thirty lines to a page with variations from twenty-eight to thirty-one lines. Other copies are located in the Bibliothèque Nationale, the Bibliothèque Sainte-Geneviève, and the Philadelphia College of Physicians Library, and we find detailed descriptions in Klebs 830.1, Pellechet 1300, Copinger 5048, Brunet p.1229, Proctor 8703, and Fisher 343.

Characteristics of the print:

Words sometimes run into each other or are separated where they should be kept whole.

Punctuation is sometimes inaccurate and illogical, with / or . found haphazardly throughout the text.

U/v and i/j are undistinguished. U and s at the beginning of a word are distinguished from u and s in the middle of a word.

Extra letters, missing letters, wrong letters, and letters out of order are not uncommon.

Abbreviations:

est: ē (rare)

m: ꝫ   Constantim or Constantiꝫ

m or n: nasal bar   conserver or cōserver

> Exception: the nasal bar usually rests over the vowel preceding the missing letter. In the word "humidité" and its derivatives the nasal bar lies over the vowel

following the missing letter, as in "huīdité," more often than it occurs over the preceding vowel, as in "huïdité."

par or per: ꝑ [parfont or ꝑfont]

pre: p̃ [present or p̃sent]

pri: ṗ [prinse or ṗnse]

pro: ꝓ proprieté or ꝓprieté

quant: q̃ (rare)

qua and que: ꝗ (rare) [provoquent or provoꝗnt]

qui: q̇

quia: qꝉ

ue: ȝ [atque or atqȝ]

ur: ꝛ [pour or poꝛ]

us: ꝰ [plus or plꝰ]

C. History of editions[8]

The present edition of the RSS is one of sixteen "corrected" by the <u>doctores regentes</u> of Montpellier, 1480. The other fifteen are entirely in Latin, while ours has a Latin poem and a French commentary.

Most of the sixteen editions are known to be incunabula, while a few of those which are undated may have been printed shortly after 1500. The earliest editions are French, but after 1490 the text has spread to the presses of Germany and later to those of Italy. The following chronology has been established in accordance with information given in Klebs, with brackets indicating questionable data:

[Paris, n.pr., 1483]

[Lyon, n.pr., 1486]

---

[8] Klebs has been my principal source on incunabula, as he includes Pellechet, Sudhoff, Choulant, Polain, Hain, Copinger, Reichling, and several other lists of early books as well as many library catalogues. Helpful in checking later books were library catalogues and the listings of Brunet and Baudrier (France), Pollard and Redgrave (England), Palau (Spain), C. Fairfax Murray Catalog (Germany), Grässe (Germany and Italy). Arnaldian critics and experts on the RSS also supplied information, especially Baudry de Balzac, Verrier, Weller, and Wickersheimer.

[Lyon, n.pr., 1486]

Besancon, [n.pr.], 1487

[Lyon or Toulouse, n.pr., 1490]

[Lyon, n.pr., 1491] (our French edition with the vernacular commentary)

Strasburg, n.pr., 29 December 1491

Cologne, n.pr., 4 July 1494 (Tractatus epidemiae also indicated in the title, not found in the text)

[Lyon, n.pr., 1495]

Venice, Vitalibus, 1500

[Venice, n.pr., 1500]

[Venice, n.pr., after 1500]

[Venice, n.pr., 1500] (Klebs believes "Strasburg, 29 December 1491" to be inauthentic, thus making this a different edition from the Strasburg edition mentioned earlier)

Venice, Vitalibus [after 1500]

[Lyon, n.pr., after 1500] (included with Tractatus de pestilentia)

[Lyon, n.pr., n.d.].

Sometimes the place of publication, the printer or the date are disputed by other authorities. Klebs also lists their findings.

A corrected edition usually presupposes an earlier uncorrected version. We find six such uncorrected Latin editions included with Arnaldus de Villanova's undisputed Regimen sanitatis ad inclytum regem Aragonum (also known as Liber de conservatione corporis). Three of these are presumed to date from 1480, while three have not been dated. Five of them are from Louvain, one from Cologne (Klebs). Wickersheimer was the first to point out that these are virtually identical to our "corrected" version.[9]

At least seven other Latin incunabula, and probably nine or more, did not include Arnaldus' Regimen sanitatis ad inclytum regem Aragonum or the corrections of the doctors of Montpellier. Klebs

---

[9] E. Wickersheimer, "Autour du Régime de Salerne," Le Scalpel, L (1952), p. 1507.

lists six, all from Paris, two of which are undated, the others ranging from 1493 to 1500. Verrier lists another from Louvain, 1482, which was printed in the same volume with the Regimen sanitatis of Maino and was wrongly attributed by Hain and others to Maino despite the indication in the title.[10] Copinger lists two editions which neither Klebs nor I have been able to verify: Lyon, 1482 and Venice, 1491.

Before the versions with the Arnaldian commentary had become popular, another version of the RSS appeared in Germany: Regimen sanitatis zu Deutsch: Ordnung der Gesundheit. Klebs lists nine editions between 1472 and 1490. Grässe mentions two more: Augsburg, 1473 and Augsburg, 1495.

During the 1490's (when most of the Paris editions, all with the Arnaldian commentary, were printed) the Regimen sanitatis, Schul von Paris became popular in Germany. It is another version of the RSS, and it usually included Latin verse as well as German. Klebs lists ten such editions between 1490 and 1500.

The poem is also known to be printed separately. One version is found in Ficino's De triplici vita (Paris, n.pr. for A. Aliate, 1495, and another in Publicio's Ars memorativa (Rouen, Regnault, Violette and Harsy n.d.) (Klebs).

All of the incunabula versions discussed above continued in one form or another into the sixteenth century, when many new versions of the RSS accompanied the old.

D. Analysis of the text

The pseudo-Arnaldian version of the RSS has 364 lines of verse divided by subjects into short groupings. After each grouping, the editor interpreted the poem's meaning in accordance with contemporary knowledge, citing medical authorities in vogue at the time, and treating of the following six categories:[11]

---

[10] René Verrier, Etudes sur Arnaud de Villeneuve. II. Leiden: Janus, 1949, p. 69.

[11] These divisions are my own.

	lines
Personal hygiene and bodily care:	1- 19
	43- 44
	231- 38
	351- 64
Diet:	20- 40
	45- 57
	62-129
	132- 49
	154- 70
Remedies and medicinal herbs:	41- 42
	58- 61
	130- 31
	150- 53
	171-218
	225- 30
	239- 54
	258- 63
Anatomy:	255-57
Four temperaments:	219- 24
	264- 95
Phlebotomy:	296-350

Since the RSS was supposed to serve as a guide for the layman who wanted to preserve his health, the commentary explains all in both medical and non-medical terms.

The interpretations of medicine are typical of fifteenth century Europe. Following Greco-Arabic tradition as taught at Montpellier, our author cites most often the *Canon* of Avicenna, the Arab physician who codified Greek and Arabic medical doctrines at the beginning of the eleventh century. Our commentary frequently cites Rhazes, Galen, and Hippocrates among other sources.

All these authorities place their advice in a philosophic context centering on the interaction of man and universe. Thus in an ideal state of normality, man and universe would be in harmony and proper balance within themselves and with each other. Doctors considered health as a form of harmony and disease as a form of disharmony. To cure the disease was to restore proper balance. Authorities describe the harmony of the universe in terms of four elements, four energies, and four seasons. From the time of Empedocles (504-488 B.C.) men had called fire, air, water, and earth the four elements and they believed that all matter derived from various combinations of these elements. Our text still defines matter as predominantly fiery, airy, watery, or terrestrial. Avicenna used the four energies or qualities to describe all matter (including the four elements): heat, cold, dryness, and moisture. Objects are predominatly hot and dry, hot and moist, cold and dry, or cold and moist, as we also find here. According to medieval doctors the four seasons--spring, summer, fall and winter--have an effect on the balance of elements and energies.

Terminology to define harmony in man includes the four temperaments, the four ages, and the three states of health. Temperaments are innate qualities in man which influence his physical and psychological constitution--named by Galen sanguine, choleric, phlegmatic, and melancholic. Man passes through four ages: childhood, youth, middle age, and old age, each of which requires a particular balance of forces. Finally, our author describes man as ill or feverish, as prone to illness, or as in good health. Man's temperament, age, and state of health act as decisive guideposts in the doctor's prescriptions and advice.

The physician wants to keep the proper balance of the four elements, the four energies, and the four seasons in harmony with the temperament, age, and state of health of his patient. Keeping all these factors in mind, our author begins his work with general precepts on personal hygiene and bodily care.

Most of the advice follows common sense. Man should keep himself clean and neat, and he should tend to his body's needs. He should be moderate in all things--getting proper exercise as well as proper rest, eating and drinking sufficiently but not to excess, and maintaining a pleasant disposition while avoiding anger and tension. Habits are generally good for man, and he should not change them unless it is to avoid harm. Habit helps determine what is appropriate for an individual. Thus a person who is not used to exercise should not suddenly undertake a task requiring great physical effort.

The author does not limit himself to a list of dos and don'ts, but rather he explains the effect of actions on the harmony of the universe and the individual. Eyes, for example, are cold in nature and should be washed in cold water because the two have a similar energy makeup, as the commentary explains: "La cause pour quoy les yeulx doivent estre lavés de eaue froide et non pas de chaulde est pour ce que une chascune chose naturelle doit estre gardee par son semblable."(3r)

The prescribed diet is a corollary of proper hygiene. It too is governed by moderation and habit as well as man's physical makeup (treated above) in relation to the universe. In this section, however, the author also discusses the nutritional and medicinal value of foods and drinks and what happens when they are digested.

Doctors usually judged the nutritional value of food by the kind of humors it produced. Humors here refer to fluids made during digestion. Digestive humors are usually termed thick or thin. Rich and hard to digest foods produce thick humors and are generally more nutritious than easier to digest foods with thin humors. Healthy people, especially those used to a lot of exercise, should eat foods generating thick humors. Those accustomed to food easy to digest, like the nobles, or those who do not get much exercise, should eat food with thin humors. The very sick should have a minimal diet with very thin humors. Humors are also judged as good or bad by virtue of their interaction with a man's temperament and state of health.

Diet may have a medicinal value for the man who is sick. Diseases are usually described in terms of the four energies: "es maladies chauldes doit admin[i]strer le medecin diete froide, et es maladies froides diete chaulde, es maladies humides diete sceches, et es maladies sceiche diete humide."(72v)

In listing foods our text must therefore include their properties of heat, cold, dryness, and moisture. Even flavors are divided into those having a warming effect, those having a cooling effect, and those having a balanced effect. As in the case of the healthy man, the sick man's diet also changes with his temperament and the seasons of the year.

Our author classifies remedies and herbs by the energies and by the effects they produce. A cold remedy is proper for a hot illness. An herb with a laxative effect is desirable for a constricting illness. Something which softens cures something hard--as in the case of mallow, from which are made "cristeres <u>remollitives</u> pour lachier les feces <u>endurcies</u>."(74v) Although alchemy does not figure largely in our text, another means of remedying and avoiding disease was the principle of "like attracts like." Thus a warm substance placed outside the body would attract excessive body heat outside. Warnings on remedies are also important, for medicines which are helpful in some ways may be harmful in others.

Our text qualifies the properties of herbs and remedies in terms of degrees, ranging from 1 to 4. The first degree refers to something with a mild effect--such as mildly warm or mildly moist. The fourth degree is the highest or strongest degree.

The short section on anatomy discusses the numbers of bones, veins, and teeth. It is essentially descriptive.

The section on the four temperaments shows us how the temperaments were supposed to affect a man's physical and mental makeup. Most noticeably, temperaments control the complection of a man's skin: people of sanguine temperament are ruddy-colored, those of choleric temperament are tawny, men of phlegmatic temperament are fair, and those of melancholic temperament are of muddy complection. Similarly the temperaments determine size, personality, character, and talent.

The four temperaments took their names from Hippocrates' description of the parts of the body's blood. The red part is blood, the yellow froth that may appear is choler, the white part phlegm, and the heavy matter settled at the bottom melancholy. Our text discusses the breakdown of blood into the humors describing in detail the odor and taste.

The section on phlebotomy, or bloodletting, concludes the work. The purpose of phlebotomy was to rid the body of an excess of blood and certain bad humors. In prescribing this treatment a doctor had to consider not only a person's age, temperament, and state of health, but also the season, and his diet and personal hygiene before and after phlebotomy. If these signs were unheeded, the patient could suffer harm rather than benefit.

Our author gives instructions on how to go about phlebotomy--the veins to be bled, the size of the wound, the instruments to be used, the quantity of blood to be taken, the ointments and bandages needed, and so on. He greatly extols the benefits of the cure and suggests ways to avoid its harmful aspects.

Our editor is skeptical of using alchemy and astrology in his treatments. He attributes effects of herbs not to their magical or supernatural powers but to their ability to provide an opposing quality to offset the illness. In the one part of the poem where the poet suggests administering phlebotomy in accordance with the stars (11.305-12) our commentator directly refutes the poet for the only instance in the book. Our work is a practical text whose consistent reliance on logical explanations of its counsel helped it to survive for many generations.

E. Literary and historical value

The major importance of our text lies in the fact that it was the first French translation of the RSS, a work men published in 250 to 300 editions in many languages over a six-century span. It gives insight into the medical practices and beliefs common in Europe of the fifteenth century, and it presents general views on bodily health that doctors defended until the mid-nineteenth century.

It had literary influence on many later works and writers. The most obvious influence is the appearance of other vernacular versions of the same work, at first retaining the commentary and later concentrating on the poem. The Latin poem, written in leonine verse, had always had artistic merit in itself due to the clever ways in which it had put together its medical advice and remedies. Beginning in the sixteenth century, that poem was artfully translated into French and other vernaculars. Even parodies were written in the style of the poem. Our edition is at least partially responsible for these later versions, first because it belonged to the group of editions (with the pseudo-Arnaldian commentary) that had made the poem so famous, and secondly because it set a precedent for later versions in French by being the first vernacular edition in that group.

The popularity of this edition and its descendants must have left its mark on writers of the sixteenth century who discuss directly or indirectly their ideas on personal hygiene, diet, and various remedies and medical practices. The medieval concept of the relation between medicine and universal harmony continued to exist in the sixteenth century, as did the ideal of moderation in all things. However, to measure the influence of our text on Rebelais, Montaigne or other literary figures would be an impossible task, and I have not tried to research any direct references to the RSS (or any of its other titles) in the writings of the sixteenth century.

Linguistically, it is a typical example of a Middle French medical translation. The style is rough, retaining some of the awkward Latin constructions in the French sentences. Thus subjects are occasionally found after the verb or may be omitted. Nor does our translator take care to translate all his technical words--he leaves almost all the veins to be bled in phlebotomy as well as the names of some common birds and fish in Latin. It is possible that some of these terms, especially those which he uses in both Latin and French, were kept in Latin to impress the common reader.[12] Other words, although seemingly translated, are really gallicized forms of the Latin: "documenta" is translated as both "enseignement" and "document;" "bismalva" is translated as "bismaulve" instead of "guimauve." As we saw earlier, the French translator feels free to add and subtract things to suit his purposes--like the removal of Germanic words and the addition of Spanish sounding names.[13] On rare occasions he also likes to add examples of his own to support the argument of the text, as he does by citing the blacksmith and the

---

[12] It is also possible that our translator did not have time to finish and polish his translation in the way he would have wanted.

[13] See Section A.

money lender in the grouping on moderation in diet (79v). Despite the roughness of his translation and these few minor deviations from the Latin, our translator usually keeps the spirit of the Latin text and accurately gives the advice intended by the Latin author.

A curious occurrence in the line order of our poem indicates how poems with commentaries were put together. Our French edition and the later French editions which used it as a model differ from the line order of the Latin editions in three subject groupings. In the Latin text, the grouping on phlegm (ll.219-24) is found after the discussion of choler (ll.275-80), while elecampane (ll.258-60) and nasturtium juice (ll.261-63) come in a long series of medicinal herbs (putting them between 1.209 and 1.210, and between 1.211 and 1.212 respectively if our French text were rearranged). Obviously the translator, like the commentator, had worked on each section separately and found it easy to lose his place when he put them back in order.

As we read through the commentary, the RSS gives us glimpses of daily life, of attitude toward social classes, and of concepts of the world and man's place in that world. It informs us in the section on diet, for example, how people prepare food, or what they did to prepare for a sea voyage in the section on medicines.

The author suggests a different diet and different remedies for nobles and the well-to-do. In the first place they are considered less physically strong and should not expose their bodies to the same food nor undergo the same physical endurance as a hardworking commoner. Secondly the rich should use something better than the commoners because of their higher rank and greater wealth. Thus to avoid sea-sickness, the rich should mix seawater with their wine for a few days before the trip. The poor should drink a little seawater.

Our text deals in great detail with the philosophic outlook on medicine prevalent at the time, the use of herbs, the role of now long outmoded medical practices (like phlebotomy) and the general aims of diet and personal hygiene.[14] Between the lines of his medical

---

[14] See Section D.

advice the author presents us a picture of how people thought and behaved in the fifteenth century and a long time afterward.

F. Language

The language of the commentary is Middle French, although many technical terms remain untranslated from the Latin. In an effort to help the reader we have listed below the major orthographical variations and morphological changes which are characteristic of the text, and which may vary with other texts of the Middle French period.

ORTHOGRAPHY:

Vowels

"A" and "e" are often interchangeable: "clares"(18v) and "clers"(20r) [15]

"A" and "ad" are occasionally interchangeable: "gens disposés ad ce"(26r)

"E" and "ai" are often interchangeable: "guaires"(51v)

"Ai" and "oi" are often interchangeable: "mains"(23v) (meaning "less") and "moins"(24r)

"És" and "ez" are often interchangeable: "les esperis sont refocilés et restaurez"(101v)

"Et" and "é" are occasionally interchangeable: "privet"(25v) and "privé"(37r)

"Eu" and "ou" are often interchangeable: "demeurer"(19v) and "demourer"(19v)

Consonants

"C" and "s" are often interchangeable: "se est"(25r) ("se" meaning "it" or "that") and "c'elle"(21v) ("c'" meaning "if")

Unpronounced letters ("l," "g," "c," "p," etc. are usually optional: "aultres"(26v) and "autre"(54v)

MORPHOLOGY:

Article

Masculine and feminine are not always distinguished: "le viande"(24v)

---

[15] This vowel variation can at times be troublesome when the third person plural of a verb in the present tense looks exactly like its present participle.

Article is often optional: "la chaleur et esperiz"(4v)

"Au" and "ou" are interchangeable: "opillation faite ou conduit"(95v) and "au foye"(96r)

Nouns and pronouns

"Il" sometimes replaces "elles:" "Il ne sont pas si unctueuses et pourtant elles engendrent"(29r)

"Qui" and "qu'il" are interchangeable: "ceulx qu'il viennent"(28v)

Emphatic "le" is not yet established: "et dit Averroys"(16r) (meaning "and Averroes says so.")

Relative pronouns and adjectives are interchangeable (e.g. lequel): "lesquelz poissons"(51r) and "lesquelz sont"(52r)

Adjectives

Agreement of adjectives is not well established: "legiere separations"(51r)

Position of adjectives is not well established: "blanc vin"(18v) and "vin blanc"(18v)

Verbs

Singular and plural verbs are interchangeable: "leur odeur et saveur n'est pas"(51v)

Infinitives and past participles are often interchangeable: "doivent estre rostyr pour obtemperé la secheresse"(17r)

Conjunctions

"Comme" occasionally replaces "que" in comparisons: "si vertueux comme la chair"(25r)

GENERAL SYNTAX:

Occasionally verbs are found without subjects: ". . . premier demonstre l'eage competente et requise devant que on puisse faire saignier."(101r)

The verb is often missing in one or two enumerations of a long series: "La quarte que l'omme doit eviter . . ."(31v). We have added colons after the number to smooth over the omission.

Contraction of words is preferred over separation of words: "c'est" occurs more often than "ce est"

G. Preparation of the edition

We have supplied modern punctuation and capitalization, as well as i/j and u/v distinctions. Final acute accents have been added, and all but the numerical abbreviations have been written out.

Aside from spelling variations, in general, extra letters, wrong letters, and letters out of order have been corrected and noted. Missing letters have been placed in brackets in the text itself. Grammar constructions that may be difficult to understand have also been noted. However, characteristic syntactical variations (given in Section F) have not been noted--the most common are the interchangeable use of the infinitive and the past participle, of "si" and "s'il," and of "qui" and "qu'il." Leaf numbers, designated with a number and r for recto, v for verso, have been assigned beginning with the first page of text, indicated by the signature a ii.

The Latin in the text is usually separated from the commentary by its own introductory label, "Textus," and by a second introductory label to the commentary, "Exposition." We have removed the introductory labels and isolated the Latin text by indentation and the skipping of lines between the verse and the commentary. Most variant spellings in the Latin, even the irregular ones, have been kept except in the case of definite printing errors, which are corrected in the text and noted. All abbreviations have been resolved. The normal Latin diphthongs <u>ae</u> and <u>oe</u> written as <u>e</u> have not been changed.

Sources quoted in the French commentary have not been set off by quotation marks as the quote is more often approximate rather than exact when translated. Direct Latin quotes, however, have been indicated as such.

Occasionally our text was not clear. To resolve any uncertainties I first consulted a French edition further "amended" by the doctors at Montpellier in 1501.[16] This text proved of little use since it derived from our base text--it kept the same mistakes in the poem's order, and when lines of commentary were left out from the translation or when words were badly translated, the second French text more often than not followed the first. More useful in ascer-

---

[16] <u>Regimen sanitatis en françois</u>, ... Lyon: n.pr., 1501.

taining the meaning of the French text were Latin editions of the poem and commentary.[17] Its case structure indicated the precise syntax, and it sometimes provided missing words or lines.

Appendix A gives a near literal translation of the Latin poem. Subjects, verbs and shades of meaning have been supplied to render a smoother reading, and divisions have been marked to reflect the groupings set off in the text.[18] A subject index follows citing the line of poetry in which items are found.

The vocabulary denotes the first occurrences of a word and includes definitions of underlined Latin words which were used but not fully explained in the French commentary. The Index Nominum provides a translation and explanation of names and places.

---

[17] I have quoted in the notes Regimen sanitatis salernitanum . . . . Venice: Bernardinus Venetus, de Vitalibus, n.d. (Klebs 830.16)

[18] Sometimes the poem's words have been stretched to fit the meaning indicated in the commentary, particularly in the case of sentences with unnamed subjects.

Le Regime tresutile et tresproufitable pour conserver
et garder la santé du corps humain

[1r] Cy commence la maniere de vivre tresexcellente et profitable pour conserver et garder la santé corporelle de toute humaine nature, jadis faite et compillee au reaulme d'Angleterre en l'Université de Salerne,[1] et veritablement declaree et exposee par ung venerable docteur en medecine de Cathalone nommé Maistre Arnoul de Villeneuve (comme pierre precieuse entre tous les medecins vivans en terre) et nouvellement corrigee et amendee par les tresexcellens et tresexpers docteurs en medecines regens a Montpellier. L'an mil. iiii^c iiii^{xx}.

> Anglorum regi scripsit scola tota Salerni:
> Si vis incolumen, si vis te reddere sanum,
> Curas tolle graves, irasci crede prophanum.
> Parce mero, cenato parum non sit tibi vanum
> Surgere post epulas, somnum fuge meridianum.
> Non mictum retine, nec comprime fortiter anum.
> Hec bene si serves, tu longo tempore vives. (1-7)

Ce petit livre a esté fait et composé a l'instance et usaige du roy d'Angleterre, pour conserver et garder la santé corporelle, par les docteurs de l'Université de Salerne, au commencement duquel l'acteur nous demonstre huyt enseignemens generaulx, lesquelz aprés seront specifiez et declarés.

La premiere doctrine est que l'omme qui veult vivre en santé doit fuyr et eviter les grandes charges et sollicitudes, car trop grande sollicitude seche les corps humains en donnant desolacion aux esperiz de vie, et les esperitz ainsy desolés et marris sechent les os. Soubz ceste premiere doctrine se [1v] doivent comprendre les mellencolyes et marrissons, lesquelles samblablement font grand dommaige au corps humain, car par ce moyen le corps devient maigre et froit, le ceur est serré, l'entendement et engin obscuré, rayson parturbee, et la memoire anichilee. Il est pourtant expedient a gens gras et charnus d'avoir aucune tristesse accidentale pour modifier la chaleur de l'esprit et rendre le corps maigre et subtil. La seconde doctrine est que l'omme se doit garder de courrousser, car ire et courroux samblablement seche le corps, pourtant qu'elle eschauffe tous les membres excessivement, et trop grande chaleur seche le corps et le fait ethique, comme dit Avicenne en la premiere distinction de la iii^e doctrine au premier chapitre. Secondement: car ire et courroux pour la grande chaleur du ceur fait grant dommaige a toutes les operations de l'ame raisonnable. Et est a noter que ilz sont aucunes gens qui sont frois naturellement, ou par accident d'aucun malefice et poyson auquel est utile et profitable pour la santé corporelle de estre marris et courroussés a ce que par ce moyen la chaleur naturelle en eulx soit incitee, acquise, et conservee. La tierce doctrine est que l'omme doit estre sobre en boire et en mengier,[2] car boire et mengier excessivement fait l'omme pesant, endormy[3] et paresseux, et rent les membres et l'estomac debilités. Et comme dit Avicenne au chapitre de l'eaue et du vin, plusieurs aultres inconveniens sourviennent par excesse de boire et de menger, comme plus aprés sera declairé. La quatriesme doctrine est que l'omme doit petitement souper, car trop menger au soir engendre douleur de ven [2r] tre, c'est adire torsions et empeschement de repos ou angoisse, comme nous veons par experience, et sera aprés declairé. La ve est que l'omme doit ung petit cheminer aprés qu'il a prins son repas, car par ce moyen la viande descent au fond de l'estomac ou gist la vertu digestive. Comme dit Avicenne, l'orifice de l'estomac desire la viande, et le fond la digere. La vi^e est que l'omme ne doit point dormir incontinent aprés son repas s'il veult avoir santé et eviter plusieurs maladies, ou texte quant il dit "Febris, pigricies, etc."[4] La viie est que l'omme ne doit point longuement retenir son urine. Et si la retient plus que nature ne requiert, a grant peine pourra uriner, et par aventure la mort s'ensuivra, comme dit Avicenne en la xixe distinction du tiers livre au chapitre de la dificulté d'urine. Item, trop longuement et plus que nature requiert retenir les matieres fecales, c'est adire la grosse matiere, s'ensuivent moult d'inconveniens pour ce que le foye et les vaines meseraique sechent quasi toutes les humeurs des grosses matieres. Et pourtant qu'elles sont dures, ne peu[l]ent saillir hors du corps et font es boyaux opilations dont surviennent matieres ventoses, et par possible apostumeuse, comme sera aprés declairé. La viiie est que l'omme en faisant sa necessité ne se soit point trop esforcer ou contraindre son fondement, car en ce faisant souvent s'ensuivent les esprinssons et le siege du fondement hors de son lieu. Et pour finale conclusion dit l'acteur: qui vouldra observer et garder la doctrine dessudicte, pourra vivre longuement en santé.

    Si tibi deficiant medici, medici tibi fiant
    [2v] Hec tria: mens leta, requies, moderata dieta. (8-9)

L'acteur yci donne trois remedes generaulx pour conservation de santé a toute creature humaine, et singulierement aux gentilzhommes. La premire est que l'omme doit vivre joyeusement, car joye et liesse rent l'eage de l'omme florissant. Item, par le moyen de joye ou liesse temperee, jeunesse est conservee, la vertu naturelle confortee, l'engin est aguysé, et a toute bonne operation par ce moyen l'omme se treuve prompt et abile. Et non sans cause dit l'acteur que joye ou liesse doit estre temperee, car quant elle est excessive, elle est cause de la mort corporelle et spirituelle. Et principalement, la joye temperee est convenable a ceulx qui ont grandes sollicitudes. Et se peult ceste joye moderee aquerir par usaige de boire et mengier viandes delectables, et fuir toutes choses qui engendrent melancolie, et converser ou demourer avec ses amis ou ses samblables, comme dit Avicenne en l'onziesme livre ou tiers chapitre de defaillement de ceur. Le second est transquilité d'ame, d'entendement, et de pensee, car les nobles par les trop grandes sollicitudes et charges qu'il ont sont plus grevés tant pour tant que les aultres gens moyens, car grant charge d'ame et d'entendement degaste le repos, qui est fort et utile aux nobles qui communement sont de nature seche et collorique, auxquelz tresgrandement repos est utile. Le iiie est moderamment prendre son repas de boyre et de mengier, car aprés seront declarés les inconveniens qui sourviennent de trop boire et mengier.

> [3r] Lumina mane manus surgens gelida lavet aqua;
> Hac illac modicum pergat; modicum sua membra
> Extendat; crines pectat; dentes fricet. Ista
> Confortant cerebrum, confortant cetera membra.
> Lote cale; sta paste vel i; frigesce minute. (10-14)

En ce texte l'acteur met·vi·enseignemens par lesquelz le cerveau est conforté et aussi tous les membres du corps. Le premier enseignement est aprés que l'omme est levé du matin il doit laver ses yeulx de eaue clere et froide, car les yeulx doivent estre mondifiés pour oster les infections adjoinctes aux paupieres et environ les yeulx. Et ce nous demonstre Avicenne souffisamment en la troiziesme distinction du tier au chapitre de conserver la santé des yeulx et des empeschement d'iceulx. La chose qui les yeulx mondifie et les fait clers et aguise la veue est de mettre et plongier les yeulx en eaue clere et de les ouvrir. Et icelle samblable sentence declare Avicenne en la iiie distinction au chapitre de debilitation de la veue quant il dit: se baigner en eaue clere et verde et les plongier en icelle, et ouvrir les yeulx dedens selon qu'il est possible. Cela conforte et garde la santé des yeulx, et principalement au jeunes gens. La cause pour quoy les yeulx doivent estre lavés de eaue froide et non pas de chaulde est pour ce que une chascune chose naturelle doit estre gardee par son semblable. Et icelle mesme sentence veult Galian au tier livre de *Regime de sancté* ou il dit que les corps chaultz ont besoing de chose chaulde, et les frois de chose froide. [3v] Et comme ainsi soit, les yeulx sont de froide nature, pour ce doivent estre de eaue froide et non pas de chaude. Le second est que l'omme aprés son lever doit laver ses mains a cause que se sont les instruments a entretenir a mondifier les membres organiques par lesquelz les superfluités du corps sont expulsees, comme le cerveau par les narilles, par les yeulx, oreille, et aultres conduitz. Et pour ce les mains doivent estre mondifiees de eaue froide et non pas de chaulde, car le lavement des mains en eaue chaulde engendre vers au ventre, especialement se les mains sont lavees en eaue chaude incontinent aprés mengier, comme dit Avicenne en la xvie distinction du tiers livre au ve traicté au chapitre des vers, a cause que le lavement des mains faicte en eaue chaulde incontinent aprés mengier distraict la chaleur naturelle par dehors et la digestion demeure imparfaicte, laquelle indigestion imparfaicte est la cause principale d'engendrer vers. Le tiers est aprés ce que l'omme est levé de son repas[5] doit ung petit cheminer a ce que les suparfluités de l'estomac, des boyaux et du foye, comme les grosses matieres et de l'orine[6] soient plus facilement deboutees. Le quart est aprés que l'omme est esveillié de son dormir competant, il doit estendre ses mains et ses piés et les aultres membres a ce que les esperis de vie soyent tirés aux membres exteriores et que les esperis du cerveau soyent plus subtilz. Le ve est que l'omme se doit pygnier pour ouvrir les porois de la teste et debouter les fumees delaissees aprés le repos et pour moderer les esperis du cerveau, et ainsi le pignier est fort utile a la veue et par especial aux gens [4r] vieulx, comme dit Avicenne en la troisiesme distinction du tiers au chapitre de debilitation de veue, quant ilz dit: pingnier la teste ayde fort et par especial aux gens vieulx. Et pourtant ce fault il souvent le jour pingnier, car le pingnier entre es vapeurs aux parties superiores et les sepaire des yeulx. Le vi^e enseignement est que l'omme doit nettoyer et laver ses dens, a cause que les ordures des dens font l'alaine puante; samblablement des dens plains d'ordures sourvient vapeurs qui font conturbations au cerveau. En oultre l'ordure des dens messlee avec la viande est cause de corrumpre la viande en l'estomac. La maniere de conserver la santé et la bonne odeur des dens met Avicenne en la viie distinction du tiers, au chapitre de conservation des dens, quant il dit: des choses qui gardent la santé des dens c'est de laver la bouche deux fois le moys de vin, car c'est le meilleur remede, et le boulir avec la racine de timal pour faire bonne alaine, et celluy qui use de ladicte decoction jamais n'ara douleur de dens. En oultre l'acteur au dernier ver met aulcune doctrine generale. La premiere est que l'omme après le baing et les estuves se doit tenir chault pour ce que les conduis sont ouvers et de legier le froit peult penetrer et engendrer plusieurs maladies. Le second est après que l'omme a prins son repas il doit ung petit demourer droit et surbout pour faire descendre la viande au font de l'estomac et puis cheminer moderement, car le grant mouvement distraict la chaleur naturelle des parties interiores es parties exteriores, et est cause de destruire la digesti[4v]on. Le troiziesme: que l'omme de froide complection ne se doit point subitement fort eschaufer mais petit a petit, car les mutations subites blessant nature, comme dit Galian en la glose d'ung anfforisme. Toutes choses hors nature fors extreme corrumpent le corps.

Sit brevis aut nullus tibi somnus meridianus.
Febris, pigricies, capitis dolor atque caterrus,
Hec tibi proveniunt ex somno meridiano. (15-17)

En ce present texte sont declarés quatre inconveniens que fait le dormir après disner. Le premier est que le repos après disner engendre fievres faictes par voye d'opillations, a cause que de jour la chaleur et esperis sont dispersés vers les parties exceriores du corps, car la parfaite digestion est quant la chaleur naturelle et les esperis sont retrais vers les parties interiores, par laquelle retraction la chaleur naturelle en est efforsee, et pour ce la nuyt est l'eure de parfaicte digestion. Et les humeurs indigerees et crues sont cause de oppillations, laquelle[7] oppillation est cause des fievres, selon que dit Avicenne en la premire du quart, au chapitre de putrefaction. Le second empeschement que donne le repos fait incontinent après disner est que il rent les gens tardifz en leurs operations, par une mesme raison, car des humeurs gros et indigerés sont engendrés esperis tardifz a mouvoir le corps, et demeure le corps pesant comme les esperis soubtilz et legiers font le corps legier. Le troiziesme est douleur de teste a cau[5r]se que des viandes indigerees et grosses en l'estomac sont eslevees fumees grosses faisant empeschement au cerveau, car c'est chose necessaire, ce des

matieres grosses font fumees dissoluees et eslevees, que elle soient
grosses, come veult Galien en la glose d'ung anfforisme, "Qui crescunt
. . . ," ou il dit que c'est chose necessaire que toutes choses soyent
samblables a celle dont elle viennent. Le quart empeschement c'est
catarre, qui samblablement est fait par une mesme voye, c'est assavoir
de rumes. Rumes sont humeurs decourant de membre en membre, et selon
qui court en diverses parties du corps il a divers noms, car quant la
rume court au polmon il se nomme cataire, et quant il descend au col
il se nomme brancus, et quant il descend es narilles, il se nomme
corisa, comme il appert par iceulx vers: "Si fluat ad pectus dicatur
reuma catarrus,/Ad fauces brancus, ad nares dico corizam."[8]
Toutesfois oultre les raisons des nocumens dessudittes sont aultres
raisons plus efficases. La cause du premier nocument, c'est assavoir
des fievres, aulcunefois putrides, aulcunefois esfimere: La fievre
esfimere est engendree par vapeurs et fumees fuligineuse retenuees
par le repos aprés disner, lesquelles le veillier avoit acoustumé de
determiner; et lesdictes fumees fuligineuses se meslent avec les
esperis et engendrent une chaleur estrange nommee fievre esfimere. La
fievre putride est engendree par putrefactions des humidités
indigeste et multipliees par le repos que l'on fait aprés disner.
[5v] Le second inconvenient, c'est assavoir estre tardif es mouvemens,
et pourtant que par le repos aprés disner, les humidités et fumees sont
retenues environ les muscles, nerves, et joinctures, et endormissent
lesdis membres; et pour ce est le corps pesant en ses operations aprés
disner. Le tiers inconvenient radicalement est de cause samblable,
c'est assavoir des humidités et vapeurs retenues au corps par le repos,
lesquelz sont esmeulz vers le cerveau, font douleur de teste. Le
quart inconvenient, c'est assavoir le cataire, signifiant toutes
rumes, s'engendre a cause que les vapeurs et fumees espandue vers le
ceur sont evaporees et consumees par le veillier, retournent dedans
les parties interiores et fument au cerveau, lesquelles fumees
engrossiees par la froideur du cerveau retournent es basses parties du
corps catarisante. Avicenne en la troiziesme distinction du premier,
en la seconde doctrine au chapitre ixe, adjouste aultres inconveniens

venant de dormir de jour. Le premier est qui engendre maladies, humidités, comme goutte [et] paralisiees a cause que les humidités qui ont acoustumees de estre consumees par la chaleur du souleil et du veillier sont retenues dedans le corps. Le second est corruption de couleur de la face a cause des humidités aquatiques samblables a l'orine, meslees avec le sanc, qui ont acoustumees de estre consumees par le veillier, montent au cerveau et a la face avec le sanc et font la face enflé et cendreux. Le tiers est qui fait l'omme splenetique a cause que les grosses humeurs melancoliques sont diminuees en la ratelle par le dormir de jour, car comme [6r] le veillier avec la chaleur du jour, lesquelz font ouverture, donne mouvement et passaige aux humeurs melancoliques par les conduis estroit, semblablement le dormir de jour empesche et destruit le passage de la melencolie par ses propres conduitz et par especial du conduit qui vient de la ratelle a l'orifice de l'estomac, creé pour provoquer appetit ou corps humain, par lequel conduit les suparfluités melancoliques ont de coustume de estre mondifié. Le quart est qu'il remolit les ners par prohibitions de resolutions des humidités acoustumees de estre resoluee par le veillier du jour, lesquelles retenuees sechent les ners. Le quint est privations ou debilitations de appetit par faulte de resolution, laquelle est premiere cause de l'appetit. L'aultre cause est replection d'estomac de fumees et humidités remolissant et remplissant l'orifice de l'estomac. Le vi^e est generation d'apostume par les humidités multipliees par le repos fait de jour, lesquelles se rassemblent en aulcun membre et le font enflé et humide.[9] En oultre dit Avicenne qu'il y a deux causes principales par lesquelles le repos du jour est nuysable. La premiere est pour ce que le repos de jour est incontinent corrumpue a cause que la chaleur du jour attire la chaleur du corps vers les parties exteriores, et le repos de nuyt fait l'opposite et attire vers les parties interiores, desquelz deux mouvement il se engendre ung mouvement violent qui trouble nature; et pour ce a ceulx qui veullent dormir de jour on conseille de dormir en l'ombre et en lieu obscur. La seconde est pour ce que le repos de

jour rent l'omme mate et endormi et quasi [6v] espoventez se change
nature de chose acoustumee, c'est assavoir de digerer la viande.
Toutesfois est a noter que jaçoit ce que le repos du jour generalement est vituperé et le dormir de nuyt soit commandé; toutesfois le
dormir de jour est moins vituperé que celluy qui est fait du matin,
c'est assavoir depuis le souleil levant jusques a tierce, selon la
doctrine de Ypocras au second livre des Pronostiques, ou ilz dit: Le
repos come est de coustume convenable est naturel qui est fait de nuit
et non de jour; celuy est louable et celuy qui [est] fait du matin
jusques a tierce. En oultre est a noter que jaçoice que le repos de
jour et le repos meridional soit prohibé des premiers inventeurs,
toutesfois pour le temps present tout repos fait de jour n'est pas
vituperé, et par especial se·v·conditions en luy soit observees, come
veult Bertuce l'Espagnol.[10] La premiere est qu'il soit acoustumé.
La seconde: qu'il ne soit pas incontinent aprés mengier. La tierce:
qu'il ne dorme point la teste basse. La quarte: que le sommeil ne
soit pas de longue duree. La quinte: que le resveil ne soit pas
subit mais amoderé.

    Quattuor ex vento veniunt in ventre retento:
    Spasmus, ydrops, colica, vertigo quattuor ista. (18-19)

En ce texte declare l'acteur quatre inconveniens venant de
retenir ventosités en son corps. La premiere est spasme, a cause que
ventosité retenue souvent court es joinctures et es ners les rempli-
sant, de laquelle replection s'enfuit contraction de ners nommee
spasme. Et comme dit Avicenne en la seconde distinction: spasme est
maladie nerveuse en laquelle se meuvent les membres lacertens vers
[7r] leur principe et originement et sont inobediens en la dilata-
tions.[11] Et tel spasme est double car l'ung est de replection ouquel
le membre est fait court et gros a cause de la matiere remplissant le
membre, comme le cuir ou cordes de harpes, et ceste espece de spasme
vient subitement. L'autre est spasme par maniere d'ung tympane ouquel
le membre selon le long et le large devient court, comme fait le
parchemin mis au feu, car il se retraict selon le long et le large,

et ceste espesse de spasme se fait petit a petit. Le second
inconvenient est ydropisie, maladie materielle engendree par choses
froides fort refroidissant, et enflent tous les membres du corps ou
les membres de la premiere digestion ou de la seconde, comme
l'estomac, le foye et les vacuités environ le ventre, car ydropisie
ne s'engendre pas sinon par erreur de foye fait au sanc. Et sont
trois espese de ydropisie, c'est assavoir yposaca, alchites, et
timpanités; et le second nocument se doit entendre de l'espese
nommee timpanités. Timpanités, comme dit Bertuce, est engendree de
male complection froide en l'estomac et au foye, empeschent de
transmuer le boire et le mengier en bonnes humeurs, et les convertit
en ventosités, laquelle, quant elle n'est pas deboutee par eructuation
ou autrement, a cause des oppillations es voyes a ce deputees et
ordonnees, ou par la debilitation de la vertu expulsive ou sequestra-
tive et s'asemble entre le mirac et ciphat du ventre et fait ydropisie.
Le tiers inconvenient est colique passion,[12] maladie fort doloreuse
faicte en ung des gros boyaulx, nommé colon ou sac, comme yliaque
passion est faicte en ung des boyaulx grele nommé ylion, et icelle
deux maladies engendrees de ventosités encloses es boyaulx. [7v]
Le quart inconvenient est de douleur de teste nommee vertigo, en
laquelle ilz semble a l'omme que tout le monde tournoye. Et la cause
d'icelle maladie est ventosité au cerveau, laquelle se esmeut au
cerveau et se mesle avec les esperis vitales et fait vertigo. Et
iceulx quatres inconveniens avec aucuns aultres declare Avicenne en la
xviiie distinction au chappitre des choses qui nuysent aux colliques
et dit: tu dois sçavoir que ventosités retenues souvent fait venir
la collique passion a cause qu'il le fait monter et eslever, et se
rassemblent tout en ung et fait les boyaulx debiles. Et aulcunefoys
icelle retention congendre ydropisie, et aulcunefoys engendre exilense,
vertigo et debilitation de vue,[13] et quant est retenue es joinctures
elle est cause de spasme.

        Ex magna cena stomaco fit maxima pena.
        Ut sis nocte levis, sit tibi cena brevis. (20-21)

En ce texte l'acteur met ung enseignement pour conserver le
corps en santé, et dit que l'omme doit sobrement souper sans faire
grande replection, car grande replection du vespre empesche le repos
et fait torsion de ventre, engendre pustule en la face et la teste,
fait pesante au matin, et la bouche aspre et mal ordorant. Sur ce
tex eschiet une question difficile, telle assavoir m'on se l'omme doit
prendre plus grande refection a son disner que a son souper. Et pour
decider ceste matiere est a noter que selon la diversité du corps,
plus grant ou moindre quantité de viande est convenable au disner que
au souper, car les corps sont sains ou il declinent en maladie; si
declinent a maladie, ou en maladie mate[8r]rielle ou sans matiere.
Ce c'est sans matiere, il convient au souper prendre la refection plus
grande a cause que es telles maladies nature seullement laboure a
digerer la viande. Et ce c'est maladie materielle, au disner la
refection doit estre augmentee, comme il est declaré au iiie traicté
chapitre v^e de la curation d'epilence en telles parolles.[14] Icelluy
qu'il[15] ne se peult passer d'une refection le jour, car coustume est
a l'opposite, il doit diviser sa viande qui est moindre que sa
refection en trois parties, et prendre les deux tiers au disner, et
l'autre tiers au souper, aprés ce qu'il sera atrempeement exercité.
Rayson a ce: en celluy temps que nature debile a aydé en sa digestion,
par la chaleur du souleil donnant vie et que les suparfluités sont
plus resoluees, la refection doit estre plus grande, mais tout ce se
fait plus environ disner ou de jour, et pour ce la[16] grande refection
doit estre augmentee au disner. En oultre, du jour la chaleur du
souleil qui ainsi digere est present avec la chaleur naturelle, et
pour ce, du jour deux chaleurs sont a la digestion, et par nuyt non.
Et semblablement nature plus sollicite de digerer les suparfluités
des maladies par nuyt, et pourtant ne doit point estre divertie et
estre occupee a digerer la viande, jaçoice que la chaleur naturelle
en plusieurs soit fortifiee par la froideur de la nuyt, compriment
les esperis et la chaleur dedens le corps. Toutesfois icelle chaleur
ne peult digerer deux choses, c'est assavoir la viande et les suparfluités de la maladie, doncques appert que en iceulx il fault au

souper prendre moindre refection. Se les corps sont en santé, ou il
sont fort sains, robuste sans [8v] superfluités sensibles et[17]
apparentes, car leur vertu expulsive est forte et expellante souffisamment, comme les corps nommés athlete, et a iceulx fault augmenter le
souper, car nature d'iceulx de nuyt seullement laboure a digerer la
viande, non pas a maturer les suparfluités, car ilz en sont quasi
privés. Ainsi ilz labourent seullement de fortifier leurs corps,
lequel se fortifie plus de nuyt que de jour, a cause que le sanc et
les esperis sont engendrés en plus ample quantité et mieulx distribués par le corps. Se les corps sont fort distans des corps
dessuditz, come le corps qui de legier chiet en maladie, tel corps ou
il se traveillent d'ung fort traveil et continuel ou non, si se
traveillent comme font ceulx qui gaignent leur vie par traveil de bras
et de mains, a iceulx convient prendre plus grande refection au
disner que au souper. La cause si est car la viande n'est pas prinse
seullement pour gouverner et restaurer le corps, mais aussi semblablement pour humecter et arrouser les membres qu'il ne deseche du fort
mouvement et traveil, et pour resister a la resolution de la chaleur
naturelle pour laquelle cause il fault plus de viande exhiber au
disner que au souper, et tel grant excercité ne prohibe point les
membres de faire bonne digestion, come ilz soyent ainsi acoustumés,
car par experience nous les veons trois[18] fois le jour mengier de bon
appetit et bien digerer. S'il ne font point de traveil fort et
vehement et continuel, come les dessuditz, cest advient doublement,
car ou il font traveil fort laborieux, mais non pas continuellement,
ou ilz font traveil debile avec lequel se multiplient suparfluités;
si font traveil fort et laboreux pour aulcunes occupations necessaires
en la vie ou pour salut, come plusieurs homme civilz, qui pour les
[9r] biens de fortune ou de salut fort se travaillent, et plus qui
n'ont acoustumé, comme de chevachier ou de cheminer, au aultre chose
faire, et iceulx doivent plus souper que disner, car s'il augmentoient leur disner, veu et consideré qu'il n'ont pas acoustumé de
faire grant traveil, come les dessuditz premiers, les viandes prinses
au disner se corrumproyent. Oultre, par le grant mouvement et traveil,

la chaleur naturelle d'iceulx est resoluee et disparsee par le corps,
laquelle de nuyt retraicte dedens le corps est cause principale de
bone digestion, et, pour ce, a iceulx convient plus grande refection
au souper que au disner. En oultre, iceulx par avant n'ont point
[ ]esté[19] de grant traveil, doncques leur corps est plain de
humidités suparflues, lesquelz par petite refection prinse au disner
peulent resister a la resolution et defucation faictes par le
mouvement et traveil qui se fait de jour, mais s'il sont de petit
traveil et de debiles occupations, il leur convient plus grande
refection au disner que au souper, comme est declaré es corps malades,
car communement il sont de debile digestion, et la chaleur et lumiere
du souleil conforte leur chaleur naturelle et esperis, come ilz soyent
semblables. En oultre, a cause que les conduis sont ouvers de jour
les suparfluit[é]s sont mieulx expulsee et deboutee de jour que de
nuyt. Item, du vespres ne doivent pas faire grande replection, a
cause que nature de nuyt laboure plus a digerer les humeurs suparflues, lesquelz le repos par especial doit digerer ou reduyre en
bonne qualité. Et jaçoice que la digestive soit fortifiee de nuyt,
toutesfois la fortification ne souffit pas pour digerer grandes
replections de viandes et les humeurs suparflues. En oultre est a
noter que en prenant grande quantité ou petite de viande au disner ou
souper, toute coustume doit estre conservee, [9v] car coustume est
chose tresgrande et merveillieuse pour conserver la santé et pour
maladies curer, comme est escript au second livre des Maladies
ague[ ]s[20] comme il appert, car mutation de coustume, par especial
subite, est tresgrandement nuysable. Comme dit Damascene de muer la
coustume: c'est chose fort nuysable, et par especial es vielles gens,
et pour ce, il ne convient pas muer les coustumes mauvaises subitement, mais de petit a petit, car nature ne peult supporter mutation
subites. Et ainsi est demonstré que plus universellement l'omme doit
mieulx prendre sa refection au disner que au souper, et aussi pour ce
que les maladies communement sont materielles, et les corps sont mal
disposés; toutesfois se l'omme ne prenoit que une refection le jour,
mieulx valut doncques qui la prenet au souper; se maladies des yeulx

ou cerveau ne le destourboyent, car adoncques mieulx vault de la
prendre au disner, car la grande repletion du vespre nuyt fort es yeulx
et au cerveau. Item, est a noter que la replection du vespre ne nuyt
pas seullement a l'estomac, mais aussi toutes replections, a cause
qu'il engendrent oppillations, fievres, putrefactions, apostumes,
lepre, et humeurs indigerees. Et que toute replection soit nuysant a
l'estomac, Avicenne le declare en la xiiie distinction du tiers, au
premier traicté, au chapitre des choses nuysantes a l'estomac, et dit
que les choses qui sont plus avenymees a l'estomac c'est la replection,
car par replection le corps du gourmant n'est pas augmentee, car sa
viande n'est pas digeree, mais de celluy qui se garde de trop mengier
luy demeure aulcun appetit; par ce moyen [10r] corps est augmenté pour
cause que la viande se digere bien en son estomac. Et ainsi appert
que on se doit garder que l'estomac ne soit grevé par replection et
que l'aspiration en soit plus courte, et le poux hatif et subit.
Semblablement replection nauseative faisant l'estomac facheuz doit
estre surtout evitee et par especial faicte de mauvaises viandes, car
se la replection nauseative est de grosses viandes elle engendre
douleur de jointures, de rains, de ratelle, et de foye, et regulierement
maladies fleumatique. Et se la replection nauseative est de
viandes subtilles, elle engendre fievres agues, apostumes chaudes.
Premierement doncques il s'ensuit que replection[21] nauseative doit
estre evitee. Secondement: que on ne doit pas tant mengier que
l'estomac soit totalement plain, et l'apetit totalement suffoqué,
mais on doit retirer aulcun appetit, et par especial les hommes ayant
la vertu appetitive forte, car il sont aulcunes gens qui ont
naturellement l'appetit debile, et iceulx doivent plus mengier que
leur appetit ne requiert.

>   Tu numquam comedas stomacum nisi noveris ante
>   Purgatum, vacuumque cibo quem sumpseris ante.
>   Ex desiderio poteris cognoscere certo;
>   Hec tua sunt signa: subtilis in ore dieta.   (22-25)

En ce texe sont declarés aulcuns commandemens, lesquelz l'omme desirant vivre en santé doit necessairement observer devant son mengier. Le premier est que l'omme ne prengne viande quelconques qu'il n'aye l'estomac purgé des mauvaises humeurs par vomissement ou par aultres ma[10v]niere convenable, car s'il prenoit viandes avec les humeurs corrumpues estant en l'estomac, il se mesleroyent avec les viandes et seroyent cause de corrumpre ladicte viande. Le second est que l'omme ne doit prendre viande aulcune s'il ne sçet que la viande premiere prinse est bien digeree et deboutee de l'estomac, car il n'est chose plus nuysable au corps humain que mettre viande sur viande non digeree mais commencier a digerer, car la viande après prinse empesche la digestion de la viande premier prinse. Et la digestion de la premiere sera devant acomplie, laquelle trespasse au foye par les vaines miseraiques et conduyt avec soy la viande derniere prinse indigeste, par quoy humeurs creues et indigeree seront au corps multipliees. En après sont mis deux signes de l'evacuation de l'estomac touchant la viande premiere prinse. Le premier est fain veritable. Et pour avoir parfaicte declaration de ce, est a noter qu'il est deux espece de fain, c'est assavoir fain veritable et fain mensongiere. La fain veritable nous demonstre Galien, et dit au second livre des <u>Anfforisme</u> en la glose de ce canon, le corps indigent ne doit pas labourer, etc.: fain veritable est quant l'omme a indigence de viande aulquel s'ensuit bon et vray appetit, mais la fain mensongiere et non veritable est appetit de viande sans ce que le corps ayt indigence. Et come la fain veritable vient par la contraction et corrugation des vaines de l'orifice de l'estomac ensuivant la suction des membres evacués de viandes et indigens, semblablement la fain mensongiere vient des choses qui font contriction et corrugation en l'orifice de l'estomac sans ce que les membres soyent indigent de viande, comme font choses froides, endurcies, aceteuses; et d'icelluy signe [11r] du second commandement fait mention Avicenne en la iiie distinction au chapitre intitulé, ce que l'on boit et mengeue, et dit: il est convenable que nul ne doit tarder sinon que la fain fusist mensongiere, come des yvrongnes et d'iceulx qui ont l'estomac facheux, car trop suppourter la fain remplist l'estomac de mauvaises humeurs et pourries. En aprés audit chapitre dit Avicenne que ung chascun qui veult vivre en santé ne doit mengier fors que quant le desir et la fain sont certains et veritables, et l'estomac et les souverains boyaulx sont evacués de la premiere viande, car la chose plus dangereuse au corps c'est de prendre viande sur viande indigeree. La second signe signifiant fain veritable c'est la diete precedente, prinse en petite quantité, car quant icelle diete s'ensuit la fain, c'est vray signe que la fain est certain et veri[ta]ble. En oultre est a noter que c'est chose tresmauvaise de prendre viandes en grande quantité et fort diverses en leur substance --comme perdris, poules, poissons, chair de beuf et de porc--en une mesme refection, et de prolongier le temps en mengant, car la viande premiere prinse est quasi digeree quant la derniere sourvient,[22] et aussi les parties de la viande sont faictes non semblables en la digestion, car les premieres sont digerees tant que les dernieres prinses soyent enmy voye de la digestion, et pour ce aulcunes parties corrumpent les aultres. Et de ce fait mention Avicenne en la iiie distinction du premier, au chapitre intitulé de ce que on boit et mengeue, et dit qu'il n'est chose plus nuysant que[23] de conjoindre plusieurs viandes en une refection, et aprés ce [11v] de prolongier le temps en mengent, car quant la derniere viande est prinse, la premiere est bien avant en la digestion. Les viandes doncques en leurs parties quant a la digestion ne sont pas semblables. Toutesfoys est a noter que prolongier le temps aulcunement, c'est assavoir par une heure en mengent, pour faire bonne mastication en la bouche, c'est chose louable et moult vault pour conserver santé, car parfaicte mastication en la bouche est quasi voye moyenne de la digestion, et imparfaicte mastication retarde et empesche la digestion, mais prolongier le temps en mengent avec sermons et fables, et delaissier le mengier par une heure ou deux est tresgrandement nuysables et engendre grans inconveniens dessus declarés.

> Persica, poma, pira, lac, caseus et caro [s]alsa[24]
> Et caro cervina et leporina, caprina, bovina:
> Hec melancolica sunt, infirmis inimica. (26-28)

En ce texte sont declairés dix manieres de viandes engendrans melancolis et contraires aux malades. La premiere sont pesches, desquelz Galien dit au xix[e] chapitre des <u>Elemens</u>[25] que le jus de pesches, come la chair d'icelles, est de facile corruption et du tout en tout mauvais et ne le convient pas prendre aprés autre aliment car il se corrumpent vers l'orifice de l'estom[a]c. Et fault avoir memoire d'une, quar toutes viandes cacothuneuse, humide et lubrique [. . .].[26] Et ainsi appert que ce qu'il est declaré se doit entendre des pesches mengee aprés la refection, car quant elle sont prinses devant le repas, elle sont utile a l'estomac et laichent le ventre et provoquent l'apetit; et selon Avicenne au second ca[12r]non au chapitre des pesches, quant les pesches sont meures elle sont bonnes a l'estomac et donnent appetit a la viande. Et oultre dit qu'il fault qu'elles soyent prinses devant mengier, car aprés mengier elles se corrumpent. Semblablement dit Serapion au chapitre des pesches auctorisees de Dyascordes: les pesches meures sont bonnes a l'estomac et laichent le ventre; et les non meures font le ventre dur. Et quant il sont seichiés il font le ventre plus dur. Et quant on boit la les decoction des peisches seichés ilz deffendent le fluy des humeurs a l'estomac et au ventre. Et quant elles sont pulverisés et sinapisees sur le boyau ou le sanc court, elle deffendent le fluy. Et jaçoice que les pesches ayent aulcunes aydes utiles au corps humain, toutesfois elles engendrent humeurs de facile corruption, par quoy sont nuisables aux malades et par especial quant on les prent aprés disner. Et sont pesches froides au premier degré, et humides au second. La second sont poires a cause que les poires et generalement tous fruys recent et creuz engendre sanc plain d'eaue disposé de faire ebulicion es corps humains, et ainsi preparent le corps a putrefaction. S'ensuit doncques qu'il nuysent aux malades, les poires semblablement, come dit Avicenne au second canon au chapitre des

poires, de leur proprieté engendrent collique passion. Toutesfois les
poires sur tous fruys font l'omme gras, et pour ce les porc gouvernés
de poires s'engrassent plus que de tous aultres fruys. Et a cause que
les poires engendrent ventosités elle font la colique passion.
Toutesfoys les poires et aultres fruys faisant ventosités doivent
estre mengié avec semences, carminative et explusive de ladicte
ven[12v]tosités pour obvier a l'inconvenient d'iceulx fruys en beuvent
aprés ung petit de vin vieulx et de bonne odeur. Et les meilleures
poires sont celles qui sont plus saines que les crues et se doivent
cuyre avec fenoul ou succre. Le iiie sont pomes, desquelles dit
Avicenne au second canon au chapitre des pomes, que souvent mengier de
pomes fait venir douleurs es ners, et aussi pomes ont male proprietés,
car engendrent ventosités jusque a la seconde digestion, et pour ce
nuysent es gens malades, et aussi pour cause semblables dicte des
poires et pomes; par especial se doit entendre quant elle sont
me[n]gees crues et non pas cuites. Et iceulx fruys non pas tant
seullement doivent eviter les malades, mais aussi tous fruys faisant
le sanc plain d'eaue disposé a ebulition, comme sont fruys recens
desquelz le jus fait ebulitions en corps humain, comme le moust et le
jus des fruys boullent dedens leurs boyaulx, par la chaleur du souleil
delaissiés en eulx quant il meurissent. Et iceulx fruys par ebulition
de leurs jus preparent le sanc a putrefaction, mais a l'eure que on
les mengeue font ayde au corps en luy donnant humidité. Et pour
icelle cause Avicenne a deffendu au febricitans les fruys recens, en
la iiiie distinction au chapitre de la cure universale des fievres
putrides, quant il dit que tous les fruys nuysent aux febricitans avec
leur ebulition[27] et corruption en l'estomac. La iiiie est que le
mengier lait [est deffendu] a cause que lait est de legiere corruption
et en fumee ou en eructuation aceteuse se convertit en l'estomac
humide comme est l'estomac du febri[13r]citant de fievres putride;
communement et pourtant est prohibé le lait aux febricitans de fievre
putride. Et semblablement il est nuysable a ceulx qui ont douleur de
teste et a ceulx qui ont la toust, et a plusiers aultres, desquelz
parle Ypocras, en la ve partie des Anfforismes, en ce canon quant il

dit: donner lait a ceulx qui ont douleur de teste, c'est chose
nuysable. Toutesfoys le lait en aulcune condition est profitable,
come maladie ptisique et ethique et en aulcunes aultres maladies,
come dit Ypocras en la fin du canon maintenant allegé et come aprés
sera declaré au texte "Lac ethisis sanum, etc."[28] Et jaçoice que le
lait es malades dessus nommés est vituperé, toutefois es corps sains
c'est viande louee, se l'estomac et le foye le digerent bien, car
adonc il lave les boyaulx et mundifie par sa partie humide, c'est
assavoir par le petit-lait, car il repugne au venin de la partie
butireuse et fait les membres humides, et de la vertu du fromaige
garit les playes de polmon, de la poitrine, des rains, de la vescie,
et des boyaulx fait apaiser la douleur des boyaulx fais des humeurs
coleriques, prohibe excoriante [ ]desdis[29] boyaulx. Item, le lait est
utile au corps atrempés quant leur estomac est purifié des humeurs
coleriques et fleumatiques, car en iceulx quant il est bien digeré,
il engendre bon sanc et bonne chair et augmente le corps et le tient
en moiteur et decore les parties exteriores, comme dit Ysaac en ses
Dietes Universales. Et dit illec, auctorité de Ruffi, que ceulx qui
mengent du lait doivent estre en jeung et le mengier chault venant
des mamelles sans riens mengier aprés tant qu'il soit digeré sans
faire grant labeur et mou[13v]vement, sans reposer toutesfois
totalement, mais fault cheminer moderement jusque a tant qu'il soit
descendu au font de l'estomac. Es corps mal disposés le lait est
deffendu, car es corps chault il se convertit en fumes et en colere.
Et es corps frois et flumatiques ilz se convertit en eructuation
aceteuse et en putrefaction; en l'estomac mal disposé, le lait
legierement est corrumpu. Touchant l'election du lait est a noter
que on doit eslire lait de moyenne substance quant on le donne pour
nourrissement, [ ]et[30] ne doit pas estre fort subtil come lait de
drosmadaire ou chameaulx et d'anesse, ne fort gras, ne de grosse
substance, come lait des vaiches et brebis. On doit doncques eslire
lait des chameaulx, lequel est inutile pour nourrissement a cause de
sa grande humidité, mais il laiche le ventre et n'est pas gras ne de
grosse substance, ne plain de fromaige et de beure, come le lait de

vaiche et de brebis, lequel par leur grasseur et unctuosité estoupent
les vaines et engendrent ventosités, et est de plus difficile digestion qu'il n'est necessaire, doncques soit eleu lait de chievre,
laquelle ne soit pas trop prochainne ne trop loing du temps d'avoir
chevroté, et nourrie en bonne pasture. Le ve est mengier fromaige,
et se peult entendre de tout fromaige, toutefois par especial de
fromaige viel, car le fromaige recent est froit et humide, de grosse
substance, difficile a digerer, et engendre oppilations de la pierre
et ne compete guere en forme de nourrissement au regime de santé. Et
le fromaige vieulx est chault et sec a cause du sel; fait digerer la
viande, mais il est difficile a digerer et de petite nourriture, et
nuyt a l'estomac, et desceche trop et est moins [14r] convenable que
le fromaige recent. Et le fromaige moyen [est] entre le recent et
le vieulx, [entre le] viscieulx et frangible, moyen entre le dur et le
mol, et ung petit declinant a doulceur. Qu'il ne soit pas trop salé,
ne plorant en le taillant, et qu'il soit de saveur delectable et de
bonne odeur sans faire longue demeure en l'estomac, fait de bon lait
et aulcunement unctueulx. Fromaige ayent telles conditions, est
louables. Se doit prendre au dernier du repas en petite quantité, car
prins en grande quantité il gresve l'estomac, et est inobeissant a la
digestion, et oppille et engendre la pierre es rains, et grosses
humeurs et ventosités. Et seullement le fromaige, que[31] donne la
personne avaricieuse: est a bonne cause que la quantité est petite.
La vi^e est chair salee, car chair salee ou sechee a la fumee de
quelque espece qu'elle soit, engendre sanc[32] gros melancolique;
doncques s'ensuit qu'il nuysent aux malades et ne sont pas chairs
competans aux gens sains. Et ce recite Avicenne en la seconde distinction du premier, en la seconde doctrine, chapitre xv^e, en la fin,
ou il dit: chair salee est de petite nourriture et grosse et
engendre mauvais sanc. Le viie est chair de cerf, laquelle semblablement engendre sanc melancolique, come dit Rasis au iiie livre
d'Almasor, au chapitre des bestes saulvaiges. Le viiie est la chair
de lievre, engendrant semblablement sanc melancolique, car Rasis dit
au chapitre allegé: la chair du lievre plus que toutes aultres chairs

engendre melancolie. Et de icelle mesme dit Ysaac es <u>Dietes</u> <u>Universales</u>: qu'elle ne doit pas estre exibee en forme de viande, fors que par voye de medecine. Et est a noter que la chair du lievre et du cerf quant elle sont antiques, [14v] totalement doivent estre evitees; toutesfois se aulcunement sont convenables: ce sont celles qui n'ont gaire de temps qu'elles sont sur terre, a cause que l'aage refrene la secheresse d'icelles chairs, jaçoice aussi que on les doit eviter s'il ne sont fort grasses, pour obtemperer a la secheresse quasi totalement. La ix^e sont chairs de chievres; la xe est chairs de beuf, car icelle deux espece de chairs sont melancoliques, car Ysaac dit es <u>Dietes</u> <u>Universales</u>: chair de chievre et de beuf sont grandement mauvaises et dures et difficiles a digerer, et engendrent gros sanc melancolique. Et Avicenne au second canon dit que la chair de chievre n'est guere bonne, et le sanc d'elle est fort mauvais. Et avec icelles chairs fault comprendre chair de bouch et de vaiche, qui sont pires que chair de chievre et de beuf. Et dit Avicenne au second au chapitre de la chair: et la chair de beuf et de vaiche, de cerf et de bouc silvestres, et de grans oyseaulx, fait venir les hommes es fievres quartes. Et encore dit Avicenne que la chair de vaiche est de grant nourrissement, mais elle est melancolique, engendrant maladies melancoliques; et oultre dit que la chair de vaiche engendre lepre. Et dit absoluement que la chair de bouc est mauvaise, et pourtant que le texte a fait mention des chairs mauvaises et dignes de estre evitees, et par especial des bestes ayent quatre piés. Et environ l'election des chairs desdictes bestes, entre les docteurs est controversiel, car aulcung, come Galien, dient que la chair de porc est la meleure; les aultre disent que la chair de viaul est la meleure, come Avicenne, Rasis, et Ave[15r]roys. Jaçoice que Averoys, au ve livre de son <u>Collige</u> impose a Avicenne qu'il ayt dit que la chair de porc est la meileure, laquelle chose ne dit pas de sa propre opinion, mais selon l'opinion des crestiens; les aultres louent la chair de viaul sur toutes aultres chairs. Secondement est a noter que la election et bonté des chairs a quatre pié par plusieurs manieres se peulent entendre: Premierement de la partie du grant

nourrissement, et difficile a digerer, et de la similitude a la chair
humaine, et saiches que pour tresgrande similitude avec la chair
humainne. Come tesmoigne Galien au iiie livre des Elemens, est la
chair de porc laquelle a grande similitude avec la chair humainne,
car plusieurs ont mengié de la chair humainne pour chair de porc sans
avoir suspicion quelcunques par gout ne par odeur. Et dit Avicenne au
iie canon au chapitre de sanc, dit que le sanc de l'omme et le sanc du
porc sort semblables a toutes choses, car aulcuns ont vendu chair
humainne en lieu de chair de porc, et icelle vendition fut in-
congneue jusque a ce que les dois d'ung homme furent trouvés en
ladicte chair; et icelle mesme sentence met Averroys au ve livre de
son Collige au chapitre de la chair. Secondement:[33] car la chair du
porc est de grande nourriture, car dit Galien au iiie livre des
Elemens: sur toutes chairs la chair du porc est nutritive. Et de
ceste experience ont les hommes appelés athlete.[34] Tiercement elle
engendre humeurs constans et permanent, difficile a digerer. Et tout
ce fut l'oppinion de Galien es lieux dessuditz, ou il prefere la chair
de porc sur toutes aultres, et ou huitiesme livre de Ingenio, ou il
dit: la chair de porc est a louer sur toutes aultres chairs, se le
porc est de montaignes, et après le porc le mouton. [15v] Et
semblablement au ve livre de Terapeutique, ou il dit: la chair plus
louable a quatre piez c'est la chair de porc, et en chaleur, et en
humidité attrempee, et de grande nourriture, et engendre bon sanc et
meilleur que toutes aultres chairs. Et ce est chose veritable de la
chair de porc non antique, car sa chair est indigestible, ne de jeune
alaitant, car d'iceulx la chair est treshumide, mais soit de porc
d'eage moyen, c'est assavoir d'ung an ou de deux, soit domestique au
sauvaige. Toutesfois il est vraysemblable d'estimer que le porc
sauvaige est meilleur que le porc domestique, car le domestique est
oultre mesure humide et viscieux. Et de chair de porc sauvaige et du
viel dit Avicenne au second canon au chapitre de chair: les crestiens
disent que la meilleur chair sauvaige, c'est la chair du porc
sauvaige, car avec se qu'elle est plus legiere que la chair du porc

domestique, elle est de fort et de grant nourrissement et de legiere
digestion, et est la chair meileure qu'il peult[ ]estre[35] pour temps
d'yver. Et par ainsi s'ensuit que les chairs dessudictes de porc sont
fort utiles aux corps jeunes, sains et fort labourant, qui ne sont
pas disposés a oppillations, et a ceulx qui veulent devenir gras, car
iceluy[36] corps ont besoing de chair de grant nourrissement et de
difficile digestion. Et pour ce dit Rasis au iiie d'<u>Almasor</u>, au
chapitre de la chair, que la chair grosse compete a ceulx qui moult
laborent, et la chair subtile a ceulx qui n'ont point grande exercité
penible. Et icelle mesme sentence dit Avicenne en la iiie distinction
du premier livre, au chapitre de ce que on boit et menge, car les
gens excercités et de grande [16r] labeur supportent mieulx grosses
viandes. En aultre maniere est consideree la bonté et election de la
chair par attrempee complection et facile digestion; et bonté de sanc
d'icelle engendré, c'est assavoir que icelle chair est meilleure qui
est de complection attrempee facile a digerer, engendrant bon sanc,
attrempé en chaleur et froideur, en grosseur et subtilité. Et aussi
considerant la chair d'ung tendron est la meleure de toutes les
aultres, comme veullent Rasis, Avicenne, et Averoys, car Rasis dit au
iiie livre d'<u>Almasor</u> au chapitre des bestes sauvaiges et domestiques:
la chair d'ung tendron est attrempee sans commixtion quelconques
mauvaise, laquelle jaçoit ce engendre sanc attrempé. Toutesfois ne
compete pas au gens labourant, a laquelle nulle aultre chair est a
comparer ne preferrer, car elle n'est pas de si petit nourrissement
que la vertu de l'omme en soit diminuee, ne de si gros et grant nourrissement que la replection s'ensuive, et que gros sanc en soit
engendré car le sanc qui est engendré de ladicte chair est entre le
subtil et le gros, et entre le chault et le froit, et n'est pas
convenable aux gens fort traveillant mais aux jeunes attrempez
faisant moyen exercité, car icelle chair engendre sanc par grant
travail facile a digestion, et non par travail moyen. Et comme selon
icelle consideration, la chair d'ung tendron entre les chair domestiques est la meleure. Semblablement la chair d'ung cabri entre les
sauvaiges est la meleure, et après la chair d'ung tendron; plusieurs

medecins, comme Rasis et Averoys, ont mis pour la meilleure la chair
de mouton, et dit Averoys au ve livre de Collige au chapitre de la
chair: c'est l'oppinion [16v] de la plus part des medecins fors que
Galien, qui vitupere la chair du mouton et dit que la chair de viau est
de meilleur nourrissement que chair de mouton. Tiercement la bonté et
election de la chair est consideree de la partie de grande ou petite
viscosité et de odeur, et ainsi les chairs de veaulx sont meilleures
que toutes aultres. Et recite Averoys au ve chapitre de la chair
quant il dit: Et les chairs des veaulx sont bonnes chairs a cause
qu'il n'ont viscosités, froideur, ne secheresse comme ont les chairs
de beufz antiques. Item, les chairs de viaulx sont plus odoriferant
que aultres chairs selon icelle consideration; sont aussi meilleures
que les chairs de tendrons, esquelles est apparente viscosité devant
qu'elles soyent boullies, mais les chairs des tendrons sont meilleures
que la chair du viau a cause qu'il engendrent meilleur sanc. Et par
ainsi apert que entre les docteurs de medecine n'est pas si grande
contraversie qu'il semble de premiere face. En oultre est a noter
que la chair des bestes de complection seiches sont meilleures
environ leur naiscence que elles ne sont en viellesses. Et les chairs
des bestes de complection humide sont meilleures en viellesse que en
jeunesse, a cause que la humidité suparflue se desceche en procedent
en eage. Et pourtant moutons jeunes d'ung en ou de deux est meilleur
que ceulx qui alaictent; et le porc d'ung an ou de deux semblablement.
Et pourtant dit bien Avicenne en la troi[si]esme distinction au
chapitre du boire et du mengier quant il dit: il fault que les
viandes du conservateur de santé soyent telles comme la chair des
tendrons, [17r] et de viau allaictant, et d'aignel d'ung an. Et
s'ensuit doncques par les choses dictes telle conclusion: que les
chairs de bouc, de chievres, de moutons, de beuf et de porc antiques,
et par especial de ceulx qui sont chatrés, et aussi de jeunes porc
alaictant et de agnel alaictant, ne sont pas convenables a conserver
la santé, mais chairs de veaulx jeunes et de mouton d'ung an, et de
porc de ung ou deux ans sont convenables a conserver la santé. Et
est diligemment a noter que les chairs seiches se doivent boulir; et

declinantes a humidité se³⁷ doivent rostyr pour consumer humidité suparflue, et pour icelle cause, chairs de connins, de lievres, de cerfz, et chievres doivent estre boullies; et chairs de porcz fort jeunes de agnel doivent estre rostyr pour obtemperé la secheresse. Et de ce appert que es temps, es complections humides plus competent chairs declinant a secheresse et rosties; et en temps sec et es complections et aage sec, plus competent plus chairs declinantes a humidités.

> Ova recentia, vina rubentia, pinguia iura,
> Cum similia pura nature sunt³⁸ valitura. (29-30)

En ce texte sont declarés trois aliment ou viandes fort nutritives prinses en petite quantité. La premiere sont eufz recens, car il sont du nombre d'iceulx qu'il nourrissent fort, prins en petite quantité, comme dit Avicenne au second livre au chapitre des eufz; et icelle mesme sentence declaire en la iiiiᵉ distinction du premier au chapitre premier, ou il dit: les eufz et les coullons du poulet sont de grant [17v̄] nourrissement prins en petite quantité. Environ la election des eufz est a noter que les eufz de poules et de perdris et de faisans jeunes sont bons au regime de santé et meilleurs que tous aultres. Et dit la fille du curé que les eufz longz et linge sont bons, come chantent iceulx vers: "Filia presbiteri iubet pro lege teneri/cuando bona sunt ova, candida, longa, nova."³⁹ Oultre, les oeufz molles fait par decoction sont meilleurs que les oeufz durs cuyz ou trop molz, et sont de forte nourriture et de facile digestion, et engendrent sanc fort proporcional et convenable au ceur, et pour ce au gens qui sont en convalescence de maladies ou gens antiques et debiles, sont fort appropriés et convenables, et par especial le rouge de l'euf, come dit Avicenne en son livre De viribus cordis: veult et dit que le rouge de l'euf des bestes ayant bonne chair, comme de poules, perdris, et de faisans, jaçoice que ce ne soyt pas medecine cordiale, toutesfois il conforte fort le ceur. Et en aprés dit que incontinent sont convertis en sanc subtil et cler sans engendrer grande suparfluité, et pourtant conforte tresgrandement le ceur et

engendrent sanc fort proporcional et convenable au ceur. Et en oultre
dit qu'il vallent moult[40] pour restaurer les esperis et le sanc du
ceur debilité. Les eufz molles sont faciles a digerer et font le
polmon souple et la poitrine, et tiennent le ventre laiché et
lubrique, et sont pourtant mains nutritifz que les eufz tramblans en
la coque. Les eufz durs par decoction sont durs a digerer et font au
corps gros nourrissement et descendent tart de l'estomac et sont
tardifz a penetrer. En oultre est a noter que [en] diverses
pre[18r]parations les eufz acquirent bonté ou malice, car ilz sont
cuilz en braises, ou boullis, ou refris, ou cuyt avec aulcun brouet.
Cuys en braises sont de substance plus grosse et plus difficile a
digerer que ceulz qui sont boullis, car le feu consume et deseche
leur substance humide. Et se cuysent en deux manieres, c'est assavoir
avec leurs escorces es braises ou brisiez en leurs escorces; les
brisés sont pires que les aultres. Ceulx qui se cuysent es cendres
avec leurs escorce ce fait en deux manieres, car ou il sont totalement
couvers de cendres, ou sur les braises en parties descouvers. Et
ceulx qui sont mis es cendres tout couvers sont les pires, a cause
que les cendres avironnent l'euf, et les fumees en sont retenuees, et
d'iceulx qui sont cuys sur les braises en partie descouvers les fumees
sont deboutee dehors. Et cuys en l'eaue sont meilleurs que cuys es
cendres, car la humidité de l'eaue repugne a la chaleur du feu qui ne
deseche la humidité substanciale de l'euf. Et se boullent en deux
manieres, ou avec leurs escorces ou rompu en l'eaue. Boulliz avec
l'escorce sont les pires, car les escorces defendent a saillir les
fumees, mais des rompus en eaue, la chaleur de l'eaue attrempeement
penetre et suptile la grosseur de l'euf et hoste la mauvaise odeur, et
pour ce cuys en icelle maniere sont les meilleurs sur tous aultres;
les eufz fris [sont] pires que tous aultres, car il engendrent
mauvaises humeurs et font en l'estomac longue demeure et efumantes, et
vapeurs en la teste, et la bouche puante. Et les eufz cuyts au [18v]
brouet tiennent la voye moyenne entre les eufz cuys es cendres et les
eufz rompuz en l'eaue. Et icelle sentence totale est prinse de Ysaac
en ses <u>Dietes</u> <u>universales</u>. Item, est a noter que l'euf est diversifié

en ses parties, car le rouge est de chaleur attrempee, et le blanc est
froit et viscieux, difficile a digerer, et le sanc de luy est engendré mauvais, comme dit Rasis au iiie livre d'<u>Almasor</u> au chapitre
des eufz. Et comme les eufz de poules, de pardris, et de faisans sont
convenables a conserver la santé, semblablement les eufz de canes et
d'oyes et leurs samblables volatiles; toutesfoys ilz sont moins
convenables pour conserver santé ou du tout a eviter. Le second est
le vin rouge, pour lequel est a noter que les vins sont divers en
couleurs, car aulcuns sont blans, aulcuns rouges, aulcques clares, et
aulcuns noirs. Les vins blans sont debiles plus que tous aultres et
de moindre chaleur et de moindre nourrissement, et bleissent moins le
cerveau, et plus provoquent l'orine que tous autres; qu'ilz soyent
plus debiles que tous aultres il est prouver par Galian au premier
comment du troisiesme livre des <u>Maladies</u> <u>agues</u>, quant il dit: le vin
debile est celluy qui moins eschaufe et moins enfume au cerveau. Et
les vins blans sont de telle consideration comme sera demoustré aprés.
Doncques il sont debiles plus que tous aultres.^{41} Et que les vins
blans soyent de moindre chaleur, il appert par Galien au iiie livre
des <u>Maladies</u> <u>agues</u>. En parlent du blanc vin il dit qu'il n'est pas
possible que le vin blanc peust rendre l'omme fort eschaufé. Et
aprés dit: le vin blanc est de moindre [19r] chaleur et eschaufement
que tous aultres. Et est chose veritable en faisant comparation du
vin blanc au rouge qu'ilz soyent tous du terrouer et non pas aultrement, car les vins rouges de France ne sont pas si chaulx ne si fors
que plusieurs vins blans d'aulcunes contrees. Et pour ce la comparation se doit faire entre vins d'une mesme contree ou d'ung mesme
terrouer. Et que les vins blans soyent moins nutritifz, il appert
par Galien en la glose d'ung anfforisme de la seconde partie en celluy
anfforisme, plus facilement est remply l'omme de boire que de mengier,
ou il dit: le vin aqueux, subtil et blanc universalement est voisin a
l'eaue, et quant au nourrissement resemble l'eaue et provoque l'orine
et ne nourrist guere le corps. Et semblablement en la glose d'ung
aultre anfforisme en ladicte partie dit: vin aquatique guaire ne
donne au corps nourrissement duquel la liqueur est come eaue

tresubtile et de couleur blanche. Que il blesse moins la teste, il
appert par Avicenne en la iiie distinction au chapitre du regime de
l'eaue et du vin, ou il dit: le vin blanc et subtil aux gens eschaufés est plus utiles que le rouge, et ne fait pas douleur de
teste, mais il rend le corps humide et fait cesser la douleur de
teste. Et icelle mesme sentence veult Galien au comment d'icelluy
canon en la iiie partie, le boire doulz: la raison pour quoy il
blesse moins la teste, car il est moins fumeux et vaporeux que tous
aultres vins. Que il soyent plus provocatifz de l'orine et plus
suptilz il appert par Ypocras en la troiziesme partie des <u>Maladies
agues</u> en ung canon ou il parle du vin blanc ou il dit que le trespassement du vin blanc en la vescie est plus facile que tous aultres
[19v̄] vin, et avec ce est congneu qu'il a vertu forte apetitive. Et
de toute icelle sentence ja declaree s'ensuit que les vins blans
subtilz sont plus convenables aux gens eschaufés par nature que
aultres vins fors, come a gens coleriques ou sanguins ou eschaffés
accidentalement comme par ire, ou de demourer au souleil. Et
semblablement convient plus aux estudians qu'il doivent user de vin
pacifique a l'entendement. Item, est convenable a ceulx qui ont le
cerveau debile facilement s'enyvrent de boire fors vins, comme dit
Avicenne au ch[a]pitre dessus nommés, et pour ce s'il veulent user de
fors vins il est necessaire de le limpher fort. Et semblablement il
est convenable a ceulx qui ont le foye eschaufé ou l'estomac, et a
ceulx qu'il demeurent es regions chauldes, car fors vins chaulx
feroyent lesditz corps venir en fureur. Les vins rouges clers, comme
les vins de Beaune, sont chaulz plus que aultres vins, comme veult
Galien au comment du canon dessus nommés ou il parle du vin blanc et
dit: icelluy vin est de couleur rouge qui est de chaleur vehemente.
Et iceulx vins aussi sont plus que les aultres nutritifz, comme veult
Galien en ung anfforisme dessus nommé, c'est assavoir celluy [ou il
dit que] plus facilement est le corps remply^{42} de boire que de mengier,
car dit Galien que le gros vin et rouge est plus nutritif que tous
aultres vins et remplissent incontinent les corps feibles par mention.
Et est yci a noter que les vins rouges sont plus nutritifz, pour ce

que [20r] grande partie d'iceulx vins se convertissent en la substance des membres; toutesfois les vins noirs sont plus nutritifz que tous aultres car ilz donnent au corps nourrissement plus constans et plus tardifz a resouldre des membres. Et icelle sentence dit Galien en ung comment d'ung anfforisme allegué, "Eorum que nutriuntur, et cetera," que les vins rouges et gros sont plus nourrissant que les vins aquatiques; toutesfois ilz sont moins nutritifz que les vins noirs. Et semblablement ainsi se doit entendre le texte de Ysaac es Dietes particulieres, ou il dit que le vin noir nourrit plus que le rouge. Et iceulx vins rouges blessent plus le cerveaul que le blanc, et moins provoquent l'orine. Et ce est la cause que iceulx vins fors ne sont pas convenables a ceulx qui ont le cerveau debile comme est dessus declaré, mais a ceulx qui ont le cerveau bon et fort, car le cerveau vertueux resiste aux vapeurs et fumees sans les recepvoir, comme dit Avicenne au chapitre allegué en la troiziesme distinction du premier. Environ ce est a noter que l'entendement et engin de l'omme ayant le cerveau fort et vertueux, plus se clarifie et aguise s'il boyt du vin bon et fort que s'il n'en beuvoyt pas, comme veult Avicenne en la iiiie distinction du premier au chapitre souvent nommé. Et la raison si est, car du bon vin plus que de tous aultres breuvaiges s'engendrent et multiplient plusieurs esperis subtilz, clers et purs, et ce est la cause que les theologiens [qui] ont acoustumé de contempler es choses fort subtilles, ayment le bon vin. Et se[20v]lon Avicenne au chapitre nommé, iceulx vins sont profitables[43] aux hommes de froide complection et fleuma[ti]ques, car ilz corrigent la froideur de la complection et ouvrent les oppillations acoustumees de venir es gens fleumatiques, et digerent les fleumes donnant ayde a nature a les convertir en sanc et donnent bon nourrissement en multipliant les esperis. Les vins rous sont de moindre chaleur que les vins rouges clers, comme veult Galien en celuy comment prealegué ou il parle du vin blanc ou il dit: les vins rouz sont de plus grande chaleur que les blans, et pour ce blessent plus le cerveau que le vin blanc. Et aussi les vins rouz sont mains nutritifz que les vins rouges et blans et aulcuns nomme iceulx vins rouz vin blanc, et pour ce dient aulcuns

que le vin blanc incontinent eschauffe fort[le] corps. Les vins noirs
sont de moindre chaleur que les rouz, et pour ce blessent moins le
cerveau que les roux, mais il sont tardifz de descendre au ventre, et
ne sont guere provocatifz de orine, et pour ce il blessent plus le
cerveau que les vins blans, come veult Galien au comment d'icelluy
canon "Potus autem dulcis" souvent allegué. Le tiers sont liqueurs
serbiles faiz de broués de chairs, et par especial de brouet de
poussins et de chapons, car telz broués sont a nature fort convenables
et de legier convertis en sanc louables et par especial quant ilz sont
fait de la plus deli[cat]e farine de froument, car elle est fort
nutritive et restaurative, engendrant bon nourrissement, comme veult
Rasis au iiie livre d'<u>Almasor</u>. Et tout ce pareillement declare
Avicenne [21r] en la seconde distinction du premier chapitre de ce
que on boit de mengeue et dit: Exemple de la diete subtile de grant
nourrissement et de bonne humeurs sont le rouge des eufz, vin et
broués de chairs. Et s'ensuit pour conclusion totale que iceulx trois
sont tresgrandement confortatifz et restauratifz de nature humain.

>Nutrit et impinguat triticum, lac, caseus infans,
>Testiculi, porcina caro, cerebella, medulle,
>Dulcia vina, cibus gustu iocundior, ova
>Sorbilia, mature ficus, uveque recentes.   (31-34)

En ce texte sont declarees douze viandes, lesquelles fort
nourrissent et engrassent le corps. La premiere est le pain fait du
froument et par especial de froument nouveau, duquel dit Avicenne au
second canon au chapitre du pain que le pain fait de nouveau froument
en petit de temps engraisse le corps. Et Rasis au troiziesme livre
d'<u>Almasor</u> au chapitre du froument dit: le froument est attrempé,
declinent a chaleur, et le plus pesant, et le plus ferme, et de plus
grant nourrissement, et est plus propice et convenable a l'omme que
tous aultres grains. Et le sanc semblablement de luy engendré est
plus attrempé que tous aultres sangs engendrez d'aultres grains. Et
touchant l'election du froument, est a noter premierement que
l'election peult estre prinse et consideree de la partie de sa

preparation. L'election de la partie de la substance met Avicen[21v]ne
au second canon au chapitre du froument. Dit: Icelluy froument est
meilleur qu'il est le moyen entre le dur et le mol, gras, recent,
c'est assavoir non pas trop antique, equale de couleur entre le rouge
et le blanc, car le froument de couleur noire est de mauvais
nourrissement. Et Rasis adjouste qui soit pesant. Et quant a
l'election de la partie de sa preparation est a noter que toutes
choses faictes de froument trit[ur]iee descendent tard de l'estomac et
engendrent grosses humeurs et oppillations es vaines du foye et es
aultres, et augmentent la ratelle, et engendre la pierre et nourissent
fort quant elles sont digerees. Froument boulli est viande pessante
et difficile a digerer, mais s'elle est digeree elle nourrist fort et
fortifie la vertu, mais le froument cuiys en pain bien levé et bien
cuyt au four attrempeement est viande notable. Et celle sentence est
prinse hors de Galien au premier livre des Elemens. La seconde viande
est le lait, et selon aulcuns, le texte s'entend du lait eburré,
nommé selon les medecins et des gens communs lait batu, ou lait baraté.
Lait eburré recent meslé avec pain chault fort engraisse. Item, le
texte se peult aussi entendre[44] du lait de chievre, qui est de grande
nourriture, duquel dessus a esté amplement declaré en ce texte,
"Percica, poma, pira . . . ."[45] La tierce est fromaige recens,
duquel dit Avicenne au second canon au chapitre du fromaige que est
nutritif et fort engraisse, et jaçoit ce que le froumaige recens soit
nutritif et qu'il engraisse, toutesfois il ne compete pas au regime
de santé, car de luy s'ensuivent les nocumens devant declarés il[lec],
[22r] "Persica, poma, pira."[46] La quarte sont les coullons, et par
especial les coullons des poules gras, desquelz dit Avicenne au
second canon au chapitre des coullons qu'il sont fort et de bonne et
grande nourriture, et en la iiiie distinction du premier au chapitre
premier, ou il parle des coullons des poules, et dit que petite
quantité restaure moult; et peult icelluy texte aussi estre veritable
des coullons, des pors gras, qui n'ont pas hersé, car comme la chair
du porc est la meilleure entre les chairs des bestes quadrupedales
quant a donner grant nourrissement, est difficile a digerer.

Semblablement les coullons des pors, par comparation es aultres
coullons des bestes quadrupedales, sont les meilleurs. Et est yci a
noter diligenment que les coullons des bestes agees esquelles la
semence est mixtionee ne sont pas de bonne nourriture, mais les
coullons des bestes jeunes impotentes de herser et esquelz n'est pas
encore la semence fermentee, sont souffisanment de bon nourrissement
s'il sont bien digerez, et d'iceulx semblablement s'entend le texte.
La ve est chair de porc de laquelle election et operation est
doctrine ample donnee en ce texte, "Persica, poma, pira . . . ."[47]
La vi^e est le cerveau, pour laquelle est a noter que le cerveau est
mauvais a l'estomac nauseatif et hoste l'appetit, et engendre grosses
humeurs, mais il donne au corps grande nourriture quant il est bien
digeré, et ne se doit point mengier aprés aultres viandes. Toutesfois il est bon preparé avec origan ou calament, herbes ainsi nommees
pour temperer sa vicossité et froideur ou avecques aultres choses
incisives et calefactives. Et est a noter [22v] que jamais ne se doit
mengier s'il n'est premier rosty sur les charbons. Et oultre est a
noter que nuyt fort aux gens enclins d'avoir maladies froides, mais
est aulcunement utile aux gens de complection chaulde, come veult
Rasis au iiie livre d'<u>Almasor</u> au chapitre des membres des bestes. Et
pour briefve conclusion, il est deffendu au regime de santé. Et s'il
est aulcunement convenable, c'est par voye de medecine, come le
cerveau des chevres[48] contre venim, et le cerveau du lievre encontre
le tremeur des membres, et come, selon aulcuns, le cerveau de poulles
et chapons pour avoir bonne memoire et bon engin. Environ l'election
des cervelles est a noter que les cervelles des volatilles sont
meilleures et par especial des volatiles demourant aux montaignes, et
des cervelles quadrupedales, le cerveau du mouton, en aprés du viau,
come met Avicenne au second canon au chapitre du cerveau. La vii^e
sont medulles ou mouelles, qui sont de grant nourrissement quant il
sont bien digerees, comme dit Avicenne au chapitre de la mouelle au
second livre, et facilement se convertissent en sanc. Toutesfois ilz
ont ce mal, qu'il ottent l'appetit et font l'estomac nauseatif, et
pour ce Avicenne commande de les mengier avec du poivre. Et aulcuns

les preparent avec pomes de cuins en pasté, come font les gourmans et
les fryans. Et pour l'election des mouelles dit Avicenne que la
meilleure mouelle est celle du viau, du cerf, en aprés declaré au
second texte, illec, "Sunt nutritiva . . . ."⁴⁹ La neuf [23r] hiesme
est la viande au goust delectable, car telle viande nourrit fort,
comme dit Ypocras en la seconde partie des Anfforisme quant il dit:
la viande ung petit deterioré delectable est plus appetissant que
viande meleure non delectable. Et Galien dit au comment: toute viande
savoureuse, en laquelle aulcun se delecte quant il le prent,
l'estomac l'embrasse et le retient, et en grande delectation le digere mieulx que toutes aultres viandes, mais s'il est abhominable,
l'estomac le fuyt, de quoy vomissement, inflation, rugitiz sont
engendrés. Et pourtant nous veons aulcuns plus sainnement vivre de
males viandes que de bonnes a cause qu'ilz ont plus grande delectation
es viandes mauvaises. La xᵉ sont eufz sorbiles, lesquelx prins en
petite quantité font grande nourriture, desquelx avons fait plaine
doctrine, illec, "Ova recentia . . . ."⁵⁰ La xiᵉ sont figues
meures, lesquelles par leur grande doulceur donnent grant nourrissement et engressent. Environ ce est a noter que jaçoice que les figues
ne soyent pas de nourrissement si vertueux comme la chair et les
grains, toutesfois ilz sont de plus grande et vertueuse nourriture que
tous aultres fruys, comme dit Avicenne au chapitre des figues au
second canon ou il dit: les figues sont plus nutritives que tous
aultres fruys; et met icelle mesme sentence en la quatriesme distinction du premier au chapitre de ce que on boit et mengeue quant il dit:
entre les fruys, les fruys plus nutritifz et plus semblables et plus
prochains a la chair quant au nourrissement, ce sont les figues et
les raisins fort meurs et les datiles. [23v] Environ leur election
est a noter que selon Avicenne au second canon au chapitre des figues,
la meilleure est la blanche, car la plus legiere en aprés la rouge
est rousse et puys noyre, et celle qui est fort meure est la mains
nuysable. Item, plus les humides et recentes sont de plus legiere
nutriction que les seches, et plus tost descendent de l'estomac au
foye, et font le foye plus humide, et tiennent le ventre plus

lubrique que les seches, mais les seches sont mains inflatives et plus
convenables a l'estomac que les humides. Et des figues seches dit
Avicenne au chapitre dessudit: les figues en ses operations sont
louables, mais elles engendrent mauvais sanc, et pour ce elles
engendrent poulz, mais se on les prent avec nois, adoncques le sanc
par elles engendré est bon, et aprés la nois l'amande. Et dit aprés
que les figues prinses en jeung sont de merveilleuse aide en preparent
les voyes de la viande, et par especial prinse avec la nois ou
l'amendle. Et toutes deux sont inflatives, levitives des boyaulx et
expulsitives des suparfluités vers le cuir et provocatives de sueur,
et ostent l'aspreté de la gorge, et mundifient la poitrine et la
gorge, et font ouverture des oppillations du foye, des rains, et de
la ratelle. La xiie viande sont raisins nouveaulx meurs et doulx,
pour lesquelz est a noter que les raisins sont de trois manieres, car
les aulcuns sont vers et aigres et en est fait le verjus, et iceulx
restraindent le ventre et amortissent la furuer de la coleur du sanc
et vault moult es fluys coleriques. Les aultres sont meurs, doulz et
recens, desquelz procede le bon vin, et iceulx par especial quant ilz
font blanc [24r] vin, et iceulx par especial quant ilz sont blans sans
leurs grains et escorces; ilz laichent le ventre plus que tous aultres
fruys. Les figues sont de plus grant et de meilleur nourrissement,
comme veult Avicenne au second canon au chapitre du raisin. Toutesfois ilz engendrent ventosités inflative et douleur de ventre. Et
s'il demeurent par deux ou trois jours pendues, jusques l'escorce soit
desenflee, ilz en sont plus nutritifz et moins laxatifz, et moins
enflent le ventre. Et ceulx qui ont l'estomac plain de viande et de
immundicités et de mauvaises humeurs, jamais ne doivent mengier
raisin, par especial recens et sans les grains, car incontinent en
l'estomac immunde se corrumpent, et en l'estomac plain de viande, a
cause qu'il sont de tresfacile digestion et ne peulent descendre de
l'estomac aprés leur digestion pour la viande non digeree, par quoy
ilz se corrumpent en l'estomac, et la viande semblablement. Et ainsi
fault ilz entendre de tous aultres fruys laxatifz. Et quant aulcun
veult mengier raisin vert recent, il le doit premier mectre en eaue

boullant par l'espace d'une heure, et en aprés le remettre en eaue
froide et puis le mengier, mais Rasis au iiie livre d'Almasor[51] au
chapitre du raisin recend et doulz dit qu'il engraisse incontinent le
corps et fait la verge draisser. Et en oultre dit que le raisin de
subtil escorce de legier descend de l'estomac, et celluy qui est de
grosse escorce descend plus tart. L'autre raisin est raisin sec, qui
se dit raisin de karesme, et celluy raisin est nombré entre les choses
equales. Toutesfois aulcunement decline a chaleur et nourrist fort,
selon Rasis au chapitre dessuditz, et con[24v]forte l'estomac et le
foye selon Avicenne au lieu prealegué, et oste les oppillations et
dit qu'ilz engrassent le foye quant[52] ilz sont mondifiez de leurs
grains. Et ainsi appert que le texte se peult entendre du raisin
recent et des raisins nommés passules, ou raisin de karesme.

    Vina probantur odore, sapore, nitore, colore.
    Si bona vina cupis, hec quinque probantur in illis:
    Fortia, formosa, fragrantia, frigida, frisca. (35-37)

En ce texte sont declarés quatre choses generales pour
esprouver le vin. La premiere est l'odeur, car le vin de bonne odeur
multiplie les esperis et les rent subtiles. Et selon Constantin au
v^e livre de sa Theorique, il est nutritif et engendre bon sanc, mais
vin corrumpu est abhominable a nature humainne, engendrans gros
esperis et melancoliques, et selon Constantin au livre allegué, il
engendre mauvais sanc et douleur de teste a cause des fumees et vapeurs mauvaises montent au cerveau. Et Galien au iiie livre des
Maladies Agues dit que le vin de bonne odeur engendre bon sanc, mais
il remplist la teste de fumees a cause qu'il est subtil de chault. Et
le vin qui est de male odeur, et selon la malice de luy engendré, la
lesion qui fait en la teste est petite a cause qu'il est plus frois et
plus gros. Le vin de nulle odeur ne fait point de mal en la teste,
car il est de forte substance et grosse. La seconde est la saveur,
car comme le viande plus savoureuse[53] mieulx nourrist et mieulx est de
l'estomac embrassié, comme est declaré en la glose precedente,
semb[l]able[25r]ment est le vin. Toutesfois environ ce est a noter

que les vins en saveur sont divers, car aulcuns sont doulz, plus que tous aultres, nutritifz, et engendrant gros sanc, et le ventre tiennent humide, durs a digerer, et font avoir soif.[54] Les aultres sont pontiques tirant sur l'aigre et confortent l'estomac, et restraindrent le ventre, et sont nuysables a la poitrine et au polmon, et durs a digerer. Les aultres sont acerbes, come vin verdelés, et ceulx sont provocatifz de l'orine, et ne sont pas generatifz de grosses humeurs, mais les diminuent. Les aultres [sont] amers, moins chaulz, comme dit Constantin au ve livre de Theorique. La tierce chose est [s]plendeur reluysante, laquelle juge la subtilité du vin et consequamment juge des esperis subtilz, engendrés d'icelluy vin. La quarte est de couleur, car de la partie de la couleur les vins sont divers en nourrissement, car les vins rouges quant toutes choses sont semblables sont plus nutritifz que vins blans, et pourtant ilz sont plus convenables aux gens maigres que le blanc, et les vins blans aux gras plus convenables. Et de la diversité des vins touchant la couleur a esté amplement declaree en ce texte "Ova recentia, vina rubentia, pinguia iura, et cetra."[55] En aprés au texte [sont] mis ·v· choses especiales pour esprouver la bonté du vin, car le vin fort est celluy qui eschauffe fort le corps et remplist la teste,[56] selon Galien au premier comment de la troisziesme partie des Maladies agues. Icelluy vin multiplie fort les esperis et est de grant nourrissement, et ceulx [25v] qui ont le cerveau debile se doivent garder de boire s'il n'est bien limphé, car la grande fumee que fait leditz vin au cerveau le blesseroit fort. La seconde est la beaulté du vin, car par la beaulté du vin le vin se prent de plus grant appetit, et en est mieulx digerer, et puis on nourrist mieulx le corps. La tierce est que le vin bien flairent est grandement confortatif et generatif d'esperis subtil, comme il est declaré. La quarte est que le vin doit estre froit quant au touchement ou saveur et non pas quant a son effect, car le vin chault pour ce qu'il est plus rare et plus subtil tant plus tost enyvre et plus debilite les ners et blaisse le cerveau, sinon que la quantité prinse soit petite. Le quinte est que le vin doit estre frisque, c'est adire estincelant avec une petite escume legiere facilement labile estant au milieu du verre. Et le vin privet de ladicte condition est nommé <u>pendulum</u>, c'est adire debile.

Sunt nutritiva plus dulcia, candida vina. (38)

En ce texte met l'acteur ung enseignement des vins. Et dit que les vins gros et doulz sont plus nutritifz que toutes choses semblables devant tous aultres vins. Et icelle sentence veult Constantin au chapitre souvent nommé, et Avicenne en la iiie du premier au chapitre du boire, et du regime de l'eaue et du vin, ou il dit: le vin gros qui est doulz est bon a celluy qui veult estre gras. Et raison si est car les vins doulz sont vehementement attirés des membres a cause de leurs doulceurs de laquelle nature s'ensuit. Et Avicenne [26r] dit au second canon au iiie chapitre du premier traicté: les operations des choses doulces font digestion, lenification, et multiplication de nourrissement, et nature les ayme, et la vertu attrative le desire et attire a soy. Et jaçoit ce que ce texte soit veritable de vin doulz, toutesfois on doit eslire vin attrempeement doulz, et non pas doulz au dernier degré, comme le vin muscadiau, car on dit qui corrump le sanc a cause que nature l'attire asprement de l'estomac au foye devant qu'il soit digeré, et le convertit en corruption pour la tresgrande delectation que ont les membres en celluy vin, et ainsi remplist ledit vin le sanc de acquosités indigeste, enclinee a boullir et devenir en putrefaction. Et semblablement tout ce se doit entendre de toutes viandes fort doulces. Et pour plus ample declaration de ceste matiere est a noter que en usant de vin doulz, et aussi d'aultres viandes fort doulces, s'ensuivent trois inconveniens, et par especial es gens disposés ad ce. La premiere est fastidiation en l'estomac, car chose doulces par leur chaleur et humidité adoulcissent et applainent l'orifice de l'estomac, et engendrent en l'estomac une disposition contraire a evacuation et mundification de l'estomac, lesquelz sont cause d'avoir fain. Le iie est facile transmutation en colere, et pour ce le miel sur toutes choses engendre colere, car il est doulz plus que toutes aultres choses, et aprés luy le vin doulz, comme dit Galien au comment d'icelluy canon en la troizieme partie des Maladies agues: l'entendement blesse de legier. Et pour ce est qu'il engendre soif et n'est pas convenable aux febricitans, ne aux coleriques, comme dit Galien au com[26v]ment nommé. Le tiers est opillation du foye et de la ratelle, car choses doulces devant qu'elles soyent digerees sont attirees avecques leurs infections pour la grande delectation que ont lesditz membres es choses doulces, et par especial le foye, et pourtant esditz membres et a ce donne ayde la substance grosse, en laquelle est fondee la saveur doulce, selon Avicenne au second canon, au troiziesme traicté au iiie chapitre, et pour ce est que le vin doulz est moins provocatif a uriner que les aultres vins. Et contre yceulx trois nocumens summierement valent choses aigres, a cause que par leur acetosité ilz provoquent l'appetit, et par leur froideur ilz deffendent de enflamer le corps, et par leur sustance subtile il euvrent les conduis estoupés. Item, est a noter que jaçoit ce que vins doulz et aultres choses doulces nutritives estoupent le foye et la ratelle, toutefois ilz ostent les oppillations du polmon. Et la raison pour quoy il ne estoupe le polmon comme le foye et la ratelle, si est car les choses doulces ont leur trespassement par marri;[57] rien ne va au polmon, sinon chose subtilé par voye de resolution, et le sanc engendré des choses doulces vient au polmon, purifié au foye et subtilé au ceur. Et icelle sentence veult Galient au comment d'un canon intitulé, "Potus autem dulcis . . .," au iiie livre des Maladies agues. Item, les vins doulz moins enyvrent, selon Ypocras en la iiie partie des Maladies agues en ce canon, "Mentem levius partulit quam reliqua fortia vina." Par les choses dessudictes on peult conclure que les vins doulz, gros, suffisamment colorés, sont meilleurs pour [27r]boire aux gens maigres, de nature ou accidentalement, pour estre restauré, nourri, ou engraissé, car iceulx[58] vins sont suffisamment nutritifz et restauratifz, et engraissent le corps, et pour ce sont convenables a engrassier les gens maigres. Et opposite se nous ne voulons restaurer, ne nourrir, ne engraissier, comme il avient des gens gras et charnus, adoncques fault user de vins subtil sans doulceur, de amiable saveur, odoriferante, et ung petit

blanc, et suffisamment fort. Et se aulcuns veult boire pour amortir
la soif, il doit prendre vin blanc, subtil, cler et debile, car tel
vin rend le corps humide et le refroide, et pourtant il estainct
mieulx la soif, et quant plus la soif est grande, en tant est tel vin
plus convenable. Et se le vin exibé pour reparer les esperis et
conforter la vertu, il doit estre subtil et odoriferant, de saveur
delectable, de couleur moyenne, suffisamment fort, et tel vin se doit
prendre avec ung petit de viande et en petite quantité. Et se nous
labourons a mondifier les parties interiores et le polmon, et a
laicher le ventre, adoncques les vins de substance moyenne et doulz
sont plus convenables au corps.

> Si vinum rubeum nimium quandoque bibatur,
> Venter stippatur; vox limpida turbificatur. (39-40)

En ce texte declare l'acteur deux inconveniens de trop boire
vin rouge. Le premier est que le trop boire de vin rouge restrainct
le ventre et fait aler dur au retrait. La cause selon aulcuns est
car le vin rouge plus que tous [27v] aultres vins, quant tout est
semblable, eschauffe et nourrist le corps. Et en tant qu'il est plus
chault il deseche plus, et en tant qu'il est plus nutritif, nature le
retient plus asprement. Toutesfois le texte se peult entendre de trop
grande potation de vin rouge stiptique tirant sur l'aigre, restraing-
nant le ventre. Et est yci a noter se l'estomac et les entrailles
sont debile en leur vertu retentive, vins stiptique, c'est adire
tirant sur l'aigre, rouges ou noir, se doivent exiber, come on fait
en fleu de ventre, par dibilication de la vertu retentive de
l'estomac. Et icelle sentence veult Ypocras en la iii^e partie des
<u>Maladies agues</u> en ce canon, "Palmeus quidem et niger . . ." et
semblablement Galien au comment:[59] mais se nous voulons conforter la
vertu digestive il fault prendre vin subtil ou moyen, et en substance,
en couleur, de bonne saveur et odeau, suffisamment fort, et aulcunement restringnant. Le second est exasperation de la gorge ou la voix
ravocque font aulcuns vins de grande rougeur, a cause de leur
secheresse et terrestrieté. Et icelluy inconvenient aussi font les

vins, "Et potius verius de Brabant,"[60] a cause qu'il sont fort
terrestre et vers. Et par especial quant les vins nommés sont meurs
ilz font se second dommaige, et non pas le premier, car le moust de
grande rougeur engendre fluy de ventre a cause de ses matieres
fecales terrestres meslee avec luy, mordant les boyaulx de laquelle
morsure s'engendre le fluy de ventre. Et tel vin ne se doit pas boire
en moust, c'est assavoir quant il est troublé et boullant, et a cause
qu'il est mordant par sa lye terrestre. De luy semblablement s'engendrent fumees mordicatives eslevees au cerveau, corrodantes les
yeux. Et cest inconvenient aussi font les vins de Brabant, soyent
blans [28r] ou rouges, a cause de leur terrestré. Et notés que par
les matieres fecales sont entendues les lyes de vin qui n'est point
encore purifié.

> Allea, nux, ruta, pira, raphanus et tiriaca:
> Hec sunt antidotum contra mortale venenum. (41-42)

En ce texte l'acteur met six medecines contre le venin. La
premiere sont aulx, ou ailles, qui vallent par especial contre les
mauvais accident venant des eaues, et par especial vault contre l'infection qui vient de boire eaue corrumpue. Et dit Serapio,
Agregantur, au chapitre des aulx: quant on mengeue des aulx et on
boyt aprés de eaue corrumpue, elle ne nuyt pas celluy qui la boit.
Et ce mesme dit Avicenne au second canon au chapitre des aulx, et en
la iiie distinction du premier chapitre, de conserver ceulx qui
cheminent du dangier des eaues diverses. Et icelle mesme operation
font les oignons, come veult Avicenne au second canon au chapitre des
oignons, et ainsi les oignons se peulent comprandre avec les aulx;
semblablement dit Avicenne au chapitre nommé que l'oignon est triacle
des eaues mauvaises et par especial avec vinaigre, car l'oignon est
subtiliatif, incisif, abstersif, restrainctif, et deopille fort--
come dit Avicenne au chapitre de l'oignon, et est chault au tiers
degré, et pourtant il eschauffe les mauvaises eaues et deffendent que
l'eaue ne nuyse a l'estomac par sa froideur en subtiliant les grosses
humeurs et les faisant tantost penetrer. Et vinaigre meslé avec luy

vigore sa vertu en subtiliation et penetration de l'eaue, et deffent le soif que font les oignons. Et [28v] icelle mesme proprieté ont les aulx, et pour ce dit Avicenne au chapitre nommé, en la troiziesme distinction, que on doit mengier des aulx aprés les eaues grosses et turbulantes buees, car les aulx les subtilent, et les font incontinent descendre, et deffendent qu'il ne nuysent a l'estomac et aux incestines et qu'il ne estoupent les vaynes. En oultre les aulx mengié devant le cheminer ou aprés sont de choses meilleures et convenables a ceulx qu'il viennent de l'air froit ou a ceulx qu'il vont a l'air froit, comme dit Avicenne au chapitre de ceulx qui cheminent. S'ensuit doncques que les aulx sont fort utiles a ceulx qui cheminent, et a ceulx qui vont par divers pays et a ceulx qu'il usent de divers brevaiges, comme dit ce metre: "Allea qui mane ieiuno sumpserit, / hunc ignatorum non ledit potus aquarum diversorum facta locorum."[61] En oultre les aulx sont bons contre la poincture de vers venimeux et contre la morsure des serpens--quant on les boit avec du vin, de quoy Avicenne au second canon au chapitre des aulx se dit avoir experimenté. Et est aussi utile contre morsure de chien enraigé. Et amplastre fait d'aulx et[ ]de[62] feulles de figues et de commin mis sur morsure d'un serpent nommé mugal, est fort utile, comme dit Avicenne au chapitre nommé. L'oignon semblablement selon Avicenne au second canon[63] au chapitre de l'oignon, vault a la morsure du chien enragié quant on oinct le lieu du jus de l'oignon quant on fait amplaistre desus de l'oignon avec du sel et de la rue, et l'oignon que on mengeue deboute la malice du venin de toutes bestes venimeuses. Et aulcuns disent qu'il engendre en l'estomac humeur humide moult [29r] convenable a corrumpre la malice du venin. Item, yci est a noter que les aulx, et les oignons et les poires en maniere de viande ne sont pas convenables au corps attrempés ne au corps de complection chaulde, et par especial crus, car il sont de petite nourriture et engendrent sanc agu et pungitif; toutesfois il subtilient les grosses humeurs et separent les humeurs limeuses. Et aprés qu'ilz sont cuitz, ilz perdent leur punction et demeure la vertu incisive et subtiliative, et pourtant ilz sont plus convenables cuis que crus. Les poires sont chault et sec, et donnent au corps nourrissement vituperable, et nuysent aux yeulx, et engendrent sanc noir et melancolique, et songes terribles, et blessent les ners a cause de leur punction, et nuysent aux dens et aux gingives, et nul colerique melancolique en doit user et par especial crus. Les oignons sont chaulx et ont suparflue humidité terrestre avec humidité aqueuse, subtile et indigeste. Et se on les mengeue crus, il engendrent humeurs mauvaises en l'estomac et putrefactribles, et font songier choses terribles, et engendrent douleur de teste, et le trop user dispose l'omme a perdre la memoire, et trouble l'entendement et font l'ome devenir demoniacle, mais s'on les mengeue cuis avec broués de chair louable, il font digerer la viande, et les nocumens sont amoindris; et corrigent les froides viandes quant il sont avec elles, mais pour conclusion n'en user point, c'est le meilleur. Les aulx sont chault declinant a aulcune humidité moindre que les oignons, et sont contre ventosités, et sont profitables a la toux, et font bien craicher, mais il nuysent a la veue, et font douleur de teste, et font triacle a gens rustiques, et appert evidemment que les choses devant [29v] dictes competent seullement a ceulx qui ont humeurs fleumatiques et grosses humeurs et limeuses. Les coleriques s'en doivent abstenir. La seconde est la grosse noix, de laquelle dit Avicenne au second canon au chapitre de la noix, que la noix avec la figue et rue est medecine contre tous venins, et de la noix avec sel et oygnons est fait amplastre contre morsure de chien enraigé, et par especial s'entend de noix seiche prinse devant mengier en maniere dessudicte. Et environ est yci a noter que les noix seches sont pires que les recentes et humides, car les seiches sont plus unctueuses et pourtant se convertissent en colere et font douleur de teste, et tourbent la veue, et engendrent le vertin au cerveau, et par especial prinses aprés la viande, et font la langue paralitique et provoque le vomir, et petite vescie en la bouche. Et ceulx qui ont l'estomac colerique doivent totalement eviter noix seches, et tant plus sont anciennes tant plus sont mauvaises, les recentes sont moins mauvaises car il ne sont pas si unctueuses, et pourtant elles n'engendrent pas douleur de teste ne vertin au cerveu, come les seches, et par leur humidité sont lubrificative, et laichent le ventre, et s'elle sont ung petit brulees et mengiés aprés le repas elle compriment la viande. Et ainsi appert que les noix recentes sont plus convenables au corps sains que les seches. La tierce est la rue de laquelle dit Avicenne au second canon au chapitre de la rue qu'elle resiste au venin. Et en aprés dit que celluy qui craint de boire venin prengne de la semence de la rue, une drame avec ses feulles et du vin, et par especial quant on le boit avec une noix en ung bolus. [30r] Et Aristotele dit au livre des Bestes: quant la mustelle veult bataillier encontre le serpent, c'est assavoir contre le crapaust, elle mengeue de la rue pour occir le crapeust a cause que l'odeur de la rue est ennemie au venim, car la rue mengié avec figues, amandle doulces au matin, preserve du venim. Et devons sçavoir que il est de deux espesses de rue, c'est assavoir l'une domestique, et l'aultre silvestre ou sauvaige. La rue domestique est meilleure que la sauvaige, car la sauvaige est chaulde et seche au quatreiesme degré, et est chose dangereuse d'en user souvent. La domestique est verde, chaulde et seche au second degré, mais quant elle est desechié elle est seiche au tier degré. Et est incisive, resolutive de ventosités, et par especial la seiche, car Serapion dit au chapitre de la rue: c'est des medecines plus conferantes a ventosités, mais la verde est inflative. Item, la rue aguise la veue, et par especial le jus de la rue avec le jus du fenoul et miel fais encollir, comme dit Avicenne au second canon au chapitre de la rue. Toutesfois le jus de la rue a une condition en elle nuysables a la veue, et pour ce la rue se doit appliquer es yeulx en ventilant en maniere que la seulle evaporation et fumee et non pas la substance touchant les yeulx. La quarte sont des poires, desquelles dit Avicenne au second canon au chapitre des poires qu'elle sont curation des mocherons mortelles. Et quant iceulx mocherons sont cuys avecques poires, leur ventosité en est moindre. Et peult icelluy texte estre verifié des poires aromatiques, lesquelles par leur vertu aromatique confortent les poires et expulsent les venenosités des mou [30v] cherons. La ve sont refors, desquel dit Avicenne au second canon au chapitre des refors qu'il sont utile a la

morsure des serpens, et prinses avec vin conferent a la morsure
cornute; c'est une beste ainsi nommee. Et la semence[64] remedie[65] a
tous venins et par especial aux vers venimeux. Item, la semence du
refort mise sur le corps le [66] fait morir incontinent, et se l'es-
corpion mordoit aulcun qui eut mengié du refort, il n'auroit point de
mal. Et vault semblablement aux suffocations des mocherons mortelles.
Ou on peult dire que le refort vault contre le venim a cause qui
provoque vomissement et purge l'estomac des humeurs qui sont en luy
mauvaises. Et est yci a noter que le refort et sa racine, qui sont
quasi d'une mesme complection, nuysant aux gens coleriques, car ilz
engendrent sanc agust et pungitif, et le refort est mauvais a l'estomac et fait eructuation et engendrent humeurs grosses, et se la
digestive est debile ilz engendre humeurs crues; toutesfois il est
subtiliatif et tranchante. Et aulcuns mengent le refort aprés aultres
viandes pour conforté la digestion, de quoy se esmerveille Galien. Et
disent les saiges medecins: se on le mengeue aprés aultre viande, il
fait digerer et descendre la viande et laiche le ventre, mais se on le
mengeue devant la viande, il fait surmonter la viande et provoque le
vomir; toutesfois c'est chose utile de les mengier avec vinaigre et
sel aprés les aultres viandes en petite quantité; toutesfois elle
nuysent a la veue et a la teste, et par especial mengier aprés aultres
viandes. Rasis au iiie livre d'<u>Almasor</u> dit que le refort en faisant
longue demeure en l'estomac digere et incise la flume, et ses feulles
digerent la viande et provoquent l'appetit, mais que on n'en prengne
que ung petit. La vi^e est [31r] triacle, utile[67] de sa proprieté et
par son espece contre tous venins, et pour ce vault tant aux bestes
brutes come aux hommes contre venin, soit froit ou chault. Et avec le
triacle peul[t] on comprendre le metridal, qui est quasi d'une mesme
vertu. Et du triacle dit Avicenne en la vi^e distinction du quart,
traicté iiie, au premier chapitre: tu sçes que l'une des curations
principales du venin est conforter la chaleur naturelle, et l'exciter
a debouter au dehors come fait le triacle. Et encore du triacle et
du metridal dit Avicenne en la vi^e du quart traicté, au premier
chapitre des medecines communes contre le venin: il sont aulcunes

medecines contraire au venin, lesquelles ne permettent pas le venin venir au ceur, come font le triacle et le metridal.

    Aer sit mundus, habitabilis ac luminosus,
    Nec sit infectus, nec olens fetore cloace.[68]   (43-44)

En ce texte sont declarés ·v· choses touchant l'election de l'air habitable.[69] La premiere est que l'omme doit eslire l'air pur et net sans infection de vapeurs, car l'air infect altere le ceur selon sa complection, et se mesle avec le ceur, come dit Haly au iiie livre du Tegin au comment d'icelluy canon, "Oina hec enim, etc." La seconde est que l'omme doit eslire l'air lumineux, car l'air troublé et obscur fait l'omme triste et melancolieux a cause que l'air troublé se mesle dedens le corps avec les humeurs et vient au ceur, et de l'air troublé et des humeurs meslee ensemble s'engendrent esperis gros qui font l'ame triste. Il n'est chose au monde qui face l'omme plus joyeux et legier que demourer et cheminer en l'air cler et net. La iiie est que l'omme doit eviter l'air infect de corps humains mors, come est l'air des lieux [31v] esquelz est faicte grande occision de corps humains, car en iceulx communement viennent grandes infections pestilencieuses, car l'air[70] infect aspiré fait les esperis infect au corps humain. La quarte: que l'omme doit eviter la puantise des latrines, et du retraict et toutes aultres infections particulieres de l'air, come sont les infections de la cu[i]sine, et d'aulcunes fosses et lieux ou sont mis les corps mors et les os des mors, et fault eviter l'air prochain des eaues ou sont mis le lim et le chenesve pourry, car l'air mefait fait les esperis infect en corps humains et tresgrandement nuyt au cerveau. Et pour ce dist Avicenne en la seconde distinction du premier, en la doctrine iie au chapitre iie: l'air quant il est attrempee[71] est cler, et que nulle estrange substance ou contraire aux esperis est mixtionee avec luy, il garde et conserve l'omme en santé; et l'opposite des choses dessudicte engendre maladie. Et pour plus ample declaration est a noter que l'air est necessaire en la vie de l'omme en deux manieres: la premiere pour refroidier le ceur, la iie pour debouter les vapeurs et fumees qui

troublent les esperis et suffoquent la chaleur naturelle, car comme
nous veons es choses exteriores, le feu sans estre eventés est
suffoqués et extinct. Semblablement[72] devons ymaginer que la chaleur
naturelle et les esperis ont besoing de l'air pour les nourri, et
conserver et obtemprer, laquelle obtemperation est faicte d'iceulx
esperis, et la chaleur est causé par attraction de l'air de depuration
par expulsion de l'air. Et doncques le premier est fait par mouvement attratif, et le second par mouvement expulsif. Et pourtant se
l'air [32r] attiré est puant et infect, la chaleur et les esperis se
corrumpent. L'air doncques doit estre de bonne substance, sans vapeur
estrange, descouvert sans closure de parois, c'est adire qui doit
estre eventés, car l'air couvert et enclos tresgrandement est a eviter.
Toutesfois en temps de peste, quant la putrefaction de l'air est
commune, l'air enclos est a eslire. Et pourtant en celluy temps il
fault demourer en sa maison et tenir les fenestres closes, affin que
l'air infect n'entre dedens, mais en tout aultre temps l'air descouvert est meilleur. En oultre pour conserver la santé il fault
eviter l'air des eaues putrides, et l'air ou croissent les chous, et
eruca, et aultres plusieurs herbes, et l'air des arbres viscieux
excessivement, comme sont figuiers et noyés. Oultre on doit eslire
l'air ou soufflent vens venant de terre haulte ou equale, et
semblablement on doit eslire l'air attrempé sans grande chaleur,
froideur, humidité, et secheresse, et s'il avenoit qu'il fut excessif
en aulcune d'icelles qualité, soit obtemperé artificielement, tant qui
est possible.

    Si tibi cerotina noceat potatio vini,
    Hora matutina rebibas, et erit medicina. (45-46)

En ce texte met l'acteur ung tel enseignement: se aulcun est
mal disposé de boire vin le soir, ilz doit de rechief lendemain boire
du vin, mais fault yci considerer que le vin beu au soir, duquel
l'omme est mal disposé, ou il enyvre l'omme, ou il engendre grant soif
du matin, ou grant eschauffement au corps. S'il engendre grant
eschauffement au corps, de rechief prendre [32v] du vin au matin c'est

grande erreur, car ce seroit mettre feu sur feu. S'il en est yvre
avec aulcune disposition vomitive, adoncques de rechief au matin
prendre du vin est une chose utile, car le vin prins au matin de
legier provoque a vomissement, qui mundifie l'estomac et garist
l'yvrongneté. Et pour icelle cause conseille Ypocras de enyvrer
l'omme une fois le moys pour provocquer l'omme a vomissement qui le
preserve de cheoir es maladies croniques. Et se le vin blesse du soir
l'omme a cause qui n'est pas acoustumé de boire vin, adoncques semblablement de rechief peult boyre vin au matin pour l'acoustumer, car
les choses acoustumees sont les moins nuysables, selon Ypocras en la
seconde partie des Anfforismes, en celluy anfforisme, "Ex multo tempore assueta, etc." Et se de boire du vin au soir s'ensuive grant
soif du matin, icelle soif est mensongiere, laquelle est garie de boire
vin au matin. Il seroit pourtant plus convenable boire de l'eaue.
Et est suffisanment declaré par avant du mal qui vient de boire vin
excessivement. Oultre est a noter que tout homme qui a cerveau debile se doit garder de s'enyvrer souvent, car frequenter ebrieté,
selon que dit Avicenne en la iie distinction du premier au chapitre du
regime de l'eaue et du vin, engendre six grans inconveniens en corps
humains: Le premier est qu'il corrumpt le foye, car le vin beu
excessivement venant au foye remect la chaleur naturelle, par quoy le
foye part sa vertu generative de sanc, et engendre sanc aqueux,[73]
causant ydropisie, ou il brule le foye et les humeurs, de quoy
s'engendre lepre. Le second est corruption de cerveau, a cause de la
continuelle estimation des fumees en la teste, disposant le cerveau
chault a manie[74] et a fre[33r]netique passion, et le cerveau froit a
epilence, litargé et apoplexie. Le tiers est delibication des ners,
car nous veons les gens yvres souvent avoir tremeur de teste et
d'aultres membres, non pas seullement en viellesse, mais aussi en
jeunesse. Le quart sont maladies de ners, come spasme, et paralisie,
car le vin prins superfluement souvent devient en l'estomac vinaigre,
qui est grandement contraire aux ners et souvent se convertist indigest en acquosités, remolisant le ners. Et souvent conduit et fait
fluy[75] aultres humeurs grosses es ners, qui sont cause de spasme ou

de paralisie. Le ve est appoplexie, a cause des humidités multipliés au cerveau oppillantes les conduis des esperis motifz et sensitifz de tout le corps. La vi^e est mort subite, car en dormant, ou en esternuant, ou en toussant, les conduis de l'aspiration par la multitude de vin et des humidités de luy engendrees se clouent, et par ce moyen l'ivrogne est suffoqué. Et jaçoit ce que le vin prins oultre mesure engendre iceulx inconveniens, toutesfois quant on le prent moderement il donne a l'omme plusieurs aydes. Et selon Avicenne au chapitre dessusnommé, le premier est qui donne[76] penetration a la viande par tout le corps par sa subtile chaleur et secrete proprieté occulte. La seconde: qu'il digere la fleume, aussi par sa humidité aquatique et fleumatique, et les fait de facile expulsion en ouvrent les conduis du corps en confortant la vertu expulsive. Le tiers est qu'il tranche la colere rouge et le evacue par l'orine, par sueur et egestion, et par resolution insensible, et icelle ayde se doit entendre de vin subtil, claret ou blanc, debile de sa nature, ou par eaue melee avec luy, car aultrement il multiplieroit la colere et echaufferoit le foye. Le quart: qu'il fait la melancolie[77] grosse, tardive a mouvoir; penetre[78] en [33v] ses propres conduis, c'est assavoir au foye, a la ratelle, et de la ratelle a l'orifice de l'estomac, et finablement le[79] fait debouter hors du corps avec les suparfluités, et reprime l'inconvenient de la melancolie par sa complection en maniere de substance et opperations contraires a la melancolie, car la melancolie rent l'omme triste et pusillanime et avaricieux. Et le vin resjoyt l'omme et donne audace, et maninimité et fait l'omme liberal. Le ve est qui resoult et garist toutes especes de laceté, traval, ou paresse, se complection fort extrange n'y est meslee, car le vin repare habundanment les esperis resolus, et conforte la vertu et remect les humidités superflue delaissees et meslees es ners et es joinctures. Et s'il est de necessité de humecter le corps, comme en lassitude prefactive et secce, incontinent donne moisteur, mais qui soit limphé. Item, le vin a moult d'autres proprietés et conditions, car le vin plus subitement que toutes aultres viandes restaure le corps et conforte les esperis et la chaleur naturelle, et tient le corps en bonne chaleur, et clarifie l'entendement, et amortist l'ire et tristesse, incite luxure, et sur tous aultres brevaiges digere les grosses humeurs. Et pour conclure, le vin rent l'omme virile selon l'ame et le corps, et pour ce se en toutes aultres choses sont semblables, les gens qui ne boyvent pas du vin sont femmelins et fragiles a comparer a ceulx qui boient vin.

> Gignit et humores melius vinum meliores;
> Si fuerit nigrum corpus reddet tibi pigrum;
> Vinum sit clarumque vetus, subtile, maturum, [34r]
> Ac bene limphatum, saliens, moderamine sumptum.   (47-50)

En ce texte premierement met ung enseignement du vin, et dit que le vin meilleur engendre meilleures humeurs. Raison si est car d'autant que la matiere generative des humeurs est meilleure, d'autant sont les humeurs de luy engendrés meilleur. En aprés dit que le vin noir fait l'omme pigre, endormy, a cause que le vin noir est plus gros et terestre que tous aultres vins, et pourtant les esperis de luy engendrés sont gros, selon l'auctorité de Galien au premier livre des Anfforismes. Il est necessaire que une chascune chose naturelle soit semblable a celluy dont elle vient, et pourtant les esperis gros font le corps pesantz et endormys. En aprés sont mis ·vii· enseignemens touchant l'election du vin. La premiere est que on doit eslire vin cler, car le vin cler est cause qu'il est subtil et engendre les esperis sutilz et clers. La seconde est qui doit estre antique, car le vin nouveau ou moust, sur toutes aultres choses semblables, enyvre plus facilement l'omme, et provoque flus de ventre, et engendre colique passion et plusieurs[80] aultres accidens qui aprés seront declarés en ce[81] texte, "Impedit urina[m], et cetera,"[82] et ne fault pas entendre du vin fort antique, car vin fort antique, selon Avicenne en la troiziesme distinction du premier au chapitre de l'eaue et du vin, est quasi medecine et non pas breuvaige convenable au regime de santé, car en luy est plus aspre vertu alterative du corps en chaleur et en secheresse qui ne soit alterable et passible du corps aprés l'euvre de nutrition, et est de petit nourrissement, car il est totalement [34v] de lyes et verdeur qu'il avoit par avant, et est quasi fait ardent comme feu, et pour ce dit l'<u>Agregateur</u>, auctorisié de Galien,[83] qui est chault et sec au tiers degré. Le tiers: que le vin doit estre subtil, car vin subtil procree et multiplie les esperis ingenieux, et les gros vins les esperis gros. Le quart est que le vin doit estre meur et non vert ou aigre, car tel vin prive l'omme de toutes evacuations ordonnees et necessaires en la vie et au regime de santé, comme dit Galien en la troiziesme partie des <u>Maladies agues</u> au comment de celluy canon, "Sciendum etiam, etc." Et pour ce est nuysable au corps indigens de evacuations par l'orine ou aultrement, et nuyt les membres superiores, comme veult Galien audit comment. Toutesfois le vin constipatifz est utile es maladies des intestins, comme il dit au comment prealegué. Et telle condition est separee du vin quant grande quantité de eaue est avec luy meslee, come veult Galien au lieu dessudit. Le ·v· est que le vin doit estre limphé, c'est adire par adjoustement de eaue meslee avec luy pour oster la fumosité du vin, affin qu'il blesse moins le cerveau et se doit entendre de vin subtil, car le vin gros s'il est limphé il blesse tant plus tost le cerveau et se est subtilier, et par consequant devient plus fumeux. Et de celuy vin entend Avicenne au chapitre du regime de l'eaue et du vin souvent allegué, quant il dit que le vin limphé enyvre plus tost que le vin pur. Le vi^e est qui doit extinceler en le versant, comme est desus declaré. Le viie: est prins de la partie du beuveur et non pas de la partie du vin, et est qui doit estre prins at [35r] trempeement, car par ce moyen il aguise l'entendement. Et des choses dessudictes on peult conclure que le vin plus elegible et meilleur au regime de santé est vin moyen: entre nouveau et antique, cler declinant a rougeur, de bonne odeur, et de bonne saveur, qui ne soit aigre, ne agut, ne doulz, ne fumeux, ne gros, ne fort subtil, et soit de moyenne vertu, et qui ne soit pas creu en montaigne graveleuse, ne en terre du tout equale et labourable, mais soit creu en terre montueuse devers mydi, descouverte et en region ne trop chaulde ne trop froide. Et sont icelles conditions en partie prinse d'Avicenne en la troizieme distinction au chapitre allegué. Environ le regime du vin selon les eages, trois regles sont a noter, mises par Avicenne au chapitre dernierement allegué. La premiere est que donné aux enfans du vin est conjoindre le feu avec le feu en bois debile, a cause que les enfans son[t] fort tendres et faciles a inflamer pour abundance de leur chaleur naturelle, et ont les ners debiles et le cerveau, et pourtant le vin les blesse en plusieurs manieres, c'est assavoir par legiere inflamation, par tendrure du cerveau, par penetration tresfacile, et par effumation copieuse. Doncques quant on donne aux enfans du vin a boire, on adjouste flame avec flame au corps de l'enfant, qui est de petite resistance, come sont les estoupes ardentes dedens le feu. La ii^e regle: que on peult donner a l'omme vieulx du vin autant qu'il en peult boire sans le grever, c'est assavoir autant qu'il en appete d'appetit naturel, car come les oyseaux ou souliers sec et durs, se renouvelent par unccion faicte d'uyle,[84] semblablement les ceurs des gens vieulx de boire bon vin, come vin de Beaune, [35v] car il sont frois melancoliques, et le vin les eschauffe et ont les esperis terrestes, et le vin les resjoyt, et reprime leur melancolies, et communement n'on[t] point de repos en eulx; ilz sont enclos a oppillations, lesquelles sont ouvertes par le vin. Et par ainsi, comme le vin est fort contraire aux enfans, il est aussi fort utile aux gens vieulx. La tierce est que les gens jeunes doivent prendre vin attrempeement, c'est assavoir attrempeement en quantité, et moderement limphé, car jaçoit ce que les vieulx soyent chaulx come les enfans, toutesfois ilz ont les membres plus endurcis, et le cerveau et les ners plus fors, par quoy ilz resistent mieulx aux inconveniens et nocumens du vin dessus declarés.

> Non sit acetosa cervisia sed bene clara,
> De validis cocta granis satis ac veterosa. (51-52)

En ce texte sont declarés ·v· proprietés environ l'election de la cervoise. La premiere est que cervoise ne doit point estre aigre ou declinant a vinaigre, car les choses aceteuses nuysent l'estomac a cause que vinaigre nuyt aux ners, come dit Avicenne en plusieurs passages, et l'orifice de l'estomac est nerveux. La seconde: que la cervoise doit estre clere, car cervoise troublé estoupe les conduis du corps, et nuyt aux gens graveleux, et engraisse, et fait inflation et courte alaine, et engendre grande quantité de flumes. La tierce: que la cervoise doit estre faicte de bons grains sans corruptions quelconques, come sont orges, froument, et avaine, car tant meilleurs sont les grains, de tant vault mieulx [36r] la cervoise. La quarte: que la cervoise doit estre bien boullie a cause qu'elle se digere mieulx, et est de nature plus amiable a l'estomac, et les inconveniens que fait la cervoise sont plus facilles a corriger, car cervoise mal boullie engendre ventosités, torsions, et inflactions au ventre et collique passion. Le quint: que la cervoise doit estre ancienne competemment et purifiees de ses propres lyes, car la cervoise recente ou nouvelle engendre iceulx mesmes inconveniens que fait la cervaise mal boullie, et avec ce de legier fait l'omme avoir une passion nommee strangurie, c'est adire empechement de bien uriner.

De qua potetur stomachus non inde gravetur. (53)

En ce texte declaire l'acteur ung enseignement environ la cervoise. Et est que celluy qui use de cervoise pour son boire en doit prendre par quantité attrempee, sans grever son estomac et sans s'enyvrer, car l'yvrogneté qui vient de la cervoise est pire que celle qui vient du vin, et de plus longue duree, car les fumees et vapeurs venant de la cervoise eslevees au cerveau sont plus grosses et plus difficiles a se evacuer que celle qui vient du vin. Et est a noter que au commencement du repas se toutes aultres choses sont semblables, il est plus convenable de prendre pour son boire ung petit de cervoyse que prendre du vin. La raison si est car au commencement du repas le corps et l'estomac sont fort affamés, et a l'estomac attire en luy humeurs putrides, et pourtant se le vin est prins au commencement du repas, a cause que nature se delicte en luy et est grandement nutritif, nature [36v] avec le vin attire les suparfluités corrumpues estant en l'estomac attirees par l'estomac famelique par tout le corps, laquelle chose ne fait point nature de la cervoise. Semblablement la cervoise lave les humeurs adherentes a l'estomac. Et pour icelle cause les medecins conseillent quant l'omme est fort affamé de provoquer vomissement avant que prendre sa refection, pour evacuer les suparfluités attirees de l'estomac affamé sans les mesler avec la viande; paraillement celuy qui craint le soif par trop boire du vin doit boire de la cervoise, car elle amourtist le soif mensongier, et est appelee soif mensongiere pourtant qu'elle procede de la chaleur du vin prins excessivement.

> Temporibus veris, modicum prendere iuberis;
> Sed calor estatis dapibus nocet immoderatis;
> Autumni fructus caveas ne sint tibi luctus;
> De mensa sume, quantum vis tempore brume.   (54-57)

En ce texte l'acteur declaire la maniere de prendre la refection selon la quantité diverse consonante ou convenable es quatre parties du temps de toute l'annee, c'est assavoir le printemps, l'esté, autone et yver. Et dit le texte que en printemps on ne doit guaire mengier a son repas, come dit Avicenne en la seconde distinction de la seconde doctrine au vi^e chapitre, et semblablement en la iiie du premier, doctrine v^e au chapitre du regime du temps d'yver, avecques retification de l'air. La raison si est selon Avicenne en icelluy chapitre: car les corps en icelluy temps, c'est assavoir en yver, sont de petite excercité et sont privés quasi de resolution ou evapo[37r]ration, et humeurs crues sont multipliees, et par especial ung fleumatique,[85] par sa completion naturelle semblable a la fleume, et sont icelles flumes serrees dedans le corps par la froideur du temps. Et le printemps qui survient consume et delie les humeurs indigestes, retraictes et unies es parties interiores, fait reprendre par tout le corps, et pourtant nature en icelluy temps est occupee environ la digestion desdicte humeurs. Et par consequent s'on prenoit en printemps grande quantité de viande, nature seroit divertie et a grant paine pourroit digerer lesdites humeurs fleumatiques, car par icelles humeurs et grande quantité de viande prinse en printemps, nature seroit grevee, et ainsi telles humeurs demouroient au corps indigestes et seroient cause de grande maladie au corps humain. Et pourtant fault il grandement se donner garde de prendre grande quantité de viande en printemps, car sobrement mengier en celluy temps est une des choses principales preservantes l'omme des maladies qui surviennent en printemps, come dit Avicenne au chapitre allegué. Et est icelluy enseignement veritable par especial depuis le my printemps jusques a la fin et non pas du commencement, a cause qu'il est semblable a l'yver, et pour ce peult l'omme prendre sa refection come en l'yver, et se doit ainsi entendre quant le printemps trouve le corps remply d'umeurs fleumatiques et indigestes. Car se le printemps trouvoit l'omme attrempé[86] en ses humeurs, il pouroit prendre sa viande en quantité selon la chaleur naturelle et diposition de son corps, car adoncques est privé le corps de la cause faisante diminuer la viande. Et icelle sentence a voulu Ypocras en la premiere partie des <u>Anfforismes</u> quant il dit: le corps humain en yver [37v] et en printemps est de forte chaleur naturelle, et la nuyt de petit repos. Et pourtant en celluy temps les viandes doivent estre grandes, car la chaleur naturelle est forte, doncques luy fault il plus grande nourriture. Secondement dit l'acteur que grande quantité de viande prinse en esté nuyt a cause que la vertu digestive est debile, car les esperis et la chaleur naturelle qui sont les instrumens de toutes operations, sont debiles et remis par la grande chaleur exteriore, remettant et attirant es parties de dehors, et pour ce ne pue[l]ent digerer grande quantité de viandes. Et environ ce est a noter que a cause de la grande diminution des humidités des membres et des humeurs du corps faicte en esté, plus grande quantité et plus grosses viandes doivent donner que se la vertu estoit souffisante a digerer telle viande et telle quantité.[87] Mais c'est a cause qu'elle ne peult en ung repas digerer grande quantité: souvent et petit convient prendre la refection, come dit Galien en la premiere part[i]e des <u>Anfforismes</u> au comment d'icelluy canon, "Quibus semel aut bis, etc.," ou il dit: en esté on doit prendre sa refection souvent a cause de la continuelle et grande resolution ou diminution de l'umeur radical petit, a cause que la vertu naturelle est debile. Et jaçoit ce que en esté petite viande est convenable au corps, toutesfois grande quantité de boire

n'est point deffendu, car la resolution est tresgrande, et la
secheresse du corps et la chaleur excede les humidités, et le corps
est plus sitif que en aultre temps, mais pour eviter l'inconvenient
de la chaleur du vin, lequel quant il est fort vineux est de legiere
flamation, et par consequant brule [38r] le foye, le polmon; fault
adjouster habundance de eaue selon la chaleur du vin. Tiercement dit
l'acteur que en autone on doit fuir et eviter les fruys--par especial
d'icelluy temps[88]--comme sont raisins, pesches, figues et leurs
semblables, ou au moins on n'en doit guaires mengier, car iceulx fruys
engendrent sanc disposé a putrefaction, a cause d'ebulition qu'il font
es corps humains, et par especial se l'estomac est indisposé ou l'omme,
come il avient communement en temps d'autone; pour ce en autone sont
mauvaises maladies, comme sont varioles et morbiles et maladies pestilencieuses. Et pour savoir plus ample declaration du regime du boire
et du mengier en temps d'autone, est a noter que en autone on doit
eviter le fain et le soif, et grande replection en ung mesme repas,
come veult Rasis au iiiie d'<u>Almasor</u> au chapitre du regime du corps
selon les quatre temps. En oultre au vin que on boit en autone doit
estre grande quantité d'eaue meslé pour humecter le corps, et reprimer
la chaleur, mais non pas en si grande quantité comme en esté. Quartement il dit que en temps d'yver on doit prendre viande tant que nature
peult supporter, c'est adire plus que en tous aultres temps; et icelle
mesme sentence veult Avicenne en le iiiie distinction du premier au
chapitre nommé, et Galien au comment d'icelluy anfforisme, "Quibus
semel aut bis," ou il dit que en yver on doit prendre grande quantité
de viande en ung repas. La raison s'il[89] est car la chaleur naturelle
en yver est grandement forte pourtant qu'elle est fortifié par son
contraire, c'est assavoir par le froit exteriore avironnent no[38v]stre
corps. Et se doit entendre es corps roboustes et charnus et non pas
es corps maigres et debiles, car en iceulx corps la grande froidure de
l'yver est fort contraire, come veult Ypocras en la premiere partie des
<u>Anfforismes</u> quant il dit: "Ventres hyeme et vere calidissimi sunt
natura," lequel anfforisme a esté exposé devant en ycelle glose. Et
s'ensuit selon ycelluy anfforisme que viandes grosses et difficiles a

digerer sont plus convenables en yver que en aultres temps, car la
chaleur naturelle est plus forte et le vin est plus convenable en
icelluy temps d'estre rouge et mectre avec ung petit d'eaue. Oultre
est a noter que jaçoit ce que en ayant consideration a la chaleur
naturelle et a la force digestive, que en yver on doit mengier viandes
grosses et difficiles a digerer, toutesfois adoncques sont les corps
disposés a oppillations et replections par habundance de fleume, a
cause que c'est chose plus convenable de mengier viandes moyennes,
comme sont chairs de mouton, de viaulx, et chievres, brochés, perches,
et escrevisses; et ceulx qui mengent viandes grosses, come sont chairs
de beuf, de porc, et cerf, et semblables, doivent estre content d'une
refection le jour, ou leur convient user souvent de choses laxatives
et apetitive, comme sont persil, creson, et ache, semblables et de
faire fort excercité.

    Salvia cum ruta, faciunt tibi pocula tuta;
    Adde rose florem, minuit potenter amorem.[90] (58-59)

[E]n ce texte l'acteur declare deux remedes qu'il corrigent la
malice du boire ou brouvaige. Le premier est sauge, [39r] de laquelle
les feulles, mises dedans ce que on doit boire, corrige la malice par
sa proprieté, et aussi elle a vertu de conforter les ners et le
cerveau, lesquelz quant il sont confortés, il resistent mieulx contre
les fumees du breuvaige mauvais disposés de monter au cerveau. Le
second remede est rue, de laquelle semblablement les feulles entieres
mises sans les froier dedans font boire,[91] corrigent par leurs
proprietés et chaleur la malice de ce que on doit boire. Et de la
rue comment elle a proprieté contre venin, come par avant a esté
declaré en ce texte, "Allea, nux, ruta . . . ."[92] En aprés dit le
texte que avec icelles deux medecines peult on adjouster la fleur de
la rose et par especial de la fleur de rose rouge, laquelle par sa
vertu aromatique et stiptique corrige la malice du boire.

    Nausea non poterit quemquam vexare marinia
    Antea cum vino mixtam si sumpserit illam. (60-61)

En ce texte met l'acteur ung remede contre la disposition nauseative ou contre vomissement, qui[93] vient de nagier sur mer, a ceulx qui n'en sont pas acoustumés,[94] et dit que celuy qui doit naigier sur mer, devant qu'il entre dedans la navire, doit mesler en son vin par aulcuns jours de l'eaue marine; et icelluy remede est pour les riches. Et les povres doivent boire eaue marine pour eviter le vomissement. La raison si est car l'eaue marine est salee, et par salure et stipticités qui ensuit la salure, cloust l'orifice de l'estomace et appaise le vomissement. Et environ ce est a noter, come veult Avicenne en la iiie distinction du premier au chapitre du regime des cheminans par mer, et dit; celuy qui chemine par mer ne se doit point enforsier de retenir au commencement le vomissement, [39v] mais le laisse durer tant qui soit bien purgié par le vomissement, car icelluy vomissement preserve de plusieurs maladies et garit ou allege grevés et grandes maladies, comme lepre, ydropisie, et appoplexie, et froideur, et inflaction d'estomac, comme veult Avicenne en la iiie distinction du premier en la seconde doctrine, chapitre iie. Toutesfois se le vomissement debilitoit fort le chemineur de mer a cause qu'il est suparflu, il le doit restraindre en mengent fruys stiptiques et aigres, comme sont pommes de coin, et pommes de carpendu,[95] et pommes de grenades aigres, par lesquelz l'orifice de l'estomac est conforté et eypelle les humeurs par les intestins, et aussi l'estomac conforté par[96] iceulx fruys resiste de recepvoir les humeurs esmeulx et fluantes a luy de l'agitation et commotion des undes. On peult prendre de la semence d'aiche brulee avec bon vin ou on peult mengier ou boire du fort. Semblablement pain mengier brulé et moullié en vin bien odorant, vault a ce mesme. Et universalement valent au viateurs et chemineurs de mer toutes choses aigres et aceteuses,[97] a cause qu'elle confortent l'estomac, et aussi valent viandes qui deffendent les vapeurs et fumees de astaindre au cerveau, comme sont lentiles cuites en vinaigre ou en verjus.

Salvia, sal vinum, piper, allea, petrosilinum.
Ex his fit salsa nisi sit commixtio salse. (62-63)

En ce texte est declaré maniere de faire une saulce commune se en la table defaillent les saulce especia [40r] les. Et pour icelle saulce sont mises ·v· medecines desquelles on peult faire saulse. La premiere est sauge, de laquelle on larde ou on farsist les chairs roties ou boullies, come les oues soyent boullies ou roties, car universellement les oues roties ou pourcelés sont amplis de sauge, pour extraire et desecher en partie leurs humidités et viscosités, et affin que les chairs ayent odeur et saveur de la sauge; toutesfois aprés qu'elles sont roties, la sauge doit estre ostee. Semblablement de la sauge se fait une aultre maniere de saulse pour les gens de labeur ou gens communx a mengier oues: broiés en ung mortier des aulx avec sauge pour otter[98] en partie le goust des aulx. La seconde est sel avec vin, et est saulce des gens riches et des nobles, car iceulx, quant ilz n'ont pas de la moustarde ou de verjus, ilz font mixtioné le vin avec ung petit de sel pour leur saulce. La tierce est poyvre, et est saulse de gens de labeur, et meslent le poyvre avec des feves ou pois. Semblablement de pain rousty avec cervoise ou vin, et avec poyvre se fait une maniere de sauce noire appellee saulse de poyvre, meslee au plact avec la chair ou poisson. La quarte sont aulx, desquelz semblablement est faicte saulse des gens de labeur, et meslee avec fromage mol et laict ensemble pílees, et le mengier avec leurs viandes roties ou boullies. La ve est persil, duquel les feulles pilees avec verjus, ou vin blanc, est faicte saulse verde a mengier viandes roties. Et est a noter qu'il fault faire la saulse selon la disposition de tous, car en esté les saulses sont composees de choses froides ou de petite chaleur, et en temps froit sont faictes [40v] de choses chauldes; doncques les matieres des saulses convenables en esté sont verjus, vinaigre, jus de limons, de grenates avec succre[99] et eaue de rose, et aulcunefois on adjouste ung petit de serpiltum ou de persil pour obtemperer la froideur d'iceulx. Les matieres des saulces convenables en yver sont moustarde, gi[n]gimbre, poyvre, canelle, gerofle, aulx, saulge, mente, persil, vin, broués de chairs, et vinaigre feible tirant a nature de vin, et es temps moyens, ne trop chaultz ne trop frois on fait saulses de chaleur et froideur attrempee.

Secondement les saulses sont diverses a cause des viandes pour
lesquelles sont faictes, car viandes diverses demandent saulces
diverses, comme doivent savoir les cuysiniers des seigneurs, car
saulces competantes aux chairs de mouton, de viau et chevrot, est
saulse verde faite en esté de vinaigre ou verjus avec petit d'espisses
sans aulx, et avec ung petit de persil, et gi[n]gimbre blanc, et de
verjus et de pain rosti en vinaigre. En yver se fait avec plusieurs
d'espisses, et petite quantité d'aulx, et de bon vin, et petit de verjus ou on se comptempte de moustarde. Saulces pour chairs de beuf
boullies est poyvre boulli avec eaue, en laquelle on mesle du pain
rosty et du brouet de la chair et petit de verjus. Et icelle saulse
est ainsi convenable aux chairs de porc en yver. Semblablement la
chairt du porc se peult mengier en esté et avec vinaigre et persil au
commencement du repas. Et se icelles chairs sont mises en pastés, et
par especial chair[100] de beuf et de porcz en yver, on y[101] adjouste
oignons blancz avec pouldre d'espices doulces en petite quantité, et
en esté sans oignons et avec verjus ou [41r] avec petis oignons en
petite quantité. Et se les pastés sont de chairs plus subtiles et de
facile digestion soyent[102] sans oignons, mais en esté lait d'amandles
avec verjus et ung petit d'espices doulces, et en la fin on peult
ajouster ung euf ou deux ou plusieurs quassés avec verjus, et en yver
quassés avec vin avec plus grande quantité d'espiesses. A la chair
des connins rostis et de poulles jeusnes, saulce convenable est faicte
de canelle et de mye de pain avec verjus, en esté et en yver[103] vin.
Aux chairs de porcz rostis saulce competante est la liqueur venant de
la chair qui rostit,[104] meslees avec vin et oignons en yver, et en
esté saulce verde dessus notifié. Aux chairs[105] de faisans, de coulons et tourtrelles n'ont besoing de saulse quelconques fors que de
sel. Aux chairs de chapons et poules boullis, saulse convenable est
le brouet, petite quantité d'espisses doulces, et par especial se en
la decoction on adjouste de la sauge, ysope, et persil, et par especial en yver; et en esté le seul brouet avec du verjus. Mais au
poulles grasses et chapons mis en pastés, saulses quelconques ne compete fors que pouldre de menues espisses doulces. Les poissons,

d'autant qu'il sont de plus grosse chair, et difficile a digerer, et
de plus grande suparfluités et plus humide nature, d'autant leur compete saulse plus chaulde et plus agues. Et icelle regle semblablement
est veritable de toutes manieres de chairs a l'equivalent, c'est adire
selon qu'elle sont grosses ou de legiere digestion.

>   Si fore vis sanus, ablue sepe manus,
>   Lotio post mensam tibi confert munera bina: [41v]
>   Mundificat palmas et lumina reddit acuta.   (64-66)

En ce texte sont declarés quatre choses[106] venantes de laver
les mains aprés la refection prinse. La premiere est que la paulme de
la main est purifié des vapeurs et fumees de la viande. La seconde
est que tel lavement aguise la veue accidentalement, a cause que les
mains sont les instrumens a mondifier les yeulx, et a ce est chose
utile et profitable d'avoir les mains blanches et nettes. Et ce a
esté declaré par avant ou texte, "Lumina mane manus, et cetera."[107]

>   Panis non calidus nec sit nimis inveteratus,
>   Sed fermentatus, oculatus sit bene coctus,
>   Modice salitus, frugibus validis sit electus,
>   Non comedas crustam coleram quia gignit adustam.
>   Panis salsatus, fermentatus, bene coctus,
>   Purus sit sanus, qui non ita sit tibi vanus.   (67-72)

En ce texte declare l'acteur deux choses pour eviter touchant
le pain. La premiere est la chaleur, car on ne doit point mengier
pain chault, pourtant le pain chault est nuysable a nature humaine,
comme veult Avicenne au second canon au chapitre du pain. Le pain
chault n'est pas convenable a nature, et prendre du pain venant du
four est mauvais a cause qu'il est fort oppillatif et de forte digestion. Et aprés dit Avicenne que le pain chault fait avoir soif par
sa chaleur et demeure en la superiore partie de l'estomac par sa
humidité vaporeuse, et est de mauvaise digestion et tardif a descendre. [42r] Et jaçoit ce que le pain chault ne soit pas convenable
pour conserver santé quant au mengier, toutesfois l'odeur du pain

chault est grandement utile, car il relieve l'omme des sincopes et est possible a aulcunes gens vivre de seul odeur du pain chault. Le second: que on ne doit point mengier pain de long temps cuit, pourtant qu'il est nuysable a nature humaine, et n'est pas nourriture convenable pour restaurer le corps, car il desceiche le corps et engendre humeurs melancoliques. Et s'ensuit que le pain que on mengeue ne doit pas estre chault, ne par antiquité endurci, mais cuyt du jour devant. En aprés sont declarés ·v· conditions que doit avoir le pain. La premiere: que le pain doit estre fait au levain, comme veult Galien au premier livre des _Elemens_ quant il dit: le meilleur pain pour digerer est celluy qui est bien fermenté et qui est cuyt au four de chaleur attrempee, et dit en icelluy chapitre: le pain fait sans levain a nulle personne est utile. Et selon Avicenne au second canon au chapitre du pain: [le pain] fait avec ung petit de levain est de grant nourrissement, mais les humeurs de luy engendrent oppillations exceptés ceulx[108] qui font grant excercité. La seconde est que le pain doit estre legier. Toutesfois iceluy pain, selon Avicenne au chapitre nommé, est de legiere penetration et de petit nourrissement et mauvais, come est le pain nommé _opirus_, qui en luy contient grande quantité de son. La tierce est que le pain doit estre bien cuyt, car le pain mal cuit est de mauvaise digestion et agreve l'estomac. Et Avicenne dit au second canon au chapitre nommé que le pain mal cuyt est de grant nourrissement, mais les humeurs de luy [42v] engendrés font oppillations fors que en ceulx qui sont de grant excercité fait, et pain fait en braise ou feu est d'une mesme condition, car la partie interiore ne se peult bien cuyre. La quarte est que le pain doit estre modereement salé, car celuy qui est peu salé est oppillatif, et le trop salé deseiche le corps, et celuy qui est attrempeement salé donne au corps nourrissement s'il contient en luy les aultres conditions. La ve est qu'il soit fait de bon froument. En aprés dit le texte que on se doit garder de mengier des croustes de pain, car elle engendrent colere aduste et humeurs melancoliques, a cause qu'elle [ ] est[109] aduste et seiche, et les humeurs engendrés de luy sont adustes et seiches, et pour icelle cause les nobles de nature colerique et les prelas font chapler[110] le pain. Doncques il fault eslire mie de pain, car elle est de facile digestion et de meilleure et de plus grant nourr[i]ssement que la crouste. Toutesfois la crouste est utile au gens qui ont l'estomac humide et a ceulx qui veullent devenir maigres, et principalement en la fin de la refection, car il fait descendre la viande et conforte l'orifice de l'estomac. En aprés, es derniers deux vers dit l'acteur que le bon pain doit avoir icelles cinq conditions, c'est assavoir qui soit salé, fermenté, bien cuyt, fait de bons grains, et levé de terre en bonne moisson, et icelles ·v· conditions en partie met Avicenne au chapitre nommé, et dit qu'il fault que le pain soit pur, salé, fermenté, bien cuyt, et endurci d'une nuyt. Item, est a noter que se l'omme demande grande nourriture, que le pain soit mondifié du son, e[t] s'il veult avoir le ventre [43r] aulcunement laiché, que le pain soit en partie fait de son, car le son est de petite nourriture et tient le ventre laiché, et la farine fait opperation opposite.

    Est caro porcina sine vino peior ovina;
    Si tribuis vina tunc est cibus medicina. (73-74)

  En ce texte l'acteur compare la chair de porc a la chair de mouton, et dit que la chair de porc mengié sans boire vin est pire que chair de mouton; toutesfois se on la mengeue et on boyve du vin, elle donne tresgrant nourrissement et est medicinale, a cause qu'elle rent le corps humide, et se doit entendre par especial de chairs de porcz roties et fort attrempees. Et devés savoir que la chair de porc, de laquelle souvent gens ruraulx et gens communx mengent quant elle sont salees ou deseichés au souleil ou a la fumee, elle sont moins saines que la chair de mouton, se toutes aultres semblables soyent prinses et mengees avec vin ou non. Et se doit entendre de chairs de porcz roties ou de chairs de porc mal gardees, comme dessus est declaré.

    Ylia porcorum bona sunt, mala reliquorum. (75)

  En ce texte sont les trippes du porc comparees aux trippes des aultres bestes brutes. Et dit le texte que les trippes de porcz sont

meilleures a mengier que les trippes d'aultres bestes a cause que on
ne mengeue nulz boyaulx si ne sont gras ou remplist de sanc [43v] comme
sont les boyaulx des porcs. Et le sanc seul du porc est bon a mengier
a cause que le porc a complection semblable a nature humaine, et pourtant du sanc seul de porc on emplist les boyaulx. Et semblablement
les porcs s'engrassent plus facilement que toutes les aultres bestes,
et pour ce prent on plus les boyaulx du porc que des aultres bestes.

> Impedit urinam mustum, solvit cito ventrem,
> Epatis emfraxim splenis generat lapidemque. (76-77)

En ce texte sont declarés ·v· inconveniens dangereux qu'il
s'ensuyvent de boire vin nouveaul. Le premier est qu'il deffent et
empesche de pissier. Et icelle prohibition et deffence se peult entendre en deux manieres. Premierement: a cause que le vin nouveau
est gros par ses lies meslees avec luy, et pourtant font oppillation
au foye et au rains, et ne peult avoir l'orine son cours naturel.
Secondement: qu'il empesche l'oriner selon sa droicte forme et
maniere, mais fait uriner souvent en petite quantité, comme font ceulx
qui ont excoriation de vescie, comme vin de Rain[111] nouveau et aulcuns
aultres vins subtilz, car vins de Rain[112] nouveau ont les lies moderante, et quant elles viennent a la vescie elle mordent et poignent
et constraingnent la vescie d'uriner sans ordre, et oultre la
maniere acoustumee. Le second: qu'il laiche le ventre, a cause
qu'il a vertu abstersive des boyaulx par sa nature et stimule la vertu
expulsive des boyaulx, premierement par la mordication des lies du
vin, secondement par la ventosité qu'il contient en luy, tiercement en
[44r] faisant les boyaulx lubriques par voye de indigestion et
griesvement de l'estomac, par quoy l'estomac est le premier boyau,
nommé portaurium; agrevé et oppressé se relaiche. La tierce est que
le vin nouveau nuyst la bonne complection du foye a cause de l'oppillation pour ce que les lyes avec grande quantité sont meslees avec luy
et engendre dissinterique de foye par inflation, par quoy il debilite
la vertu retentive du foye. Et icelle sentance veult Avicenne en la

troiziesme distinction du premier chapitre du regime du vin et de l'eaue. Et semblablement fait l'omme devenir ydropique et avoir male couleur. Le quart est que le vin nouveau nuyt a la ratelle pour une mesme cause comme du foye, car il fait en la ratelle oppillation et fait l'omme splenetique. Le quint est que le vin nouveau engendre la pierre, et par especial celle des rains, qui est rouge et est facile a rompre a cause qu'il fait es rains oppillations par sa grosse substance. Et se doit entendre vin nouveau grandement doulx qui n'a point lyes mordicatives, car le vin nouveau avec lyes mordicatives preserve la pierre, a cause qu'il fait grandement uriner, come vin nouveau de Rin fait apparoir en l'orine grande quantité de gravelle et grande multitude d'orine lave et esrache le petit sablon adjoincte au rains et est debouté hors avec elle.

Potus atque sumptus sit edenti valde nocivus,
Infrigidat stomacumque cibum nititur fore crudum.   (78-79)

En ce texte sont declarés deux nuysement venant de boire eaue quant on mengeue. Le premier: que l'eaue [44v] beue nuyt l'estomac de celluy qui mengeue. La raison si est car il la refroide et relaiche l'estomac, et par especial amortist l'apetit de la personne qui mengeue. Le iie est que l'eaue beue avec la viande empesche et destruit la digestion et fait demourer la viande crue, comme veult Avicenne en la troiziesme distinction au chapitre intitulé de ce que l'on boit et mengeue, ou il dit que aprés la viande prinse on ne doit pas boire grande quantité d'eaue, qui face separation entre la viande et l'estomac et face la viande nagier en l'estomac. Et au chapitre du regime du vin et de l'eaue, dit que quant nature digere la viande et que quantité d'eaue souffisante a esté prinse pour faire commixtion, l'eaue aprés prinse destruit grandement la digestion commencee. Et icelle mesme sentence met ledit Avicenne au second livre des <u>Quantiques</u>, au premier traité, chapitre iiiie, et dit: l'omme se doit garder de boire eaue a son repas et ne doit boire eaue fors que pour faire bonne mixtion et pour donner penetration a la viande, et ne doit pas prendre eaue avec la viande. Et semblablement Averoys dit au

comment: la cause de ce est car quant on prend eaue sur la viande
devant que l'estomac ayt eschauffé la viande, elle refroidit l'estomac
et fait demourer la viande crue et indigeste. Et est aussi la cause
pour quoy la viande naige en l'estomac, non adherente ne unie avec
luy pour la digestion faire comme il appartient, car l'action de l'estomac en la viande se fait par bonne mixtion, par bonne digestion et
puis s'ensuit vraye separation des choses pures et non pures. Et est
chose semblable du tupin, car quant on met grande quantité d'eaue en
une fois au tupin ou pot, la decoction est retardee, et chose semblable est de l'estomac et [45r] de la viande; et tout ce est chose
veritable quant on boit eaue en grande quantité, car petite quantité
d'eaue froide prinse en mengant devant ce que la viande soit descendue
est permise pour acomplir le descendement de la viande es parties inferiores, et par especial se le soif constraint de boire, car petite
quantité d'eaue froide prinse en maniere dicte allege l'estomac, a
cause qu'elle oste le soif et preserve d'avoir soif, mais a cause
qu'elle est froide fait retraire la chaleur naturelle dedans le parfont de l'estomac et se fortifie la digestion. Et est prinse icelle
sentence d'Avicenne es chapitre nommés. Oultre est a noter que jaçoit
ce que l'eaue pour estaindre le soif soit plus convenable au regime de
santé que l'eaue, et jaçoit ce que pour reprimer et amortir le soif,
qui est apetit de chose froide et humide, l'eaue soit universalement
meilleure, car elle est froide et humide, toutesfois naturelement pour
faire bonne mixtion des viandes et pour les transporter es parties
extremes du corps, le vin vault mieulx que l'eaue car le vin, a cause
de sa subtile substance et action, il le mesle mieulx avec la viande
et nature plus se delecte en luy, et pour ce les membres l'attirent
plus tost et le meslent avec la viande. Et est faicte ceste mixtion
par voye de ebulition, laquelle ayde le vin par sa chaleur victuale,
et l'eaue empesche ladicte ebulition par sa froideur. Et ainsi appert
que le vin vault mieulx que l'eaue pour mesler la viande au corps
humain. Et semblablement pour transporter les viandes par tout le
corps, car le vin est tresbon penetrateur a cause qu'il est de subtile
substance et de sa chaleur vertueuse, et les choses subtiles et

chauldes sont grandement penetratives, et pour ce le vin est [45v]
transporté et fait mieulx penetrer la viande que l'eaue en laquelle
n'est chaleur quelconques, mais atarde le trespassement de la viande.
Oultre l'eaue n'est pas breuvaige si convenable que le vin, car l'eaue
empesche la restauration et nourriture du corps a cause qu'elle n'est
pas nutritive ou au moins de petit nourrissement; d'autant que la
viande est plus aquatique d'autant elle est moins nutritive. Doncques
c'est chose utile de mesler le vin avec la viande, car le vin est
tresgrandement nutritif et de legiere restauration, comme est par
avant declaré. En oultre est a noter que non pas tant seullement
nuyt l'eaue quant on le prent avec la viande, mais aussi en aultres
plusieurs cas elle nuyt, lesquelz declare Avicenne en la troiziesme
distinction du premier au chapitre du vin et de l'eaue. Premierement:
quant on le boit en jung, elle penetre par tout le corps jusques aux
membres principaulz et mortifie la chaleur naturelle. Et icelluy
beuvement se doit entendre quant elle est beue en vraye jeusne, car
l'eaue beue du matin est utile a ung yvrogne et [ ]ne[113] le blesse pas
s'il en boit en jung, mais l'omme yvre en jung n'est pas vrayement
jung et n'est pas son estomac totalement evacué, mais il a encores
aulcunes reliez de la crapule precedente nitreuse et salsé lesquelz
corrige et appaise l'eaue beue du matin, et lave l'estomac, et le
prepare et dispose a recepvoir nouvelle viande. Le second inconvenient que fait l'eaue est quant elle est beue aprés grant travail et
semblablement aprés que l'omme a eu compagnie de femme, car adoncques
les conduis du corps sont fort ouvers et penetre l'eaue jusques [46r]
parfont des membres principaulx, mortifiant la chaleur naturelle, laquelle semblablement est affeblie par la emission de la[114] semence,
par especial c'elle est suparflue. Le tiers nocument est aprés le
baing, par especial quant le baing est fait en jung, car aussi
adoncques les conduis de tout le corps sont tresgrandement ouvers et
penetrent l'eaue, amortissant fort la chaleur naturelle. Laquelle[115]
eaue beue en jung parle Avicenne en la vi^e distinction du quart en la
somme seconde et chapitre dernier et dit: l'eaue beue en jung et

aprés le baing et aprés compagnie de femme corrumpt la complection
naturelle et engendre ydropisie. Le quart nocument est quant on boit
l'eaue froide pour appaisier la soif nocturne modeuse, laquelle
seurvient es gens gourmans et yvres, car icelle eaue beue ainsi deffent
et empesche la resolution et digestion des humeurs salsis, ou du fort
vin ou de quelque aultre chose ague et mordante faisant avoir soif, et
par ainsi incontinent aprés que l'eaue est beue le soif retourne
incontinent grand comme devant, mais quant le soif est vehemente et
clameuse, laquelle ne peult estre appaisié par aspiration de l'air
froit ne par ablution de la bouce faicte d'eaue froide, adoncques
convient boire eaue froide d'un vaisiau ayant l'orifice estroicte
affin que l'eaue par longue espasse de temps chaie sur l'orifice de
l'estomac, car en ceste maniere elle apaise mieulx le soif et aussi
affin que on en prengne moindre quantité sans donner empeschement a la
vertu digestive. Le ve: generalement c'est chose inutile aux gens
sains de boire grande quantité d'eaue car elle estaint[116] et amortist
[46v] la chaleur naturelle, et offence la poytrine, et oste l'appetit
de l'estomac et est nuysable a tous les ners. Toutesfois l'eaue
froide aulcunefois beue attrempeement excite et esveille l'appetit
accidentalement et conforte l'estomac a cause qu'elle vuide les conduitz de l'estomac et rasemble.

Sunt nutritive multum carnes: vituline; (80)

En ce texte l'acteur loue la chair de viau et dit que la
chair de viau est fort nutritive. Et icelle sentence commemoire Avicenne en la iiie distinction du premier au chapitre de ce que on boit
et mengeue. Et veult que la viande du conservateur de santé soit
telle come sont les chairs car il sont de nature semblable et fort
enclins de se convertir en sanc, et par especial la chair de chevreau
et de viau, petis alaictans, et d'agnel d'un an. Et celle chair de
viau loue grandement Galien au troiziesme livre des <u>Elemens</u> ou il dit
que la chair de viau alaictant de six sepmaines ou de ·viii· rosties
sont meilleures que chairs de mouton et sont de facile digestion et de

grant nourrissement, et des chairs de viau et des aultres avons devant
suffisamment declaré.[117]

>Sunt bona galina, capo, turtur, sturna, columba,
>Quiscula vel merucula, phasianus, ethigoneta,
>Perdrix, frigellus, orex, tremulus, amerellus.   (81-83)

En ce texte sont mises et declarés les chairs plus delectables des chairs volatiles pour restaurer et gouverner nature humaine, et l'acteur en met en nombre ·xiiii· manieres de chairs d'oiseaul bonnes pour le nourrissement [47r] de l'omme. La premiere est la poulle ou poullés, de laquelle l'usance est fort a nature humaine convenable, car Hali, Avenzoar, Averroys, et [Mesue] met[118] come dit le Consiliateur: [devant] toutes chairs[119] louent la chair de la poulle et du poullet, et par especial de la poulle qui oncques n'eut oeuf et du poullet ou coq[120] qui jamais ne monta sur poulle, car de legier ilz se convertissent en sanc sans guaire de suparfluités et ont merveilleuse proprieté en attrempant la complection et les humeurs de nature humaine, et le brouet est medicine grande pour les lepreux. Avicenne dit de la chair de la poulle au second canon au chapitre de la poulle et poullet ou coq:[121] la chair de la poulle augmente l'entendement, clarifie la voix et augmente la personne. Et la meilleure poulle selon luy est celle qui oncques n'eut oeuf. La iie est le chapon,[122] laquelle chair met le Consiliateur en la question lxviiie: entre les chairs plus louables; laquelle chair[ ]devant[123] nommee, digere l'estomac par proprieté. La iiie est la chair de la tourterelle, laquelle est de bon nourrissement et engendre bon sanc, laquelle chair Avicenne au second canon au chapitre de la chair grandement loue, et dit: certes des oyseaulx la meilleure chair est la tourtrelle et la poulle--et la plus subtile, et ne sont pas de tel nourrissement que la chair de perdris. La iiiie chair est selon aulcuns medecins sturnus, et celle chair se doit mengier jeune, et est sturnus ung oyseaul communs nommé en françois estourneau, lequel Rasis au iiie livre d'Almasor loue sur toutes chairs volatiles, et dit: la chair de l'estourneau est legiere sur toutes chairs volatiles, et est la chair plus conv[e]nable a ceulx qui veullent vivre en diete subtile. Et peult on entendre par sturnus ung oyseau grant come une oye grise, sur coleur cendree, [47v] laquelle chair est fort louee, par especial quant elle est jeune, et ainsi l'entend Haly, qui le prefere devant les aultres. Ou on peult entendre par sturnus une espesse de petite perdris, de laquelle comme il semble entend Rabi Moyses parlant aux Juifz, et dit: semblablement les stournes ne sont pas convenable a nostre roy, car elle resserrent le ventre. Et icelle proprieté aulcuns medecins attribuent aux perdris, car comme dit Rasis au iiie livre d'Almasor: la chair de perdris resserre le ventre. Le ve est du coulon, laquelle chair est colerique. Et des coulons dit Rasis au livre nommé qui sont de chaleur vehemente, et engendrent sanc plain de feu et tantost font l'ome devenir febricitant. Et pour ce la meilleure maniere de les mengier [est] mis en pastés avec a[i]gres[124] ou choses semblables qui rotist, car l'aigret amortist la chaleur qui feroyent au sanc. Et les meilleurs coulons a mengier sont les pigons qu'il commencent a vouler, car ceulx sont plus de facile digestion et engendrent bon sanc. Et les pigons qu'il ne peulent encores vouler sont de chaleur et humidités suparflues, par quoy ilz engendrent grosses humeurs, come veult Avicenne au second livre au chapitre des coulons. Et fault eviter les coulons antiques a cause de leur chaleur et secheresse suparflues et qu'il sont difficiles a digerer, et semblablement les tourtres antiques. La vi^e chair est la chair de la caille. Et selon aulcuns docteurs elle est de facile substance et engendre bon sanc et est fort convenable aux gens qu'il sont en convalescence. Toutesfois selon Ysaac, les cailles sont de plus mauvais nourrissement que toutes aultres [48r] chairs volatiles. La chair de caille mengié encline l'omme a spasme simple et a spasme double, come veult Avicenne au second canon au chapitre de la caille, et donne la raison et dit que la chair de la caille a proprieté et vertu d'engendrer spasme; doncques elle ne engendre pas spasme seullement, pour ce qu'elle mengeue et boit. Et ce est la cause pour quoy les François mettent les cailles en pastés avec froumaige mol. Toutesfois par coturnicem on peult entendre une espese de perdris quasi de semblable couleur comme les aultres, avec piez rouges et le bech de saveur delectable; nommee en Ytalie coturnix. Et en ceste maniere le prent Rasis en son tiers livre d'Almasor qua[n]t il prefere les cailles et toutes volatilles aprés la sterne. La viie maniere de chair c'est la chair de merula, laquelle est comparee a l'estourneau en grandeur, tendant fort a couleur noire, et a le bec a demy rouge, et se doit mengier jeusne. La viiie maniere de chair c'est du faisant, lequel selon tous les medecins est bien convenable a nature humaine, et la viande des princes et de grans seigneurs. Et come dit le Consiliateur: entre les sauvaiges les meilleurs sont ceulx qui sont de bonne grandeur et de bonne grosseur, fors sans maladie. Les privés universalement sont de telles complections come les gelines et quasi d'une mesme espese, fors que il sont de plus legier nourrissement et de plus grant excercité. La ixe maniere de chair c'est la chair de ethigoneta, lequel est une espese de oyseau semblable a la perdris, ayant long bec [et] duquel la chair est grandement bonne. La xe maniere c'est la chair de perdris, laquelle chair selon Avicenne au second canon [48v] au chapitre de la perdris est fort subtile, et impingative, et de grant nourrissement, et mondifie le ceur, et est utile a l'estomac et a ydropisie, et multip[l]ie la personne par quoy^{125} fait desir de habiter; toutesfois^{126} de proprieté elle restraint le ventre. Et Galien au iiie livre des Viandes,^{127} au xe chapitre, et au viiie de Ingen[i]o sanitatis au iie chapitre, prefere ceste chair sur toutes chairs volatiles. Et on dit communement que cest chair est convenable a la memoire quant on la mengeue. La x[i]^e maniere de chair est la chaire de frigellus, lequel est oyseau mengant les raisins, voulant legierement, semblable a l'estourneau, mais il est de meilleur nourrissement. Et on le treuve communement es vignes et bien souvent s'enyvrent en mengant les raisins. Et le temps que on les doit mengier c'est en novembre, environ la feste de tous les sains. La xii^e maniere de chair est la chair de orex, lequel, come disent aulcuns, c'est la poulle du faisant ou une poulle sauvaige;

aultre disent que c'est une geline antique naigant en l'eaue. Et la
chair est de tresbon nourrissement en quelque maniere que on le prenne.
La xiiie maniere est la chair de tremulus, lequel est ung oyseau qui
se tient pres de la mer, et moindre en quantité que la poullet, et
est de couleur tirant sur noir, et vole hault et legierement, et sa
queue tramble quasi tousjours quant il va sur la terre, et pourtant
est nommé tremulus. Et sur sa teste sont plumes longues. Et n'est
pas ce que les medecins appellent quaterne et aultrement hoche cul
car sa queue tremble; c'est ung petit oyselet ayant longue queue,
laquelle est hochant pareillement. La derniere maniere de chair est
amerellus, et est semblablement espesse [49r] d'oiseau naigent en
l'eaue, semblable a la queue, moindre en quantité, et generalement
tous oyseaux voulant legierement qui sont bons a mengier sont de
meilleur nourrissement. Et come les chair dessus nommees sont de bon
nourrissement et faciles a digerer, semblablement sont plusieurs
espesses de chairs volatiles de mauvais nourrissement et difficiles
a digerer, et de mauvaise complection, come sont les chairs des oyes
et de paons et de maladorum, et universalement toutes chairs volatiles
ayant long col, long bec, vivent en eaue, et les chairs des passeras
qui sont de vehemente chaleur et augmente fort le desir de habiter.
Et environ la election des chairs volatiles est a noter que selon les
proprietés diverses de nourrissement, c'est assavoir de restauration
ou de facile digestion, ou subtile substance ou de facile alteration,
selon ce sont louees chairs diverses et de diverses espesses. Et pour
ce Galien, regardant la facile alteration et la subtilité des perdris,
il les prefere sur toutes volatiles. Mais Rasis et Ysaac, regardant
la subtilité et legiereté de la sterne, l'on prefere[128] sur toutes
volatiles. Et aussi Ysaac selon diverses intentions a loué diverses
chairs de volatiles. Avicenne sur toutes chairs volatiles loue la
chair de la touterelle, a cause qu'il regardoit a la proprieté par laquelle il confere et aguise l'entendement, ou a cause que en la terre
d'Arabie dont estoit Avicenne, la bonté des tourterelles est plus
excellente que en toutes aultres terres. En oultre est assavoir que

chairs volatiles sont plus convenables a gens hoiseux [49v] que les
chairs quadrupedales, car il sont de plus facile digestion, come dit
Galien au iiie livre des Elemens. La chair des volatiles est facile a
digerer et par especial la chair de la perdris, a cause qu'il engendre
sanc cler et pur, enclin de augmenter et aguiser les operations de
cerveau, c'est assavoir l'entendement, les cogitations, et la memoire.

    Si pisces molles sunt, magno corpore tolle;
    Si pisces duri, parvi sunt plus valituri. (84-85)

En ce present texte sont declarés quatre proprietés pour avoir
cognoissance des poissons. Et premierement les poissons sont durs ou
molz; si sont molz les antiques sont les meilleurs a cause que
mollesse vient de grande humidité indigeste, habondante en jeunes
poissons, laquelle par succession de temps se consume et vient a
humidité quasi attrempee, et pour icelle mesme raison les poissons
jeunes engendrent[ ]habundance^{129} de fleume plus que antiques. Et^{130}
pourtant disent aulcuns que l'anguille antique est plus saine que la
jeune. Mais se les poissons sont durs, adoncques les jeunes sont plus
sains, c'est assavoir de plus facile digestion, comme sont les brochés
et perches. Et icelle sentence met Avicenne au second canon au
chapitre du poisson et dit: entre les poissons de dure chair on doit
eslire le moindre en quantité, c'est assavoir le plus jeunes. Et le
contraire doit on faire es poissons ayant molle chair. [50r]

    Lucius et parca, saxaulis et albica, tenca,
    Sornus, plagicia cum carpa,^{131} galbio, truta. (86-87)

En ce texte sont declarees dix espesses de poissons convenables
a restaurer corps humains. Le premier est le brochet, poisson de
comain, nommé "tirant des poissons" a cause qu'il devore et mengeue
non pas seullement les poissons d'aultre espesse, mais aussi de sa
propre espesse, comme disent iceulx vers: "Lucius est piscis rex,
est tirannus aquarum. Aquo non differunt lucius iste parum."^{132} Et
est poisson de dure chair et legierement naigent. Le second poisson
est la perche, interpretee a "parco parcis,"^{133} qui signifie avoir

mercy par son contraire, car il n'a mercy de nul poisson, mais blesse les aultres poissons de ses barbes poignantes sur le doz, et le brochet ne l'ose asaillir, mais comme dit Albert le grant au livre des *Bestes*, la perche et le brochet par proprieté occulte ont ensemble amité singuliere, mais le brochet blesse des aultres poissons pour soy garyr et serche la perche, laquelle veant le brochet blessé applanist et attouche la playe et garist le brochet. Et est la perche de chair dure comme dessus est dit du brochet.[134] Le troiziesme poisson est la soule, et entre les poissons de mer est ung poisson fort sain.[135] Le quart est poisson nommé *albica*, poisson de mer.[136] Le quint est la tenche, et est ung poisson d'eaue doulce ayant le cuyr fort lubrique et limeux, tendant a couleur noire et a la chair dure. Et quant la tenche, et semblablement le brochet et la parche, sont cuites, on doit oster [50v] le cuir.[137] Le vi^e espesse de poissons est *sornus*, et entre les poissons de mer c'est le plus petit, de grandeur d'un demy doit, et on mengeue teste et tout.[138] Le septhiesme c'est la plis, poisson commung ayant en l'une des parties du cuir taiches rouges, et a cuir blanc et la bouche torsse.[139] Le huithiesme[140] c'est la carpe, et est poisson de eaue doulce, poisson cummung, viscieux et se doit boullir et cuire en vin pour oster la visciosité. Le neufhiesme est poisson nommé rouget, ayant chair dure, utile pour le corps humain.[141] Le xe est la truite, ayant chair semblable au saulmon, et est long sans grosseur et se prent en rivieres doulces, et se parmet touchier en froutant en l'eaue, et par ceste maniere on le prent et mect en pastés avecques espisses et est ung poisson fort chier, et est appeller en fransois truite.[142] Environ la election des poissons, premierement est a noter que tous poissons, en les comparans au chairs, sont de moindre nourrissement et sont de facile digestions et de grandes suparfluités fleumatiques, lesquelles sont de faciles resolutions. Et en l'estomac acquierent aulcunefois corruptions et font l'omme avoir soif. Secondement est a noter que les poissons de mer sont plus convenables au regime de santé que les poissons de eaue douce, car leurs chairs sont de moindre suparfluité et plus semblable la nature de chair, mais les poissons de mer sont de substance plus dure que les poissons de eaue doulce, et pourtant sont plus difficiles a digerer et de plus difficiles resolu[51r]tions et de plus grant nourrissement. Toutesfois les poissons de eaue doulce sont plus convenables aux gens malades a cause qu'il sont plus faciles a digerer. Tiercement est a noter que tant en poissons de mer comme de eaue doulce on doit eslire ceulx qui ont les chairs blanches, non visqueuses mais de legiere separations, et de substance subtile, et de bonne odeur, et qu'il ne soyent pas de legiere putrefactions, et de bonne couleur, et qu'il soyent de eaue courante. Et oultre on doit es[l]ire poisson de moyen eage et de moyenne grandeur, et qui soit legier en mouvement, et sans grande visciosité. Item, d'autant que les poissons ont plusieurs escailles ou scames, ou barbes d'autant ilz sont meilleurs, car les escailles ou scames et les barbes, signifient le poisson estre de substance pure. Item, les poissons de mer meilleurs sont ceulx qui ont prins nourrissement et sont prins en la mer plus parfonde et plus agittee et esmeuete. Et pour ce les poissons prins en la mer de septentrion[143] laquelle est plus agittee et plus impetueuse, et fluyt et refluyt legierement; sont meilleurs que les poissons prins en mer meridionale ou de Mydi. Et semblablement doit on entendre des poissons d'eaue doulce, car d'autant que l'eaue est plus parfonde et plus impetueuse, les poissons nourriz en icelle sont de meilleur nourrissement. Et appert par les choses declarees suffisamment lesquelz poissons son[t] mauvais et lesquelz sont a eslire[144] et louables, car les poissons grans comme bestes--comme est le porc marin et le chien de mer et aussi [51v] le poisson nommé daulphin--ne sont guaires convenables au regime de santé, car ilz sont difficiles a digerer et engendrent gros nourrissement et de grande suparfluité, et semblablement les poissons derniers nommés n'ont pas les conditions dessus declarees, c'est assavoir subtile en substance, blanche cha[i]r, et cetra. Et s'il advenoit qu'il fausist mengier desditz poissons ou semblables, on ne les doit pas mengier tantost après qu'il sont prins, mais on les doit garder ainsi par aulcuns jours jusques autant que la chair commence a mollifier sans putrefaction. Et semblablement

iceulx poissons sont meilleurs demy salés que recens ou fort salés.
Et entre les poissons de mer selon les conditions dessus declarees le
rouget et le gornaul, ou le <u>gornus</u>, sont reputés les meilleurs, car
leurs chairs sont de substance fort pure. En aprés: la plis et la
soule, car d'iceulx la chair est plus viscieuse et moins separable et
moins blanche, et plus grosse, et moins subtile, et leur odeur et
saveur n'est pas si delectable comme le rouget et le <u>gornus</u>. Et selon
aulcuns le poisson nommé <u>merlengus</u>, en françois merlen, est le meilleur
aprés le rouget, car il n'est pas de si grosse substance et si viscieux que la plis et que la soule, et est de substance competemment
fragile ou separable, mais en considerant la saveur, odeur, couleur,
et en pureté de substance et en mobilité, il fault de la bonté du
rouget et du <u>gornus</u>. Et semblablement doit on entendre du haren. Et
le poisson nommé morue est aulcunement semblable aux poissons derniers
nommés en bonté selon les conditions dessudites, toutesfois il est de
plus grosse substance et viscieux [52r] que les derniers nommez. Les
saulmons, et les turbotz, et maquerelles, en françois maquereaulx, ne
sont pas louables, car ilz sont de grosse substance, et viscieux, et
difficiles a digerer, et de grande suparfluité, et pour ce ne sont
utiles fors que a gens de grant excercité, et fault, avec aulcunes,
saulces qui oste en partie leur viscosité et grosseur et froideur. Et
entre les poissons de eaue doulce, selon les conditions declairees, la
perche et le brochet moyen en grandeur tiennent le premier degré en
bonté, par especial quant il est gras. En aprés le vendoise, et aprés
<u>lopia</u>. Et jaçoit ce que la carpe soit plus strimeuse que es derniers
nommés, toutesfois la chair de la carpe n'est pas si blanche et subtile
ne si legiere a separer come le brochet et la perche, et souvent se
nourrist es bourbes. Et universalement "ceteris paribus,"[145] tous
poissons de eaue doulce et petreuse (ou plaine de pierres) courante
vers septentrion, et profonde de grande agitation et impetuosité en
laquelle ne sont pas courantes les immundités de la ville ou cité et
en laquelle ne croissent pas herbes mauvaises, iceulx poissons sont
les meilleurs. Les escrevisses d'eaue doulce ou de mer sont de grant
nourrissement et de difficile corruption en l'estomac mais il sont

faciles a digerer. En oultre est a noter que les poissons recens font le corps humide et multiplie le laict, et le sperme ou semence est fort convenable aux gens coleriques. Et doit on eviter les poissons aprés grans mouvemens et grans labeurs pour ce que en l'estomac facilement ilz se corrumpent. Et se doivent garder de mengier poissons ceulx qui ont l'estomac debile [52v] et plain de mauvaises humeurs. En oultre, les poissons gros et grans sont meilleurs a demy salés que ceulx qu'il sont recens, toutesfois ceulx qui sont salez de longtemps ne sont pas bons. Est a noter en oultre que les poissons ne se doivent point mengier avecque la chair ne avec chose lacticimeuse, ne aprés toutes aultres viandes. En oultre, poissons de bonne nature et de bonne complection ung petit salés revoque l'appetit se celluy qui les mengeue les appete et aussi s'il n'en mengeue en trop grande quantité.

> Vocibus anguille prave sunt si comedantur;
> Qui phisicam non ignorant hec testificantur:
> Caseus, anguilla nimis obsunt si comedantur,
> Ni tu sepe bibas et rebibendo bibas. (88-91)

En ce present texte dit nostre acteur que l'anguille est ung poisson nuysant a la voix. Et le preuve premierement[146] par les medecins et les philosophes naturelz qui a ce sont consentens. Secondement le preuve par telle raison: car l'anguille est ung poisson limeux et viscieux, causant oppillations et privés des conditions dessusdictes convenables au bon poisson. Et ce que dit est de l'anguille, se doit entendre pareillement de la lamproye. Toutesfois les lamproyes petites ne sont pas si perilleuses come sont les anguilles car elles ne sont pas si viscieuses ne de matiere si grosse. Et jaçoit ce que iceulx poissons sont bien savoureux et bien delicieux a la langue, neanmoins[147] ilz sont bien perilleux, saulve l'onneur de ceulx qui disent le contraire, et les generacions desditz poissons sont semblables aux generations des serpens, qui sont en terre, par quoy est [53r] a doubter qu'il ne soient venimeux. Et ceulx qu'il sont suspecz de venin on ne doit point mengier la teste ne la queue ne paraillement les reiche du doz. Et pour oster leur visciosité est bon de les bouter en vin toutes vives et illec les laissier mourir et puis les preparer avecques saulse et galentin, qui est une espisse fort bonne; et ainsi les preparent les cuysiniers des grans seigneurs. En oultre il est bon de les boullir par deux fois, en vin et en eaue, et puis aprés faire la saulse de galentine ou en faire pastés ou les refrire avec la saulse appropriee, c'est assavoir saulse verde avecques espisses fortes et ung petit de bon vin en temps d'yver; et en esté espisses debiles et ung petit de verjus et du vinaigre. Celuy qui se peult passer desditz poissons est le plus seur. En aprés dit l'acteur que le froumaige et l'anguille mengiés ensamble nuysent grandement, et se doit entendre quant on en mengeue en grande quantité. La cause est assés evidente, car le froumaige est visqueulx comme l'anguille et par ainsi augmente la malice de l'anguille. Et leur malice est corrigee par boire vin souvent. Et n'est point a entendre de vin subtil qui est facilement penetrant, ne de vin donnant legiere penetration a la viande, car comme dit Avicenne, tel vin ne se doit point donner sus la viande generative ou qui engendre mauvaises humeurs, pourtant qui les fait penetrer aux membres principaulx par quoy s'ensuivent grans inconveniens, mais se doit entendre du vin assés gros qui n'est pas fort penetrant, lequel se doit prendre souvent et en petite quantité a celle fin que il se puisse mieulx mesler avecque la viande et corriger leur malice et digerer [53v] les humeurs fleumatiques et frois en confortant la digestion ou la chaleur naturelle.

Inter prandendum sit sepe parumque bibendum;
Si sumas ovum molle sit atque novum.   (92-93)

En ce present texte nostre acteur nous enseigne deux choses. La premiere chose est que en mengant ne devons point faire comme les bestes, c'est assavoir nous remplir de viandes et puis après boire, mais aprés que avons prins une quantité de viande nous devons boire et puis après remengier et reboire affin que le boire se puisse mieulx mesler avec la viande et la mollifier, par quoy est plus facile a digerer. Item, est a noter qui sont trois maniere de breuvaiges. Le premier est qui mesle la viande, le second est qui deporte la viande, et le tiers est qui fait cesser le soif.[148] De premier breuvaige se doit entendre ce que[149] dessus est dit, c'est assavoir que on doit entremesler la viande avecques le boire, jaçoit ce que on n'aye point de soif, car d'attendre la soif n'est pas bon. Et ledit breuvaige principalement convient a ceulx qui mengent viandes actuelement ou victuelement sece, comme ceulx qui mengent de pain seullement. Le dernier breuvaige, c'est assavoir qui fait cesser le soif, se doit differer jusque a la fin de la table, et par especial a ceulx qui sont bien disposé, car alors regne la soif vraye pour la ebulition de la viande. Et se doit donner ledit breuvaige plus ou moins selon la quantité de la soif. L'aultre breuvaige qui deporte la viande se doit prendre après la [54r] digestion premiere, laquelle se fait en l'estomac et ung petit avant que on ne preigne d'aultre viande. Et par especial ledit breuvage convient quant on a mengié viande en substante grasse, et ne doit on pas actendre la soif, car ledit breuvage prepare l'estomac a recepvoir d'aultre viande et fait penetrer la viande digeree de l'estomac au foye, et se doit prendre non pas en grande quantité affin que plus tost puisse estre digeree, car avant qu'il soit digeré ne penetre pas au foye se ledit breuvaige delatifz est aultre chose que eaue, car il n'est pas de necessité que l'eaue soit digeree avant sa penetration. Et pourtant tout breuvaige delatif doit estre vin ou quelque proporcionale au vin, come cervoise ou cidre ou aultre breuvaige, et non pas eaue. En oultre est a noter que de tant plus la viande est grosse et seche et froide, de tant plus est elle en plus grande quantité et doit on bailier le breuvaige delatif et pormixtif. Et quant la viande est subtile, chaude, et humide, ledit breuvaige doit estre moindre en quantité et plus gros en substance, et plus subtil et plus fort quant la viande est grosse et froide, comme quant on mengeue chairs de beuf, le vin delatif doit estre plus fort et plus subtil que quant on mengeue geline ou faisans. Et pareille-

ment le vin qui est beu avecques le poisson doit estre plus fort que
avecque la chair. La seconde chose que nostre acteur nous enseigne
est que quant on mengeue ung euf on le doit mengier mollet et nouveau;
la cause est dicte dessus.[150]

  Pisam laudare decrevimus ac reprobare:
  [54v] Pellibus ablatis, est bona pisa satis;
  Est inflactiva cum pellibus atque nociva. (94-96)

Icy est mis ung notable et est que les pois aulcunement sont
vituperez et aulcunement sont louez; ilz sont louez quant on les
mengeue l'escorce ostee. Et quant on les mengeue a tout la piau ou
l'escorce, il sont a blasmer pourtant qu'ilz sont inflatifz. Et
pourtant quant on les prepare avecque l'escorce on ne les prepare pas
artificielement ou selon l'art de medecine, car la substance ou la
chair des pois est differente a l'escorce, car l'une des parties
laiche le ventre, et l'autre partie restraint, comme dit Ysaac aux
Dietes[151] universales, par quoy se fait de grant mouvement dedens le
corps, causant torsion de ventre ou douleur et inflation. Et ce ne se
doit point entendre seullement des pois, mais de tous aultres leguns,
come de feves, glans, chataignes, cices, et par especial tous ceulx
qui ont l'escorce espesse. Car l'escorce est de pire nourissement que
la substance. Environ ce est a noter que il y a une maniere de pois
rons blans qui ont l'escorce fortraire,[152] et ceste maniere plus
seurement se peult mengier avecque l'escorce que les aultres; toutesfois mieulx vault de les mondifier et oster l'escorce. En oultre est
a noter que les leguns nouveaux et recens ont l'escorce plus con-
venante a la substance par quoy ne font pas commotion si grande au
corps come les antiques, et plus facilement sont digerés, et pourtant
disent aulcuns qu'il convient plus au corps sains que les vieulx, mais
ne regardent pas a d'aulcunes proprietés mauvaises qu'il sont en eulx
par quoy il sont deceuz. Lesquelles proprietés sont: c'est assavoir
que facilement il se corrumpent et sont de grande suparfluité par
quoy ne sont pas convenables a corps sains. [55r] Et pourtant est a

tenir pour verité que les leguns sec ou vieulx desquelz l'escorce est ostee sont plus sains que les nouveaulx, mais les nouveaulx sont plus sains que les secz a tout leurs escorces. En oultre est a noter que tout leguns pourtant qu'il sont inflatifz et de difficile digestion ne sont pas convenant au regime de santé, mais le brouet ou leur decoction est utile, car begninement lache le ventre et provoque l'orine et desopile les vaines; pour ce convient en menger quant on use de viandes grosses causant oppillation come en temps de jeune, car audit brouet n'y a pas nuysante[153] come a la substance. Et se doit faire ladicte decoction en ceste maniere: les cices ou les pois doivent estre mis du soir en eaue boullante en les froutant, et en la mesme eaue la nuyt aprés on les doit cuyre deux ou trois bouillons, et puis aprés soit passé et gardé et quant aproche l'eure du disner ou du souper on le doit preparer avecque ung petit de cinamome et de saffren et ung petit de vin, et puis le boullir ung bien petit; ce fait on le doit humer au commencement de table. Et le brouet des cices et des pois rons est meilleur et est a nature plus convenant que d'aultre leguns, et semblablement leur substance.

    Lac ethicis sanum caprinum post camelinum,
    Ac nutritivum plus omnibus est azininum,
    Plus nutritivum vaccinum sit et ovinum;
    Si febriat caput et doleat, non est bene sanum.   (97-100)

    En ce present texte sont donnés plusieurs documens environ la election du laict. Le premier est que le laict de chievre convient a tous ethiques et a tous ceulx qui sont consumés, car comme dit Avicenne au second canon au chapitre du laict: le laict convient a tous ethiques, et icelle mesme sentence dit [55v] au premier livre au iiiie tracté, et au iiie chapitre quant il parle des medecines qui humecte les corps ethiques. La raison est telle: car le laict de chievre est attrempé, come dit Avicenne au second canon, et est de grant nourris[se]ment par quoy convient aux ethiques. Le second document est que le laict de chameau est convenable aux ethiques, lequel laict est subtil et de grande aquosité[154] et humide, par quoy il les peult humecter; toutesfois il est de moindre nourrissement que le laict de chievre pour la grande humidité qui est en luy, par quoy n'est pas si utile comme le laict de chievre. Le laict toutesfois de chamiau, qui a heu de peu de temps ung petit chameau, grandement convient aux ydropiques, et a tous ceulx qui ont debilitation de foye, car il renouvelle, comme dit Avicenne au second canon au chapitre du laict. En oultre est assavoir que le laict d'une agnesse est plus propre aux ethiques que tout aultre lait, car le lait d'agnesse decline a froideur et humidité, et est subtil et fort penetrant, et legierement ne se coagule pas comme le laict des aultres bestes, selon Galien au viie chapitre, [au viie] livre de Ingenio.[155] Et ceste mesme sentence veult Avicenne au premir livre au iiiie traicté au iiie chapitre, quant il dit: et aprés le laict de la femme n'est pas de laict plus competant aux ethiques que le lait de l'anesse. Et dit pareillement s'il y a[156] medicine qui puisse oster la fievre ethique c'est le lait de l'anesse; toutesfois en le comparent au laict de la femme il n'est pas si utile, car le laict de la femme, quant on le prent en suggiant, comme dit Avicenne au lieu prealegué, est plus utile que tout aultre laict. Et la raison si est, car le laict de la femme est fort subtil, [56r] froit, et humide, et semblable a nature humaine sus tous aultres laictz, facilement penetrant, fort nourrissant et tantost digeré. Et environ ce est a noter que le laict de la femme ou de l'anesse n'est pas tousjours utile aux etiques mesmement; aulcunnefois plus leur convient le laict esbeuré, en aulcuns cas. Le premier est quant il y a[157] solution de ventre avecques la fievre ethique. Le second est quant il y a[158] soubson ou quant on craint la coagulation du laict en l'estomac, ou quant il y a[159] grant ardeur de la fievre, ou grant l'estomac, de sa nature est [ant] colerique, par soy coverti[t] le laict en colere et en fumosité. Le tiers est quant la fievre ethique est conjoincte avecque la fievre putride, et par especial quant aux vaines n'y a pas grande oppillation, car le laict ebeurré restrainct le ventre et ne se convertit pas facilement en colere, car la graisse, c'est assavoir le burre, est substraict et osté par laquelle graisse facilement, le faict s'enflamer,[160] et aussi ne se pourrit pas facilement. Le iiiie est quant l'estomac est rempli de mauvais humeurs corrumpues, car le laict facilement alors se corrumpt. Le ve est quant le ethique a beurré le laict douleur et non pas le laict[161] burré. Le tiers document est que le laict de vaiche et de brebis est fort nourrissant pourtant qu'il sont de plus grosse substance et plus grasse que les aultres, comme dit Avicenne au second canon au chapitre du laict. Et en icelluy chapitre dit, parlant du laict de vaiche, et dit que le laict de toute beste pourtant plus longuement que la femme est mauvais, et pourtant le laict de la beste quasi pourtant autant de mois comme la femme est le meileur, come le laict de vaiche. Mais Ra[56v]sis au troiziesme livre d'<u>Almasor</u> au chapitre du laict dit que entre le laict de toutes bestes le laict de vaiche est le plus gros et est convenable a ceulx qui leurs corps veullent engraissier. Le quart document ou ensignement est que le laict nuyt a ceulx qui ont fievres ou douleur de teste. La cause est assés declaree par se que dessus est dit au chapitre des pommes et poires et des peches.[162]

    Lenit et humectat, solvit sine febre butirum. (101)

En ce texte dit l'acteur les proprietés du beurre. La premiere est: il applanist et mollifie le ventre par sa unctuosité. La seconde est que le beurre est humide, car il est composé des meilleures parties du laict par quoy luy convient estre moicte et humide, come le laict dont il est tiré. La tierce est qui laiche le ventre, et cest proprieté convient pareillem[en]t au laict, car il engendre lubricité aux boyaulx. Et ses proprietés mect Avicenne au second canon au chapitre du beurre, et le beurre cause ses proprietés dessudictes au corps sains et non febricitant, car aux corps[163] febricitans est fort nuysable, car par sa unctuosité[164] facilement il s'embrase et s'emflame par quoy augmente la chaleur de la fievre. Item, est a noter que jaçoit ce que le beurre cause et engendre les proprietés dessudictes au corps humains, toutesfois pour la humidité et unctuosité qui sont en luy on n'en doit point user souvent en grande quantité, car[ ]ceulx[165] qui en usent en grande quantité, il engendrent[166] abomination et fait la viande demourer en l'orifice de l'estomac, et laiche le ventre plus qu'il n'est de coustume, et fait pareil[57r]lement vomir.[167] Et par ainsi appert que comme de viande, on ne doit point user de beurre en grande quantité, et par especial [on ne doit point en user aprés] toutes aultres viandes,[168] mais seullement on en doit user en preparant les aultres viandes.

> Incidit atque lavet, penetrat, mundat quoque serum. (102)

Ici sont mises quatre proprietés du petit-laict ou du moyen. La premiere est que le petit-laict est incisif et subtiliatif. La seconde est qu'il est lavatif et abstersif. La tierce est qu'il est penetratif, et ceste yci[169] s'ensuit de la premere. La quarte est qu'il est mandicatif et purgatif. Et trois de ses proprietés narre Avicenne au second canon au chapitre du laict, disant que l'eaue du laict ou du petit-laict est subtiliatif, lavatif, et solutif, et n'a pas mordication, mais Rasis au iiie livre d'<u>Almasor</u> dit que le petit-laict evacue la colere rouge et degette les pustules du corps et du visaige. Et est de grande utilité a ceulx qui sont ytericiens[170] ou aultrement qui ont mauvaise couleur et pareillement a ceulx qui sont travailliez par trop boire de vin.

> Caseus est frigidus, stipans, grossus[171] quoque durus.
> Caseus et panis bonus est cibus hic bene sanis;
> Si non sunt sani tunc hunc non iungito pani. (103-105)

En ce present texte nostre acteur fait deux choses. En la premiere mect quatre proprietés du froumaige. La premiere est que le froumaige est de froide nature, c'est assavoir le nouveau et non pas le froumaige ancien, lequel est chault et sec, come dit Avicenne au second canon au chapitre du froumaige. Se doit entendre pareillement du froumaige qui est coagulé [du lait seulement] non pas de chose fort contraire a la nature du laict,[172] car on treuve du froumaige de

nature chaulde que es [57v]chauffe l'estomac, et est mordicatif a la
langue pour la commixtion d'aucunes choses qu'il sont meslees avecque
luy come d'aulcuns froumaige vers, lesquelz eschauffent fort le corps
quant on en prent en grande quantité. La iie proprieté est que le
froumaige est constipatif, et par especial se doit entendre du
froumaige vieulx auquel il y a beauco[u]p de presure. La tierce est
que le froumaige engendre grosses humeurs, car tout froumaige est fait
de la plus grosse et plus terrestre partie du laict. La quarte est
que le froumaige est dur, c'est adire fait le ventre dur, et ceste
proprieté est semblable a la seconde. En la seconde chose dit:
jaçoit ce que le froumaige quant il est mengié seul ne soit pas sain,
car il est de mauvaise digestion come dessus est dit, toutesfois quant
il est meslé avecques du pain et en petite quantité il est de plus facile digestion et plus sain au regard du corps bien disposé, et non
pas du corps malade.

> "Ignari medici me dicunt esse nocivum,
> Sed tamen ignorant cur nocumenta feram."
> Languenti stomacho caseus addit opem;
> Si post sumatur terminat ille dapes:
> Qui phisicam non ignorant hec testificantur.   (106-110)

Icy nostre acteur reprent ceulx qui absolutement blasment le
froumaige et dit que on ne doit point blasmé le froumaige se on ne le
congnoist en quoy il est mauvais et en quoy il est bon, et mect deux
de ses utilités. La premiere est que le froumaige conforte l'estomac
malade mais qu'il ne soit pas de composition contraire[173] et aussi
mais qu'il[174] ne soit pas debilité par longue maladie. En oultre dit
que tout froumaige nouveau, lequel n'est pas [58r] de trop grande
viscosité [est] utile a l'estomac chault, car comme dit Rasis en son
tiers livre d'_Almasor_, il reprime la grande calidité et l'ardeur de
l'estomac sec pour la humidité qui est en luy. Et audit estomac
chault et sec est fort nuysa[b]le froumaige vieulx ayant acuité et
grande habundance de presure, et convient ledit froumaige vieulx a

l'estomac ayant habundance de fleumes, aderantes au panniculeˡ⁷⁵ de
l'estomac; pourtant par son acuité divise la fleume et le absterge.
La seconde utilité est que le froumaige prins aprés toute refection
fait descendre la viande au fond de l'estomac la ou principalement la
digestion a grant vigeur, comme sçevent tous ceulx qui ont l'art de
medecine. En oultre Rasis dit du froumaige ayant grande acuité que
quant aprés la refection on en prent en petite quantité il conforte et
fortifie l'orifice de l'estomac et la disposition nauseative,
laquelle procede des viandes doulces.

    Inter prandendum sit sepe parumque bibendum.
    Ut minus egrotes non inter fercula potes.¹⁷⁶   (111-112)

En ce texte dit l'acteur que entre deux repas, comme du disner
et du souper, nous devons eviter de boire, car quant on boit sur la
viande qui n'est pas encores digeree, on corrumpt et empesche la
digestion et descent la viande a demy cuyte et digeré au foye, causant
oppillation, fievres, et aultres maladies.

    Ut vites penam, de potibus incipe cenam.   (113)

[58v] En ce texte dit l'acteur que on doit commencer a souper
par boire, et se doit par le breuvaige entendre viandes liquides,
lesquelles sont de facile digestion, come Ypocras le prent en la
seconde partie des <u>Anfforismes</u> quant il dit: mieulx vault soy remplir
de breuvaiges que de viandes. Et la raison provant que il vault
mieulx commencier par viandes subtiles et de facile digestion que par
grosses est: se on mettoit la viande grosse devant la subtille, elle
seroit plus tost digeree que la grosse difficiles a digerer, et pourtant qu'elle ne peult avoir yssue pour l'empeschement que luy fait la
viande grosse, elle se corrumpt et corrumpt la viande grosse en partie
digeree par quoy s'ensuyvent plusieurs inconveniens.

    Singula post ova pocula sume nova;
    Post pisces nux sit, post carnes caseus assit.
    Unica nux prodest, nocet altera, tercia mors est.   (114-116)

En ce texte l'acteur declare aulcuns enseignemens. Le premier est que après ce que on a mengié ung euf mollet et nouveau on doit boire, et par especial ung traict de vin. La raison est car l'euf mollet et recent est de bon nourrissement et de facile digestion, et en peu de quantité nourist fort, et par especial le moyen. Et le vin qui est aimable a nature est cause que l'euf doit estre tiré plus aprement aux membres nutritifz; l'autre cause est car l'euf ne descend point facilement, et pour faciliter son descendement c'est chose utile de boire. Le second enseignement est: après que on a mengié poisson on doit mengier des grosses noix en lieu de froumaige, car la grosse noix par sa secheresse deffend le poisson d'engendrer multitude de fleume a laquelle est enclin par complection naturelle, et ce est la cause pour quoy en [59r] karesme au dernier du repas on mengeue des noix. Le tiers enseignement est que après que la personne a mengier de la chair, il doit prendre du froumaige et non pas des noix, car elles sont de trop grande decication et non pas le froumaige, mais fait le froumaige descendre la viande au font de l'estomac auquel a vertu digestive a vigeur. Et ce est chose veritable du froumaige moyen entre l'antique et le nouveau. En après dit le texte au dernier ver que une seulle noix, c'est assavoir la noix muscade, est prouffitable au corps humain, car elle conforte la veue, l'estomac, le foye et la ratelle, et donne bonne odeur a la bouche, comme dit Avicenne au second canon au chapitre de la noix muscade. Mais la seconde noix, c'est assavoir l'aveleine ou la noix commune, nuyt, car elle est inflative et engendre ventiosités au ventre et fait douleur de teste et est difficile a digerer, et donne appetit de vomir, come dit Avicenne au second chapitre de la noix. La tierce noix, c'est assavoir noix de l'arbaleistre, est mortelle, car l'abeleistre ocist le corps humain.[177] Ou on peult entendre par la tierce noix la noix de metal, lequel selon Avicenne est medecine venimeuse au second canon au chapitre de la noix methel.

Adde potum piro, nux est medicina veneno.
Fert pira nostra pirus, sine vino sunt pira virus,

> Si pira sunt virus, sit maledicta pirus.
> Si quoquas, antidotum pira sunt, sed cruda venenum.
> Cruda gravant stomachum, relevant pira cocta gravatum.
> Post pira da potum; post pomum vade fecatum.   (117-122)

Au premiers vers l'acteur mect ung enseignement et dit que aprés que on a mengié des poires, on doit boire du vin. Et la cause est par avant suffisamment declaree, car les poi[re]s engendrent ventosité par proprieté et collique passion, et remplissent [59v] le sanc d'aquosité, et pour ce aprés, quant on mengeue poires, on doit boire du vin fort et chault, carminatif de ventosité, et consumptif d'aquosité, les[q]uelz engendrent les poires. Secondement il dit que la noix est medecine contre le venin, comme est declaré en ce texte, "Alea, nux, ruta . . . ."[178] En aprés au second vers et au tiers il dit que les poires mengiés sans boire vin sont venin, c'est adire qu'il nuysent au corps humains pour la cause declaree. Toutes les poires ne sont pas proprement venin, car s'elles estoyent proprement venin leurs mengier occiroit la personne. En aprés au iiiie vers il dit que les poire crues sont venin, c'est adire nuysant au corps, car il font ebulition es humeurs et collique passion. Toutesfois se on les cuyt, elles sont bonnes en medecine en maniere declaree prinse avec le vin, et par especial aprés la refection, et donne ayde a laicher le ventre. En aprés au ve vers dit que les poires crues grevent l'estomac car elles empeschent la digestion de l'estomac et font inflation d'estomac et de ventre, mais les poires cuites relevent l'estomac et le mettent en sa disposition naturelle. Et aprés aux de-[r]niers vers, dit deux choses. La premiere est que aprés le mengier de la poire on doit boire du vin pour la cause declaree. Secondement il dit que aprés le mengier de pomme on doit aler au retraict. Et selon Avicenne au second livre au chapitre des pommes doulces et aceteuses, trouvent aulcunes humeurs grosses en l'estomac. Elles les font descendre de l'estomac es incestins a cause qu'il enflent le ventre et engendrent v[en]tosités, lesquelz nature expulse es parties basses.

[60r] Cerasa si comedas tibi confert grandia dona.
Expurgant stomachum, nucleus lapidem tibi tollit.
Et de carne sua sanguis eritque bonus.   (123-125)

En ce texte present dit l'acteur que les cerises mengiés sont tresutiles ou corps humain. La premiere est que les cerises purgent l'estomac, et celle utilité est veritable, selon aulcuns docteurs, quant la pierre est mengié et quassee en l'estomac, car elle a aulcune vertu abstersive et mundificative. La seconde utilité est que le noyel de la pierre a vertu de rompre la pierre des rains et de la vescie quant on la mengeue sec ou mis en forme de laict avec eaue appropriee. La tierce est que la chair des serises engendre bon sanc et conforte et engraisse le corps. Et icelle chose est congneue et prouvee par experience, car nous veons que les passeras, quant ilz mengent grande quantité de cerises, il augmente fort leur foye plus que en aultres temps, doncques c'est signe et probation[179] que les cerises augmente le foye et conforte. Environ icelle est a noter qu'il sont deux manieres de cerises, c'est assavoir grandes et petites. Les grandes encores sont doubles, car aulcunes sont doulces et aulcunes aceteuses. Toutes les cerises doulces et petites sont malsainnes et de facile corruption, et au corps engendrent vers. Les grosses aceteuses sont nommees cina. Et sont encores divisees, car aulcunes sont rouges, de chair molles, et icelles se doivent mengier recentes et nouvelles, et au commencement du repas, et ont vertu abstersive [60v] et mondifié. Les aultres cina sont noires et grosses, de dure chair attrempeement et sont fort pontiques, et icelles se doivent mengier en la fin du repas. Et la cause si est, car par leur ponticité il closent l'orifice de l'estomac par quoy s'en fait meilleure digestion.

Infrigidant, laxant multum, prosunt tibi pruna.   (126)

Dit icy nostre acteur que les prunes ont deux utilités au corps humains. La premiere est que elle refroide; et pourtant les Portingalois[180] demourent en region chaulde; ilz mettent cuyre les prunes de Damas[181] avec leurs chairs. La seconde utilité est que les prunes laichent le ventre a cause de leur humidité et visciosités, selon Galien au second livre des <u>Elemens</u>. Et ce est verifié des prunes qui ont maturation, car c'elles sont crues et non meures sont stiptique et de petit nourrissement, come dit Avicenne au second livre au chapitre des prunes damasce[nes] ayant icelles deux proprietés, toutesfois par especial icelles deux proprietés sont trouvees aux prunes qui sont aportees de la terre de Armenie, car sur toutes prouvees sont les meilleures et qui mieulx lachent le ventre, come dit Avicenne au chapitre dessus nommé. Et pour avoir plus grandes declarations d'icelles proprietés est a noter que les prunes meures sont en usance et non pas les verdes et non meures. En oultre les prunes plus convenables au corps humains sont celles qui[182] sont de figure longues, et peu de chairs, et dures declinantes a secheresse, et qui ont l'escorce exteriore primes[183] et qu'il sont de sçaveur non totalement doulce, mais [61r] tendant a aulcune acredité avecque doulceur, et de telle manieres sont les prunes damascene, car icelles refroident le corps, come dessus est declaré. Item, de prunes sont plusieurs aultres espesses desquelles l'usance n'est pas reprovee. Semblablement il sont aulcunes petites prunes de bois et non laxatives--mais il resarrent le ventre--desquelles est fait eaue distillee pour restraindre le ventre. Item, les prunes prinses pour lacher le ventre doivent premier [estre] tremper en eaue froide, car ainsi plus parfaictement refroide et humecte la colere et laiche le ventre, et par ainsi l'estomac en est mieulx disposé a recepvoir la viande. En oultre est a noter que les prunes recentes sont plus alteratives, mais elle sont de moindre nourrissement et de grandes suparfluités. Et les prunes seiches sont plus confortatives et de meilleur nourrissements. Et comme est declaré des prunes, pareillement est a entendre des cerises, chescung en son espesse, toutesfois les cerises sont de plus grande humidité, et plus subtiles, et moins viscieuses, et pourtant sont de moindre nourrissement que les prunes.

> Persica cum musto vobis dantur ordine iusto
>
> Sumere; sic est mos nucibus sociando racemos.
>
> Passula[184] non spleni, tussi valet, est bona reni. (127-129)

En ce texte sont declarés trois enseignemens. Le premier: que la pesche se doit mengier avec vin ou aveque moust[185] pour deux causes. La premiere est car le moust[186] engendre ebulition et grande chaleur au corps humain, laquelle ebulition oste la froideur suparflue de la pesche, car les pesches refroident fort le corps humains. Item, la maniere de mengier pesches et plusieurs aultres fruys [61v] a esté dessus declaré en ce texte, "Persica, poma, pira, etc."[187] Le second enseignement est que le raisin se doit mengier avecques les noix seches et antiques, car les recentes sont saines, et les antiques seches sont fort descicatives. Et a cause de leur grant unctuosité, de legier emflamme le corps, et pourtant avec elles doit on mengier du raisin, lequel par sa grande humidité resiste et oste la desiccation et la inflammation des noix, desquelles dessus a esté suffisamment declaré en ce texte, "Alea, nux, ruta . . . ."[188] Le tiers est que le raisin nommé _uva passa_, c'est adire raisin de karesme, nuyst a la ratelle et fait en luy oppillation, mais est utile aux rains a cause qu'elles provoquent l'orine et mondifient les rains.[189]

> Scrofa, tumor, glandes, ficus cataplasmate cedit;
>
> Iunge papaver ei confracta foris tenet ossa. (130-131)

En ce present texte l'acteur dit que l'amplastre fait de figues fait deux utilités au corps humain. La premiere est que figues cuites avecques aulcunes liqueurs et appliquiés, avecques leurs humidité garissent trois maladies, c'est assavoir strophules, glandules et apostumes. Item, strofules sont inflations ulcerees soubz le menton ou au col, et _strofula_ descend de _scropha_, qui signifie truie, ou pourciau, a cause que celle maladie vient communement aux truies par leur gourmendise, ou a cause que la figure d'icelle maladie resamble a la truie, comme veult Avicenne en la iii^e distinction du quart au chapitre des strofules. Item, glandules sont ennueuses,[190] venant communement aux[191] [62r] escelles, aux aines,[192] et au col. Item, tumeurs sont inflations par tout le corps. Item, pour garir et madurer ycelles apostumes, yl fault cuire les figues en eaue avec ung petit de vinaigre pour donner penetration a la vertu madurative, et aprés la decoction faite ce doibvent broyer en ung mortier avec ung petit d'eaue de la decoction et faire cathaplasme, et cathaplasme proprement est medicine faite de quelque chose avec son jus, comme dit celuy vers, "Tunc cataplasma faris cum succum ponis et herbam."[193] La 2e utilité est que cataplasme fait de figues et de semence de pavot rejoynt les os rompus, et doibvent boullir en eaue sans vinaigre, et puis broyer en ung mortier et appliquier dessoubz, et la cause que on y met du pavot est pour ce qu'il endormyt le membre souvent et oste la douleur grande qui communement sourvient aux fractures des os et provoque le dormyr, et les figues attirent les humidités au dehors pour reglutiner et engendrer leporus sarcoydes, car les os rompus jamays ne se peulent rejoyndre ne venir a vraye continuation.[194] En oultre est a noter que le pavot est de troys espese, c'est assavoir blanc, rouge et noir. Le rouge est silvestre, venimeulx et croist es blés, et jeunes estudians broient les fleurs en ung mortier et font une espese d'encre.

Pediculos venerem facit sed cuilibet obstat.[195] (132)

En ce present texte l'acteur declare deux operations des figues. La premiere est que mengier souvent des figues engendre grand multitude de poulx [62v] au corps humain, et dit Avicenne au second canon au chapitre des figues que celle proprieté ce doit entendre des figues sceiches. Et donne la raison: car figues engendrent humeurs corrumpus et provoquent sueur grande, venant desditz humeurs corrumpus, desquelz sont engendrés poulx en grande quantité. La seconde operation est que les figues incitent la personne a luxure a cause qu'il engendrent ventosités qui sont cause de faire dressier le membre viril et augmentent le sperme et grandes superfluités au corps.

Multiplicant mictum, ventrem dant escula strictum;
Escula dura bona, sed mollia sunt meliora. (133-134)

En ce present texte declare l'acteur deux utilités des nesples. La premiere est qu'elle provoque l'orine a cause qu'elle endurcist les matieres fecales et les liqueurs retournent des intestins vers les rains et la vesie. La seconde est que les nesples constipent le ventre a cause qu'elles sont de saveur pontique et stiptique par quoy le texte infere ung correlaire, et dit que les nesples dures sont bonnes pour reserrer le fluy de ventre, et les nesples molles sont meileures que les dures, car elles sont plus nutritives et mains constipent le ventre. Et environ ce est a noter que les nesples sont de moindre nourrissement que les pomes, poires, pesces, et figues et aultres semblables, et ce souffisanment demonstre leur saveur et duresse encore aprés qu'elles sont meures. Et pourtant des nesples ne doit on guerre mengier en forme de viande fors que de medicine. Et a [63r] cause que leur vertu est si grandement stiptique competent fort au fluy de ventre. En oult[r]e les nesples sur l'erbe ne viennent pas a vraye et suffisante molesse et maturation pour mengier, et pourtant devant que on les meng[e]ue doibvent estre mollifiees et madurees artificielement pour les avoir plus delectables au goust et de maindre constipation.

Provocat urinam mustum, cito solvit et inflat. (135)

En ce present tex sont declarés trois utilités du moust. La premiere est qu'il provoque l'orine a cause qu'il contient en luy aulcunes parties terrestres nitreuses, mordantes la vescie quant elle viennent en elle, et pour ladite nitrosité et mordication la vesie est incitee et constraincte de expulser l'orine. Et icelle proprité ce doit entendre des moust ayant feces[196] mordantes, comme sont plusieurs[197] vins de Rin, car les moust qui sont privés d'icelles feces[198] grosses mordantes ne provoque pas l'orine, ains font oppillation et defendent l'oriner. La seconde utilité est que le moust tantost laiche le ventre pour une mesme cause dernier declaré. La tierce est que le moust est inflatif a cause de la ebulition qu'il fait en corps humain, laquelle engendre ventosités. Et les causes d'icelles deux proprietés ont esté declarees en ce tex, "Impediunt urinam . . . ."[199]

>Grossos humores nutrit cervisia vires;
>Prestat et augmentat carnem, generat atque cruorem.
>[63v] Provocat urinam, ventrem quoque mollit et inflat;
>Infrigidat modicum sed plus desiccat acetum;
>Infrigidat, macerat, melancolia dat, sperma minorat,
>Siccos infestat, nervos et pinguia siccat.   (136-141)

En ce present tex l'acteur met deux choses: premierement il met ·viii· proprietés de la cervoise. La premiere est que la cervoise engendre en corps humain grosses humeurs. Et ce doibt entendre ceste proprieté en faisant comparation de la cervoise au vin. Encores la cervoise est diverse, et engendre grosses[200] humeurs selon les grains divers desquelz elle est composee, car la cervoise faite de grains de grosse substance engendre grosses humeurs, et celle qui est faite de grains de moindre substance engendre moins grosses humeurs. La 2^e est que la cervoise augmente la force, c'est assavoir celle qui est faicte de bons grains, et avec ce de grande decoction, comme cervoise d'Otrisse et d'Angleterre. Ycelles sont nutritives par quoy augmente la vertu. La 3e est qu'elle augmente la chair a cause de sa grande nutrition. La iiiie: qu'elle multiplie le sanc pour une mesme raison. Et ces trois proprietés[201] sont veritables de cervoise antique faite de bons grains et de grande decoction. La ve est qu'elle laiche le ventre,[202] et ycelles deux proprietés sont veritables de la cervoise clere fort houbelonnee, c'est assavoir ou il y a multitude de houbelon, come est cervoise d'Ambourch en Almaygne, laquelle provoque l'urine et laiche le ventre a cause du houbelon; toutefoys elle nuyst a ceulx qui ont le cerveau debile, car yceulx facilement enivre et trouble[203] l'entendement a cause de la multitude du houbelon. La septiesme est [64r] qu'elles emflent le ventre. Et s'entend de cervoise qui n'est gaire boullie, come est la cervoise de Holandre, nommee keute,[204] qui moult emfle et oppille,[205] a cause qu'elle engraisse moult. La viii[e] est que cervoise refroide ung petit, comme la cervoise du Holandre,[206] Brabant, Flandre, et de Haynault, et est celle que on use communement. Et tout ce s'entend en comparant la cervoise au vin. Icy est a noter que la cervoise se peult faire de divers grains, come d'avaine, d'orge, et de froument, lesquelz grains font pareillement la cervoise de diverse complection, car celle qui est faicte d'orge est prochaine a la froideur a cause que l'orge est froit, celle qui est fait de orge ou d'avoine, moins oppille, moins engendre ventosité, et moins gouverne le corps. Et cervoise faicte de froument est plus chaulde, plus oppille, et mieulx gouverne. Et d'autant que la cervoise est plus grosse, d'autant est pire, et la plus subtile est la meilleure. En oultre est a noter que la cervoise faicte de chose inebriantes est la pire, comme celle qui est faicte d'un grain nommé lolium, et fait douleur de teste, et blesse les ners. En aprés le texte mect ·v· proprités du vinaigre. La premiere si est que le vinaigre deseche, car dit Avicenne au second canon au chapitre du vinaigre qu'il est de fort exication, et pourtant ce les medecins commendent en temps de peste de user vinaigre avec les viandes [ ] et[207] avecque son boire. Avicenne dit en la troiziesme distinction du premier au viiie chapitre, que user vinaigre en son boire et mengier en temps de peste fait l'omme seur de la peste. La seconde est que le vinaigre refroide par la proprieté qui est en luy. La tierce est que le vinaigre [64v̄] fait l'omme maigre. Raison si est car il deseche. Et s'entend principalement quant le vinaigre est prins en l'estomac [en̄] jung, come veult Avicenne en la iiie distinction du premier livre au chapitre de amaigrir le corps gras. Toutesfois c'est chose veritable que souvent user de vinaigre en jung mainne le corps a plusieurs accidens mauvais, come a debilitation et offention de poitrine, et esmeult la toux; l'estomac et le foye fait debiliz; les ners et joinctures degaste. La iiiie est que vinaigre engendre melancolie a cause qu'il refroide et desceche les humeurs. La ve est que le vinaigre diminue la semence, car il deseche, refroide et amaigrist. Et icelles pro-

priétés du vinaigre mect Rasis au iiie livre d'<u>Almasor</u>, quant il dit:
le vinaigre est froit et sec et magreté induyt, la force destruit, et
la semence diminue, la colere noire augmente, la colere rouge et le
sanc fait debiles et diminue, et subtile les viandes antiques avec luy
mesleez. En aprés au dernier ver adjouste trois choses: la premiere
est que le vinaigre nuyt aux maigres. Et raison si est car il deseche
et aguise, fait augmentation en sa secheresse, car samblable nuyt avec
son samblable, et fait l'autre augmenter et aussi toutes complections
mauvaises doivent estre medicinees par son contraire, car par son
semblable se fait pire. La iie est que le vinaigre nuyt aux ners,
come dit Avicenne au iie livre au chapitre du vinaigre. Le tiers est
que le vinaigre fait emmaigrir, comme dessus est declaré.

  Rapa iuvat stomachum, novit producere ventum,
  Provocat urinam; faciet quoque dente ruinam.
  Si male cocta datur, hinc torsio tunc generatur. (142-144)

[65r] En ce texte sont declarés trois choses utiles des raves,
attrempeement cuites, et ung d'iceux nocumens. La premiere utilité
est que le nauyau ayde et conforte l'estomac, car bien il se digere en
l'estomac et sans le blesser ne grever. La iie est que les raves
engendrent vent, come experience le demonstre. La iiie est qu'elle
provoque l'orine. Et oultre icelles proprietés Averoys dit qu'il ont
grant proprietés a conforter la veue. Mais le nuysement des raves est
que leurs continuation nuyt aux dens. Au dernier vers dit l'acteur
que les raves mal cuites font torcions au corps en multipliant
ventosités, come dit ce proverbe, "Ventum sepe rapis si tu vis vivere
rapis."[208] Et est a noter que les queues des raves laichent fort le
ventre. Pour plus ample notice est a noter que de toutes racines la
rave est la plus convenable pour nutriment du corps humain, come appert
suffisamment par la doulceur et amour que l'omme treuve la sçaveur des
raves, et icelle doulceur et amour est en toutes viandes, car les
choses doulces restaurent fort le corps, les ameres et pungitives ne
restaurent guaires, et pour ce que les raves sont plus doulces que

toutes aultres racines et moins pongitives, elles ont cours come aultres viandes, mais elles engendrent gros sanc melancolique se la digestive est debile. Et c'est chose utile de les depurer de la premiere eaue et nullement ne se doivent mengier crus. Et incite l'omme a luxure, et mondifie les voyes urinales.

> Egeritur tarde cor, digeritur quoque dure;
> Similiter stomachum, melior sit in extremitates.
> Reddit lingua bonum nutrimentum medicine.
> [65v] Digeritur facile pulmo, cito labitur ipse.
> Est melius cerebrum gallinarum riliquorum.   (145-149)

En ce texte present ·v· proprietés du ceur sont declarees. La premiere est que le ceur de toutes bestes est de tardive digestion et aussi de tardive egestion. Et la cause est car de ceur est chair melancolique qui difficilement se digere, et tard descent de l'estomac et des intestins. Et la chair en est mauvaise, selon Avicenne au chapitre de la chair au second livre, et est de petite nutrition, comme dit Rasis au iiie livre d'Almasor. La seconde est que l'estomac semblablement est mal a digerer et tardif a descendre. La cause si est car l'estomac est membre nerveux, cartilagineux, et pour ce est difficile a digerer. Et pour une mesme raison engendre mauvais sanc. En aprés dit le texte que les extremités[209] de l'estomac, comme le foye et l'orifice, sont plus faciles a digerer a cause que icelles parties sont plus grasses et plus charnues. La tierce est que la langue est de bon nourrissement, principalement la partie vers la racine, c'est assavoir la gule, come veult Avicenne au second canon au chapitre de la chair. Et la cause si est car c'est partie charneuse facile a digerer. Et entre les langues la langue du pourciau, quant la piau est rotye, est equiparee a la chair d'un ver,[210] comme sçavent les trancheurs des roys et des grans princes. Toutesfois la langue du beuf n'est pas fort saine a cause de sa grande humidité. Les gens gloutons et ceulx qui volentiers mengeussent langues avant le rotissement et assation emplissent des cloux de geroufles affin que [66r] par la vertu des cloux l'umidité en partie soit consumee et sont convenables a mengier. La quarte est que le polmon est de legiere digestion et de facile egestion a cause que de sa nature il est mol. Toutesfois son nutriment n'est pas convenable a nature humaine, car il est fleumatique et de petit nutriment, come dit Avicenne au iie livre au chapitre du polmon. Et environ ce est a noter que jaçoit ce que le polmon du mouton ne soit pas bon mengier, <u>non obstant</u> c'est medicine bonne et proufitable aux excoriations du talon faicte des soliers quant on l'applicque chault dessus, comme dit Avicenne au chapitre dessus allegué. Le ve: que le cerveau de geline ou poullé est le meilleur entre les cerveaulx, duquel dit Avicenne au second livre qu'il reserre le fluyt de sanc de narilles, et se doit avec sel ou espisses mengier a cause qu'il est vomitif. Et est a noter que les medecins disent que le cerveau du poullet augmente la memoire et que le cerveau des porcs ne sont pas convenables a l'omme, mais le cerveau du mouton et du lievre et du connin, avecque sel ou espisses, peult aulcunement convenir a l'omme et estre mengié. Et du cerveau a esté dessus declaré.

Semen feniculi fugat et spiracula culi. (150)

En ce present texte est mis ung enseignement, et est que la semence de fenoul, nommé <u>maratrum</u>, expulse les ventosités ou dissoult; la cause si est car il est chault et sec et carminatif. Et env[i]ron ce est a noter que selon plusieurs medecins quatre utilités viennent de user [66v] de la semence de fenoul nommé <u>maratrum</u>. La primiere cy est qu'elle est profitable es fievres. La seconde est qu'elle degaste et deboute le venin. La 3e est qu'elle mondifie l'estomac. La iiiie: qu'elle aguise la veue. Et de ces utilités sont escrips telz vers communs, "Bis duo dat maratrum, febres fugat atque venenum; et purgat stomacum, lumen quoque reddit accutum."[211] Et ycelles mesmes utilités met Avicenne au second livre au chapitre du fenoul. Et environ la quarte utilité est a noter au chapitre du fenoul, la ou dit Avicenne: ainsi Democritus disoit que les vers venimeulx mengoient la semence du fenoul recente affin que leurs veue fusist renfortee, et les serpens et couleuvres touchoient leurs yeulx encontre le fenoul quant elles yssoient de leurs cavernes après l'iver affin que leurs yeulx fussent clersis et allumés. En oultre est a noter que le fenoul est de tarde digestion et donne aulx corps petit nutriment; pour ce ne compete pas aulx corps pour viande mays pour medicine. Du fenoul donques nul n'en doibt user en regime conservative de sancté fors que pour preserver et[212] corrigier les malices d'aulcunes viandes, comme nous meslons du parcil avec laictues pour oster en partye la froydeur et humidité des laictues; ainsy pareillement avecque caturbites ce peult mesler fenoul et ausi avecq raves pour corrigier leurs nocumens.

    Emendat visum, stomacum confortat anisum;
    Copia dulcoris anisi sit melioris. (151-152)

En ce texte sont mises deux utilités d'aniz. La premiere est que l'aniz conforte la veue. La seconde: que [67r] l'aniz conforte l'estomac. La rayson est car l'aniz mundifie l'estomac des superfluytés fleumatiques et eschauffe. Et pour ce est utile a la veue car yl n'est riens plus nuysable a la veue que l'immondice de l'estomac, car de l'estomac plain de suparfluités se eslevent fumees caligineuses, nuysables aulx yeulx, faisant turbation aulx esperis visibles. Et ces deulx utilités fait l'aniz doulce. Et oultre ces utilités Avicenne, au second livre au chapitre d'aniz, met plusyeurs aultres utilités de l'aniz, car Avicenne dit qu'il est sedatif de doleurs, resolutif de ventosités, et appaise le soif causee per humide salce, et est aperitif des oppillations du foye, de la ratelle, des rains, de la vescie et de la matrice, et provoque l'urine et le menstrue, et mondifie la matrice des fleurs blances et destruit luxure.

    Si cruor emanat spodium sumptum cito sanat. (153)

En ce texte est mise une utilité de spodium. Et est que spodium prins restraint le flux de sanc a cause qu'il a proprité

grande de conforter le foye, et ainsi le foye reconforté a cause du
spodium retient le sanc duquel il est la fontaine et originement;
dit Avicenne au second livre au chappitre de *spodium* que *spodium*
sont racines de canne brullees. Et dit on que ycelles racines ce
adurent et brullent par frication de ces extremités, l'une contre
l'autre, quant le vent les souffle et esmeult. Toutefoys Simon
Janneuse dit que *spodium* est chose de laquelle l'originement nous est
occulte, *non obstant* ce semble avoir chose aduste fait par combustion
des cannes. [67v̄] Et notés que *spodium* ne confere point seullement au
fluy de sanc, mais aussi au fluy suparfluy du ventre et au vomissement, comme tesmoingne Rasis au iiie livre d'*Almasor*. Et confere aux
fievres agues, et conforte le ceur, et au defaillement de ceur et
tremeur fait par effusion de colere du foye, a l'estomac donne grant
aydement, comme veult Avicenne au chapitre allegué. Et est a noter
environ les choses dessusdictes comme *spodium*, a aspect et proprieté
de conforter le foye. Semblablement ilz sont aulcune medicines ayant
proprietés [de] conforter aultres membres, come macis conforte le
ceur; le mus, le cerveau; le regolisse, le polmon; les cappres, la
ratelle; galingal l'estomac, come appert en iceulx vers, "Gaudet
epar[213] spodio, mace cor, cerebrum quoque musco, pulmo liquiria, splen
cappare, stomachus galanga."[214]

    Vas condimenti preponi debet edenti;
    Sal virus[215] refugat et non sapidumque saporat,
    Nam sapit esca male que datur ab[s]que sale.
    Urunt persalsa visum, spermaque minorant,
    Et generant scabiem, pruritum sive vigorem. (154-158)

En ce texte trois choses declare l'acteur. Premierement met
ung enseignement general observé de toutes gens, et est que la saliere
ou le sel se doit premier mectre a la table, come dit le commun vers,
"Sal primo poni debet, primoque deponi,"[216] car table sans sel est mal
paree. Secondement enseigne l'acteur deux utilités du sel. La premiere est que le sel resiste contre venin pour deux causes: La pre-

miere est car il est decicatif, et par [68r] secheresse yl deseche les humidités desquelz ce peult ensuivre corruption. L'autre cause est pour ce que le sel comprime les humidités en les tirant hors, et ainsi clost les conduys du corps, et pourtant il prohibe la penetration du venin qui ce fait par les conduys ouvers. La 2e utilité du sel est que le sel fait saveur es viandes, car experiance le demonstre que nulle viande n'ont saveur sans sel, comme dit le tiers vers du tex. Tiercement l'acteur met quatre nocumens du sel et des viandes fort salees. Font peril [a] la veue pour deux raisons: La premiere est pour ce que les viandes fort salees font venir les yeulx a trop grande sceicheresse, laquelle leur est moult contraire, car il sont de nature d'eaue, comme dit le philosophe au <u>De sensu et sensato</u>. La 2e cause est car les viandes fort salees font pourritures[217] et mordications, comme devant a esté declaré, que[218] des viandes mordicatives et pourritures estant en l'estomac, font vaporations et fumees mordicatives nuysant fort aux yeulx et a la veue et les font enrougir. Le second nocument est que les viandes fort salees diminuent la semence de l'omme a cause qu'il desceichent fort toutes humidités du corps. La iiie est que le sel et viandes fort salees engendrent rongnes a cause qu'il fait les humeurs adustes, salsés et mordant, et telz humeurs sont cause des rongnes et pourritures, et yceulx ·iiii· nocumens a escript Rasis au iiie livre d'<u>Almasor</u>, quant yl dit: le sel fait le sanc aduste et debilite la veue d'iceluy qui en prend grande quantité et diminue la semence et engendre pourritures et rongnes. Et oultre yceulx nocumens les choses moult salees font l'omme serpineux et venir mor [68v] pheer et lepreux, especialement es corps disposés, et font excoriation des rains et de vescie; toutesfois les choses salees attrempeement garissent l'estomac facheulx et aguise et incitent l'apetit.

    Hi fervore vigent tres:salsus, amarus, acutus.
    Alget acetosus, sic stipans, ponticus atque;
    Unctus et insipidus, dulcis dant temparamentum. (159-161)

En ce texte sont mises les qualités des saveurs. Et premier dit l'acteur que trois saveurs, c'est assavoir saveur salsé, saveur amere, et saveur ague, escauffent le corps d'icelluy qui le prent. Secondement dit que ses trois saveurs, come saveurs aceteulx, saveur stiptique, et saveur pontique, refroidissent le corps. Tiercement il dit que trois[219] saveur, comme saveur unctueux, saveur insipide et saveur doulce, sont attrempé, car il n'eschauffent ne effroidissent le corps humain. Et pour plus ample entendement est a noter que selon Avicenne au second canon au second traicté, au chapitre viiie sont ·viii· saveurs qu'il enseig[n]ent la saveur insipide.[220] Et sont doulceur, amertune, aguit, salure, acetosité, ponticité, stiptique, et unctuosité. Toutefois en comptant saveur insipide pour saveur, come fait le texte, il sont ·ix·. Et doncques saveur est prinse pour toute chose qui minuent le goust de l'omme. Et de ses saveurs les trois sont chault, c'est assav[o]ir saveur salsé, saveur amere et saveur ague. Et selon Avicenne au chapitre allegué de saveur, ague est le plus chault, en aprés saveur amere, et puis la salsé, car les choses agues sont les plus fortes a resolver, inciser et abstergier que [69r] les choses ameres, en aprés les choses salees sont comme les choses ameres refrenees avec humidité froide. Et trois d'icelles saveurs sont frois, c'est assavoir aceteulx, stiptique et pontique. Et le pontique est le plus froit, en aprés le stiptique et dernier l'aceteulx. Et pour ce en tous fruis qui acquirent doulceur premier y est saveur pontique de grande refrigeration. En aprés quant le soleil a aulcunement digeré le fruit par sa chaleur et influence digestive, le fruit est de saveur stiptique, en aprés decline et vient a aceteusité comme fait verjus, en aprés de doulceur. Et jaçoice que les choses acet[e]uses soient mains froides que les stiptiques, toutesfois a cause de sa grande subtilité et penetration communement il est de plus grande infrigidation selon Avicenne au chapitre allegué. Pontique [et] stiptique sont en saveur prochain, mais stiptique retraict et fait aspre la langue en la partie superficiale seulement, mais saveur pontique fait la langue retraire et aspre en la partie superficiale et es parties interiores. Et trois de ces saveurs sont atrempés,[221] car il ne sont pas de grande chaleur ne de grande froideur, come saveur doulce, unctueulx et insip[id]e; et jaçoice que le saveur doulx soit chault,[ ]toutefois[222] n'y a point grande chaleur, comme dit Rasis au iiie livre d'<u>Almasor</u>. Et oultre est a noter que ung chascun saveur a propres operations, comme veult Avicenna et Rasis allegiés [223] es lieux dessudites. Les operations de saveur doulx sont digestion, lenification et multiplication de nutriment, et nature l'ayme et le tire a lui par sa vertu attractive. Et selon Rasis choses doulces engendre colere et opilation au foie et en [l]a ra[69v]telle, et par especial ce les membres sont assés enclins par leur nature, et fait fluy de ventre et mollifie l'estomac, mays il confere au polmon et a la poytrine, et engraisse le corps et augmente le sperme. Les operations de saveur amer est abstertion, exasperation. Et selon Rasis il eschaufe et desceiche fort et fait incontinent le sanc aduste et venir a grand malice, et augmente la colere et le sanc. Les operations de saveur pontique selon Avicenne est contraction quant la pontifice est debile et expression quant elle est forte et vertueuse. E[t] selon Rasis saveur pontique refroide et desceiche le sanc et le brulle, car il diminue celuy qui en use souvent, il conforte l'estomac, et restraint le ventre et engendre sanc melancolique. Les operations de saveur stiptique selon Avicenne sont contraction, inspiration, induration et retention. Et selon Rasis les operations de saveur stiptique sont semblables aux operations pontiques, mays ilz sont plus debiles car il comprent et retient la saveur stiptique sur le pontique, car de saveur stiptique il n'en dit rien textuelement. Les operations de saveur unctueulx selon Avicenne sont lenification, lubrication et digestion petite, et selon Rasis saveur unctueulx mollifie l'estomac et fait fluy de ventre, et fait l'omme emflé et remplit devant qu'il ayt prins quantité de viande a luy necessaire, et eschaufe principalement les febrycitans et ceulx qui ont le foye et l'estomac eschaufé. Et fait le corps humide et le ventre lubrique et froit, et augmente le fleume et le somme, et le sens cogitatif endort. En aprés, les operations de saveur [70r] agutz sont resolution, incision et putrefaction, selon Avicenne. Et selon Rasis saveur agu augmente la chaleur et incontinent emflame le corps, et rend le sanc aduste, et le convertit premier en colere et aprés en melancolie. Les operations de saveur salsé selon Avicenne sont obstertion, ebulition, excication[224] et prohibition de putrefaction. Les operations de saveur aceteulx selon Avicenne sont infrigidation, incision; et selon Rasis saveur aceteulx[225] refrene la colere et le sanc, et restraint le ventre se l'estomac et les intestins sont premier mondifiez et se matieres fleumatiques y[226] sont, il fait fluy de ventre et refroide le corps, et debil[it]e la vertu digestive et proprement du foye, et blesse membres nerveulx et deseche le corps, mais il excite la vertu appetitive des operations de saveur inscipide. Dit Rasis que aulcune chose insipide gouverne fort, comme celle qui est quasi equale reschauffe attrempeement et l'aultre refroide aussi attrempeement, et se grande humidité y est conjoincte elle fait le corps humide et secheresse y est adjoustee.

Bis duo vipa facit: mundat dentes, dat acutum
Visum, quod minus est implet, minuit quod habundant. (162-163)

En ce texte sont mises quatre utilités que fait la souppe en vin. La premiere est que elle mondifie les dens a cause que le pain adhere aux dens plus long temps que le vin seul sans pain, et ainsi les immundices et limosités adherantes aux dens en sont mieulx consumees et purifiees. La seconde: qu'elle aguise la veue et prohibe les fumees caligineuses adscen[70v]dre aulx cerveau qui offusquent les esperiz visibles[227] a cause que la soupe en vin digere les humidités estant en l'estomac. La tierce est qu'il accomplist la digestion des viandes mal digerees et clot l'orifice de l'estomac. Le quart est que les choses trop digerees,[228] la soupe leur reduit a bon moyen, et tout ce est veritable de la soupe de pain faicte en vin quant le pain est roti sur les charbons ou desceiché.

Omnibus assuetam iubeo servare dietam;

Approbo sic esse, nisi sit mutare necesse.

Est Ypocras testis quoniam sequitur mala pestis.

Fortior est meta medecine certa dieta;

Quam si non curas, fatue regis et male curas.   (164-168)

En ce tex sont mis aulcuns enseignemens. Le premier est que ung chacun doit garder bonne diete acoustumee. Et par diete on doibt entendre aministration de boyre et de mengier. Et la cause de celuy enseignement est car de trangresser la diete acoustumee nuyst grandement car coustume est la seconde nature, et pour ce come il fault garder nature, il convient de garder coustume c'elle est louable. Et comme il fault garder la diete acoustumee de boire et de mengier, semblablement il fault garder la coustume es aultres choses non natureles pour une mesme raison. Exemple: ce aulcun a acoustumé de fort labourer et veult delaissier icelle coustume et vivre hoiseux, et qu'il face aultre espesse de labeur et en aultre temps, sans doubte il en vient fort debile. Et semblablement s'entend en boire, en mengier, et en dormier, et en velier, en evacuation, et replexion, et es accidens de l'a[71r]me, car en toutes choses ce doibt garder coustume c'elle est louable ou qu'elle ne soit point fort malicieuse. Et environ ce est a noter que gens acoustumés de ex[er]citer et labourer en certains labeurs et excercicez acoustumees, jaçoice qu'ilz soient plus debiles ou vieulx, mains ce bleissent et labourent mieulx qu'ilz ne feroient c'yl estoient jeunes et point acoustumés. Et ce veult Yposcras en la seconde particule des <u>Anforismes</u> quant yl dit: "Assueti assuetos ferre labores, et si fuerunt inbeciles aut senes, insuetis fortibus et iuvenibus facilius fuerunt." La cause cy est car yceulx ont grande inclination et accoustumance a yceulx labeurs et coustume passé longtemps eue est de legiere a faire,[229] come est declaré au coment dudit anforisme. Et ce est la cause que nous veons aulcuns hommes, debiles et vieulx, de faire et excerciter aulcune oeuvre mechanique, lesquelz ne sa[u]roi[e]nt faire gens jeunes et plus fort que eulx et en sont mains bleischez, come nous veons ung monnier

debile vieulx lever ung sac de bled que ne sa⌈u⌉roit faire plus fort
que de luy, et veons ung marichal mains bleché de frapper longtemps
du martel que ung point accoustumé.[230] Le second enseignement est que
grand nuysement s'ensuit de parmuer la diete acoustumee, comme veult
Ypocras, ce necessité ne constraint de le muer. Et est necessaire
de le parmuer primierement quant elle est fort malicieuse, comme ce
on en parvenoit a mauvaises maladies et mortelles, comme la coustume
de mengier mauvaises viandes qui en la fin mainent de leur nature
l'omme es pigricités et maladies parmueuses, comme veult Avicenne en
la troi⌈si⌉esme distinction [71v] du premier au chapitre de boire et de
mengier, et telles coustumes et samblables c'est chose necessaire de
les corrigier et parmuer non pas subitement mais petit a petit, car
toute mutation subite nuyst grandement et par especial de choses
acoustumees en choses point acoustumees. Secondement il est necessaire de le parmuer affin que on soit moins blessé de la chose point
acoustumee, se en aprés il se failloit partransferer et transporter.
Se aulcun acoustumé de mengier ou boire de toutes choses moins d'icelle
chose, sera blessez quant luy en fauldra prendre. Et se samblablement
se doit entendre en toutes choses non naturelles. Et c'est ce que dit
Ypocras en la seconde partie des Anfforismes: les choses de longtamps
acoustumees, jaçoit ce qu'elles soyent pires que les choses non
acoustumees, mollestent moins le corps humain, et pour ce c'est chose
necessaire de se transporter a choses non acoustumees. Et environ ce
est a noter que ung chescun se doit garder qu'il ne face coustume de
quelque chose du monde combien qu'elle soit bonne, laquelle il luy
soit necessaire de garder. Exemple: ce aulcun use tousjours d'une
viande acoustumee ou d'un breuvaige, ou totalement s'en abstienne, ou
de se dormir, ou d'avoir compagnie a femme, il est totalement acoustumé, et a ce grandement est constraint; tresgrant inconvenient en
viendra se aulcunefois il est contraind de s'en abstenir, doncques ung
chascung corps se doit disposer de supourté le froit, le chault, le
dormir, le veillier, et toutes viandes et breuvaiges, affin qu'il
puisse muer de l'un a l'autre sans lesion de son corps, laquelle [72r]

chose ce peult faire ce coustume n'est point totalement gardee; mais aulcunefoys ce fault transmuer aux choses point acoustumees, et ce veult Rasis au iiii[e] livre d'<u>Almasor</u> au chapitre de conserver les coustumes. Le iii[e] enseignement est que la plus seure et principale voye en medicinant le malade est assavoir administrer la diete convenable et certaine, laquelle ce le medecin ygnore et administre diete non convenable, il destruit le malade et fait perir, se nature n'y obvie par sa vertu, et environ ceste diete est a noter que la diete est triple, c'est assavoir diete grosse, comme la diete des gens sains, et diete fort soubtile, laquelle est de rien donner ou quasi, et l'autre diete moyenne, laquelle est nommee en medicine diete soubtile. Et ycelle diete soubtile est divisee en diete soubtile declinant a grosseur, comme est brouet de cha[i]r, eufz sorbiles et poussins, et en diete declinant vers la diete fort soubtile, comme est tisanne et vin de pomes de granates, et en diete moyenne nommee en medicine certaine, comme est tisanne non coulee et les extremités des poussins, et ceste diete certaine communement ce doit administrer es maladies agues, et non pas es maladies croniques, car en ycelles maladies, la vertu avec diete certaine ne pouroit parvenir jusque a la fin de la maladie, et pour ce diete declinant a grosseur y[231] competent. Semblablement diete certaine ne convient pas es maladies fort agues, qui ce terminent au quart jour ou devant, mais en ycelles convient diete fort soubtile come rien donner ou quasi, come veult Ypocras en la premiere particule des <u>Anforismes</u> quant il dit: es maladies dernieres, c'est assavoir fort agues, la der[72v]niere curation, c'est assavoir la darniere diete: come rien donner ou puissance de les guarir.[232]

    Quale? quid et quando? quantum? quotiens? ubi dando?
    Ista notare cibo debet medicus dietando. (169-170)

En ce texte sont declarés ·vi· choses, lesquelles doibvent considerer les medecins pour administrer diete convenable. La premiere est que le medecin doit considerer la qualité[233] du boire et du mengier, car es maladies chauldes doit admin[i]strer le medecin

diete froide, et es maladies froides diete chaulde, es maladies humides
diete sceches, et es maladies sceiche diete humide; toutefois la com-
plextion naturele doit estre gardee par diete a luy semblable, come
veult Galien au iii[e] livre de Tegin quant il dit que les corps chaulx
doibvent estre gardés par choses chauldes, et les corps frois par
choses froides. La seconde: que le medecin doit considerer la substance du boire et du mengier, car les rustiques et aultres gens de
grande labeur et excercité doibvent estre refectionés de viandes plus
grosses, car [en] yceulx la vertu digestive est forte et ne doit pas
user de viandes subtiles, come sont poussins, chapons et chair de viau,
car icelles chairs ce brullent en l'estomac ou incontinent ceroient
digerees et ainsi seroit chose necessaire de les souvent refectioner.
Les nobles et ceulx qui vivent d'oiseaulx doivent user diete [de]
soubtile substance, car en eulx la vertu digestive est debile, et ne
peult digerer grosses viandes, comme sont chers de porcz salees et
chairs de beuf, et de poissons qui desceiche. Semblablement les
malades[234] de maladies aguees doibvent [73r] user de diete plus subtile que les malades de maladies croniques, come sont quartes.[235] Le
tiers que doit considerer le medecin c'est le temps, c'est assavoir en
quelle heure la diete ce doit amin[i]strer, car es gens sains la coustume principalement y doit estre attendue, come en esté les gens levés
ou poin du jour, et ont acoustumé de mengier deulx fois le jour, ce
doibvent repestre a dix heures ou ung petit devant sans attendre mydy
et la grande chaleur du jour. Semblablement doibvent souper a six
heures ou ung petit aprés. En yver doibvent disner[236] a ·xi· heures
ou environ. La consuetude doit estre gardee. Es malades semblablement doit on considerer le temps, car quant les febricitans ont leurs
faces, parexismes ou acerbations, on ne leur doit donner diete que[l]-
cunque devant ne aprés par petit de temps, car nature, qui est plus
soliciteuse de la digestion de la viande, [est divertie] de la digestion[237] en partie de la mati[e]re de la fievvre par quoy la fievvre en
est prolongié, et pour ce devant ne ce doit pas exiber, ne aprés par
petit de temps, car encore nature est debilitee a cause du paroxisme,
donques[238] le febricitant prengne sa diete en telle maniere et en

heure que la viande soit digeree devant que vienne le paroxisme ou après quant nature cera auscunement reduitte en disposition naturelle. Et ce doit entendre quant il n'y a cremeur quelcunques[239] de grande debilitation de vertu, car ce cremeur y[240] avoit il fauldroit diete nature[lle][241] a toutes heures que nature seroit dissolue et fait debile, car quant les accidens dissolvent la vertu incontinent, doit estre diete donné come veult Galien au comment d'ung anforisme en la premiere particule. La quarte chose est qu'il fault considerer la quantité de la viande, [73v] car on doit prendre petite quantité de viande en esté en une fois a cause que la chaleur naturelle en esté est debile et fort resoluee de la chaleur du souleil. Et en yver on doit prendre grande quantité de viande en une fois, car la vertu digestive adoncques est forte a cause que la chaleur naturelle est unye par le froit extrinseque come a esté declaré en ung texte, "Temporibus veris . . . ."[242] La quinte chose est qu'il fault considerer quantesfois il fault prendre son repas le jour, car en esté c'est chose necessaire de estre plus souvent repeu que en yver, autonne, et printemps, jaçoit ce que le repas soit petit a chascunefois, comme est declaré. Semblablement quant la vertu digestive est debile, souvent et peu doit estre refectionee, mais quant elle est forte en grande quantité et peu souvent [doit estre refectionee]. La vi^e est en quel lieu, car en lieu ne fort froit ne fort chault, mais en lieu attrempé.[243]

    Ius caulis solvit, cuius substantia stringit,[244]
    Utraque quando datur, venter laxare paratur. (171-172)

En ce texte l'acteur dit trois choses. La premiere: que le brouet de choux laiche le ventre, a cause que les parties suparficiales des choux est vertu nitreuse et abstersive, de facile separation, en petite decoction, laquelle vertu reduite par decoction en l'eaue le fait laxative. Et pour ce la premiere decoction est plus laxative que la seconde, a cause que ladicte vertu abstersive en plus part[245] par la premiere decoction est separee. La seconde est que la substance des choux aprés la decoction faicte, restraint le ventre,

car il sont de substance terrene, sei[74r]che, laquelle restraint.[246]
La iiie est que le brouet et les choulx prins ensemble laichent le
ventre a cause que la vertu laxative du brouet est plus forte que la
vertu restrainctive des choux. Pour grande declaration est a noter
que les choux engendrent humeurs melancoliques et songes mauvais, et
nuysent a l'estomac, et sont de petit nutriment,[247] et font la veue
obscure, et provoquent les menstrues, et l'urine, comme avons prins
d'Avicenne et de Rasis en partie.[248] Secondement est a noter que le
mengier des choux ou de la decoction ou semence, retarde et prohibe
l'omme de venir yvre, comme escript Aristotiles en la iiie partie des
Problenmes,[249] ou il demande pour quoy retarde les choux de enyv[r]er
l'omme, et ce mesme dit Rasis et Avicenne es chapitres diz. La cause
cy est selon aulcuns: après que les choux sont mengiés, s'engendrent
grosses fumees et vapeurs, lequelz surmontent le vin et ne peulent
penetrer au cerveau, et ainsi retarde ou prohibe de enyvrer. Le
philosophe en son problenme[250] donne aultre raison, et dit que une
chascune chose qui tire la humidité du vin a luy et expelle hors du
corps et refroide le corps prohibe l'omme d'enyvrer, et les chous sont
de telle nature il preuve, car par le brouet ou jus des choux, qui est
di[u]retique, sont tirees les humidités et fumees du vin indigeste de
tout le corps, et sont provoqués en la vesie et par la substance
froide, nature terrestre stiptique delaisse l'estomac qui ne peult
penetrer, refroide tout le corps, et ainsi prohibe ebrieté et crapule
par telle maniere, car les suparfluités subtiles, qui ne peulent descendre en bas a cause de la chaleur du vin, les esmouvent vers les
parties superiores, [74v] comme au cerveau sont menees et compressees
en bas, et par la vertu du jus et du brouet des choux sont provoqués
en la vescie, car il est di[u]retique et provoquatif de menstrue,
comme il est declaré.

>Dixerunt "malvam" Veteres quia molliat alvum.
>Malve radices rese[251] dedere feces,
>Vulvam moverunt et fluxum sepe dederunt.   (173-175)

En ce texte sont mises trois proprietés et operations que font les m[a]ulves. La primiere est que la maulve mollifie le ventre, car c'est une des medecines remollitives, car il sont quatre medecines remollitives, c'est assavoir maulve, bismaulve, la marcure ou vinette, et brache ursine,²⁵² desquelles communement sont faites cristeres remollitives pour lachier les feces endurcies. Et est de deulx manieres de maulves, c'est assavoir une portant les fleurs rouges et l'autre les fleurs²⁵³ blances, et icelle est plus grande vertu a mollifier que en la premiere. La seconde operation est que les rachines mondifiés des maulves laichent les feces quant d'icelles sont fait suppositoire, comme est de coustume de faire de la racine de la mercuriale. La iiie operation est que la maulve fait fluyr les menstrues des femmes par sa grande humectation et lubrication et operation des vaines de la matrice, come Plataire et aussi comme experience demonstre.

Mentitur menta si sit depellere lenta;
Ventris lu[m]bricos stomachi vermesque nocivos. (176-177)

[75r] En cellui texte l'acteur met ung enseignement de la mente, et dit que la mente ne ce doit pas nommer mente ce elle n'avoit la vertu de occier les vers du ventre et de l'estomac, car la mente est de grande aromacice et fort amere, et come le fort fait mourir les vers, semblablement fait la mente et la decoction d'icelle, ce doit exhiber come de fort et non pas la substance. Il est a noter, toutefois, qu'elle est fort chaulde et sceiche, et brulle le sanc et ne ce doit pas user par maniere de viande et pour conserver sancté, mais pour preserver ou garir, car il conforte l'estomac et l'eschauffe et oste le sanglout, et digere et prohibe le vomissement de sanc et de fleume, et incite luxure par sa ventosité et humidité, et confere a rascement de sanc et a morsure de chien enragé, et est prop[r]e a ce, et c'elle est mise en laict, il ne ce peult reguler, come dit Avicenne au iie canon au chapitre de la mente.

LE REGIME TRESUTILE

> Cur moritur homo cui salvia crescit in orto?
> Contra vim mortis non est medicamen in ortis.
> Salvia confortat nervos, manu[u]mque tremorem.
> Tollit et eius ope febris acuta fugit.
> Salvia, castore[u]m, lavendula, premula veris,
> Nasturtium, athanasia sanant paralitica membra.
> Salvia salvatrix, nature consiliatrix!   (178-184)

En ce texte principalement [l'acteur] fait[254] trois choses. Premierement il demonstre la grande utilité de la saulge, et demande par maniere de doubte pour quoy meurt l'omme quant en son gardins croist la saulge. A ce respont au second vers que es gardins croit medecine nulle qui peult prohiber la mort, jaçoice que es champs et gardins croissent medecines qui defendent la putrefaction du corps, et [75v] qui puisse prohiber la putrefaction des humeurs et aussi prohiber que la humidité nature[lle] ne soit tantost consumee. Et ce enseigne Avicenne en la iiie distinction du premier au chapitre singuler quant il dit: l'art de medecine n'est pas science pour faire l'omme inmortel, ne pour faire seneur des choses extrinseches nuysantes, et ne peult faire vivre ung chascun homme jusques au dernier terme de la vie qui est selon l'espesse de l'omme, mais deulx choses nous donne seureté, c'est assavoir prohibition de putrefaction et deffention que la humidité naturele ne soit tantost resolue. Secondement met trois operations de la saulge. La primiere est que la saulge conforte les ners, car elle desceiche les humidités par lesquelles les ners sont[255] relaichiés. La seconde est qu'el oste le tramblement des mains a cause qu'elle conforte les mains, et toutes medicines confortatives des ners ostent le tramblement des membres, car tramblement est causee par debilitation de ners. Et pour ycelle cause aulcuns gens vieulx, et par especial femmes, mettent en leur boire ou mengier de la saulge. Le troisi[es]me est qu'elle deffent de venir la fievre car en descechant les humeurs garde les humeurs de putrefier, laquelle putrefa[c]tion est cause de fievres. Et pour plus grande declaration est a noter que la saulge est chaulde et sceiche, et pour

ce ne compete pas ou corps en maniere de viande mais pour ce qu'elle
conforte moult les ners. Les gens sains aussi ont de coustume de en
user en deulx manieres: premierement en faisant d'icelle ung espesse
de vin nommé vin de saulge, duquel usent plusieurs[256] gens, par especial au commen[76r]chement du repas, et est utile yceluy vin a gens
paralitiques, explenetiques,[257] quant il est prins atrempeement et
après la purgation de la matiere accedente. Secondement usent de la
saulge en leurs sauses, car il excite l'appetit par especial quant
l'estomac est replet de hume[u]rs crus et indigestes. Et en est de
deux espesses: c'est assavoir domestique, et a les fuelles larges et
grandes; l'autre vulgarement est appellee noble, et a les fuelles
maindre et plus estroite, et est appellee des medecins lilifagus.
Tiercement l'acteur met ·vi· medecines profitables a curer paraligie,
et dit que la saulge, les coulons d'un castor, lavende, premula veris,
nasturcium, et tanesie garissent les membres paralitiques. De la
saulge les causes sont suffisanment declarees, et a[i]nsi par sa chaleur et secheresse[258] consume les humidités fleumatiques inhibees es
ners, qui sont cause de paralisie. Des coullons du castor c'est chose
manifeste, car il sont confortatifz et eschauffent et desceichent les
ners, car Avicenne dit que c'est la medecine plus calefactive et
desiccative que toutes aultres medecines, et dit qu'elle est utile es
ners et tremeur, et spasme humide, et a endormissement, et a paralisie.
Et dit en après qu'il n'y a medecine semblable a luy pour resolver la
ventosité des oreilles quant on en prent la quantité d'unne lentile
dissoluee en huile, et semblablement huile de castor est fort utile en
paralisie, comme le castor après evacuation faite, car elle consume la
residue et conforte les ners. La lavende semblablement, par sa vertu
aromatique et chaleur, conforte les ners et consume la matiere de
paralisie. Semblablement est de [76v] premula veris, et est ainsi
appellee pour ce que c'est la premiere venant hors de terre en printemps.[259] Le nasturtium come les aultres est chaulde et seiche, sub-
tiliatifz, et incisif, et resolutif des matieres faisantes paralisie,
et conforte les ners. Et dit Avicenne au second livre au chapitre de
nasturtium[260] qu'il est utile a toutes mollifications de ners et boute

hors les fleumes et mundifie les ners. Et pour ce conseillent les medecins de user de nasturcium a cause que les viandes sont fleumatiques, et est nasturcium une herbe commune qui croist es lieux fors frois, aquatiques et petreus. La tanasie aussi est herbe ayant une vertu de purgier les fleumes et de part sa vertu decicative deseiche les ners et aussi purge les vers et la matiere de laquelle sont engendrez. Et pour ce les Fransois communement en usent es jours paschalz et le frisent avec les eufz pour purgier les fleumes engendrez du poisson en karesme, desquelles facilement se engendrent vers es corps disposés. Et en la fin du texte l'acteur dit que saulge est diete quasi la garde de nature.

> Nobilis est ruta quia lumina reddit acuta;
> Auxilio rute, vir quippe, videbis acute.
> Ruta viris coitum minuit, mulieribus auget.
> Ruta facit castum, dat lumen et ingerit astum.
> Cocta facit ruta de pulicibus loca tuta.   (185-189)

En ce texte declaire l'acteur trois operations de la rue. La premiere est: elle aguise la veue et proprement le jus d'icelle, comme dit Avicenne au second canon au chapitre de la rue, et aussi a esté declaré en ce texte, "Allea, [77r] nux, ruta . . . ."[261] La seconde operation est que la rue oste le desir de luxure es hommes, mais es femmes il augmente, a cause que la rue par sa chaleur et sceicheresse diminuyt la semence de l'omme qui est soubtil et de nature de l'air, mais es femmes il le soubtile et eschaufe, car leur semence est aquatique et froide, et pour ce il incite les femmes a luxure par la subtiliation et calefaction que fait la rue en leur semence. La troiziesme operation est que la rue fait l'omme agut et soubtil et inventif de moien en cause fort obscure a cause qu'elle fait les esperis soubtilz par sa calefaction et desiccation, et ainsi clarifie l'engin. La quatriesme est que la decoction de rue fait fuir les pussees quant la maison en est arosee, car il les fait morir, comme disent les medecins. Et selon Avicenne en la vi^e distinction du quart livre, au chapitre de faire fuir les puces: quant la maison est arosee de la decoction de colloquitide, les puces s'enfuient, et semblablement de la decoction de l'eglentier. En aprés dit Avicenne: aulcuns dient que quant le sanc d'un bouc est mis en la maison dedans une fosse, les puces ce assemblent illec, et puis meurent. Et semblablement il ce assemblent sur ung bois oinct de grasse de herisson et fuient l'odeur des choux et de oleandre. Et selon aulcuns il n'est riens qui face plus fuir les puces que les choses de forte odeur. Donques est bonne la rue, la mente, les houbelons, et surtout est de grand valeur les feces et l'orine du cheval. Item, quant la maison est arosee de la decoction de semence des raves, elle fait mourir [77v] les puces, et se on fait fumee du corne de toureau en la maison les puces s'enfuiront. Pour les prendre il n'est rien meilleur que mettre du cotton dedans le lit, car dedans s'asembleront.

> De cepis medici non consentire videntur,
> Colericis non esse bonas, dicit Galienus,
> Fleumaticis vero multum docet esse salubres,
> Presertim stomacho, pulchrum creare colorem.
> Contricis cepis loca denudata capillis,
> Sepe fricans, poteris capitis reparare decorem.   (190-195)

En ce texte l'acteur fait mention des oignons et declare ·v· choses. La premiere est que les medecins sont discors de la nature des oignons, car aulcuns disent[262] que non, come fait Rasis, car il dit au iiie livre d'Almasor qu'il engendrent humeurs suparflues et fleumatiques en l'estomac. La seconde est: Galien dit que les oignons sont fort nuysables aux coleriques. La cause est comme dit Avicenne au second canon au chapitre des oignons, car les oignons sont chault au troiziesme degré; pour ce nuysent aux coleriques. La troiziesme est que les oignons sont fort utiles aux fleumatiques, car il sont chault et insisifz, et aperitifz, et pour ce ilz digerent, subtilent, et mundifient les humeurs fleumatiques et viscieux qui multiplie en l'estomac. La quarte est que oignons sont bons a l'estomac, car ilz mundifient l'estomac de fleumes et l'eschauffe, et pour ce dit Avicenne au chapitre dessudit que les oignons par leur[263] chaleur [78r] reschaufe l'estomac et le conforte quant il est debile par froideur, et donne couleur a la face pour une mesme raison, car il n'est pas possible que la couleur de la face soit vive ce l'estomac est fort froit et fleumatique ou rempli de mauvaises humeurs cuis et fleumatiques. La ve est que quant les membres privés de poil soient frotés d'oignons cuiz, il recuperent leur poil et est chose vraye quant ladite privation est causee par clausure des porois du cuir ou par matiere corrompue contenue soubz ledit cuir, car les oignons font ouverture et resolvent la matiere mauvaise soubz le cuir, et attire la bonne ou lieu, et pour ce vault moult frication faite d'oignons a gens chauves, comme veult Avicenne au second canon au chappitre des ongnons, et en la septiesme distinction du quart en la cure de la privation du poil en la teste. Et a ceste cause conclut le texte que le ornement de la teste ce peult recuperer avecques frications d'oignons, car le ornement de la teste sont le poil. Pour plus grande declaration avoir des operations des oignons, est a noter que les oignons incitent luxure, provoquent l'appetit, la face font rougir, et mellés avec miel ilz ostent les verrues et nuysent l'entendement, car ilz engendrent humeurs mauvaises et grosses, et multiplient la salive, et le jus des oignons est utile a garir les larmes des yeulx, et clarifie la veue, come dit Avicenne au second livre au chappitre allegué. Oultre est a noter que les oignons triblés[264] avec miel et vinaigre sont utiles a morsure de chien enraigé. Et pour ce aulcuns medecins ont adjousté au texte precedent ces deulx vers, "Appositas prohibent morsus curare ca [78v]ninos/Si trite cum melle prius fuerint et aceto."[265] Et ceste sentence a esté declaree par avant en ce tex, "Allea, nux, ruta, et cetera."[266]

Est modicum granum siccum calidumque sinapis,
Dat lacrimas, purgatque caput, tollitque venenum. (196-197)

En ce texte l'acteur fait deulx choses. Premier il met la complexion de la graine de moustarde et dit qu'il est petit, et chault et sec--jusques au quart degré selon Avicenne au second canon au chapitre de sinapi. Secondement il met trois proprietés et operations que faic ladite graine de moustarde. La premiere est qu'il esmeult les larmes es yeulx, a cause de grande chaleur il subtilent dessoulx humidités du cerveau et fait fluyr les larmes es yeulx. Le second op[e]ration de ladicte semence est qu'elle purge le cerveau et mondifie et absterge les humidités fleumatiques de la teste; semblablement purge la teste quant il est mis dedans les narilles en provoquant sternutation par sa mordication pungitive, et pour icelle intention est misse es narilles des approprilitiques, car par sternutation les choses nuysables du cerveau sont expulsees, semblablement la semence de moustarde par sa grande chaleur soubtile et dessoult les fleumes qui font oppillations es conduys du cerveau, de laquelle oppillation ensuivent appoplexie, il s'ensuit donques que la semence de mostarde est moult incisif des humidités fleumatiques et consumptif et mundificatif. Le troiziesme operation est utile contre le venin. Et en ce concorde Avicenne au [79r] chapitre dessudit ou il dit que la fumee[267] de la semence de moustarde fait fuir les vers.

Crapula discutitur, capitis doloratque gravedo.
Purpuream dicunt violam curare caducos. (198-199)

En ce texte declare l'acteur trois proprietés de la violette de mars. La premiere est que la violette de mars a proprietés de garir ebrieté a cause que la violette de mars a odeur attrempee, tresgrandement confortative du cerveau, par laquelle confortation la ebrieté est expulsee. Semblablement la violette est froide de nature, refroidissant le cerveau, et ainsi le cerveau est inep a recevoir les fumees chauldes. La seconde operation est qu'elle est sedative de douleur de la teste, venant de la teste de chaulde cause, comme veult Avicenne au second livre au chapitre de la violette, et semblablement Rasis, Almasor au tiers, et Mesue, a cause que la violette est froide et repugne a chaulde cause. La tierce est: on dit que la violette de mars garist les exilentiques, mais les acteurs communs ne c'y accordent pas. Et c'elle garist les exilentiques, c'est par sa grande aromaticité en confortant le cerveau, lequel reconforté peult resister a aulcuns nuysement acoustumees de faire epilence nommee petite appoplexie, causee par opilation des ners.

> Egris dat somnum, vomitum quoque tollit ad usum,
> Compescit tussim veterem, colicisque medetur,
> Pellit pulmonis frigus, ventrisque tumorem,
> Omnibus et morbis subveniet articulorum.[268]   (200-203)

[79v] En ce texte sont mises ·vii· operations de l'ortie. La premiere est que l'ortie fait les gens dormir, car elle est subtiliative, incisive, et abstersive des humeurs fleumatiques grosses qui grevent nature et empechent le somme et le dormir. La seconde est que l'ortie oste le vomir et la coustume de vomir, a cause que l'ortie consume les humeurs viscieux qui sont communement cause de vomissement. La tierce est que l'ortie garist la toux antique, et principalement le miel ouquel est trempé la semence de l'ortie, car l'ortie, selon Rasis au iiie livre d'Almasor, expelle les fleumes viscoses de la poitrine, et semblablement[269] fait la semence par sa grande incision et abstertion et subtiliation. Et dit Avicenne au second livre au chapitre de l'ortie: quant on le boit avec tisanne, elle mondifie la poitrine, et quant on boult les fueilles de l'ortie en tisanne, elle laiche les gros humeurs qui sont en la poitrine, mais la semence est de plus grande vertu. La quarte est qu'elle est utile aux gens coliques, a cause qu'elle est incisive, subtiliative, et resolutive des humeurs fleumatiques et de ventosité grosse, qui sont cause de collique passion, et est collique passion maladie douloureuse en ung testin nommé collon, comme yliaque passion, maladie douloureuse en ung testin nommé ylion. La ve operation est que la ortie[270] oste la froideur du polmon par grande chaleur. La vi^e est que l'ortie oste le tumeur du ventre a cause qu'elle est resolutive de ventosités, communement cause de la tumeur du ventre. La viie est qu'elle est utile es douleurs des joinctures, comme sciatique et podagre, quant celles douleurs sont [80r] faites de matieres froides fleumatiques, a cause que l'ortie est decalefactive et incisive, et subtiliative des

matieres grosses fleumatiques. Et oultre icelles operations, selon
Avicenne au second canon au chapitre de l'ortie: elle excite luxure
et specialement la semence prinse[271] avec du vin, et oeuvre l'orifice
de la matrice et laiche les humeurs fleumatiques cruz par sa vertu
abstersive et non pas par sa vertu solutive. Et affin que celuy qui
prent de l'ortie ou de la semence ne soit bleissé en la gorge, est
chose utile de prendre en aprés de l'uile rosat. Et est l'ortie
chaulde au commencement du troiziesme degré et sceiche au second,
selon Avicenne au chapitre de l'ortie.

> Isopus est herba purgans a pectore fleuma.
> Ad pulmonis opus cum melle coquatur ysopus,
> Vultibus eximium fertur reparare colerem.   (204-206)

En ce texte sont mises les operations de l'isope. La premiere est que l'isope purge la fleume de la poitrine, a cause que l'isope est chaulde et sceiche au tierch degré, fort abstersive, dissolutive, et consumptive des suparfluietés fleumatiques et aspect singuler aulx parties pectorales, et pour ce l'isope est propreme[n]t medic[i]ne purgative des fleumes de la poitrine. La seconde operation est qu'elle est propïce semblablement a purgier le polmon des fleumes par une mesme raison, et proprement quant on boit avec miel, car le miel est abstersif, et par abstertion du miel est augmenté la abstertion de l'isope. Et c'est ce que dit Avicenne au second livre au chapitre de l'isope, quant il dit: l'isope est utile au [80v] polmon et a la poitrine ayant le toux et difficulté d'alaine, et par especial sa decoction faite avec miel et figues. La iiie operation est qu'elle donne bonne couleur a la face, et ce veult semblablement Avicenne au chapitre dessusdit quant il dit que le brevaige fait d'ysope donne bonne couleur a la face. Et oultre celles operations elles laichent les fleumes[272] et les vers hors du ventre et des parties pectorales selon Avicenne. Et selon Platere, sa decoction faite en vin mondifie la matrice des superfluités.

> Appositum cancris tritum cum melle medetur;
> Cum vino potum poterit separare dolorem;
> Sepe solet vomitum ventremque tenere solutum.[273] (207-209)

En ce texte sont mises trois operations de cerfeul. La premiere est que le cerfeul triblé avec miel et emplatré sur le chencre garit le chancre, et a ce concorde Platere au chapitre du cerfeul. Et est chancre apostume melancolique corrodant les parties du corps tant nerveuses que charneuses, et est nommé chancre car il procede en maniere de creviche. La seconde operation est que le cerfeul beu avec vin oste la douleur du ventre, a cause qu'il dessoult et ressoult les grosses ventosités du ventre et de l'estomac, et ouvre les opillations, et a ce donne le vin ayde. La troiziesme operation est que le cerfeul oste le vomissement et le fluit du ventre a cause que le cerfeul est chault au tiers degré et sec ou second; il digere la matiere et desceiche, laquelle est cause de vomissement. Et ce est principalement vray quant le vomissement et la solution du ventre sont causee de matiere froide fleumatique. Et oultre celles operations, elles pro-[81r]voquent l'orine et les menstrues et oste l'odeur du flan, des rains, de la vescie.[274]

> Cum vino coleram nigram potata repellit;
> Sic dicunt veterem sumptum curare podagram.[275] (210-211)

En ce texte sont mis deux effectz du _pulegium_. Le premier est que _pulegium_, et par especial son eaue prinse avec vin, purge la melancolie. Le second effect est que _pulegium_ a proprieté de garir le podagre antique a cause qu'elle a vertu de fondre et dessouldre la fleume de laquelle s'engendre podagre le plus souvent. Et environ ce est a noter, come dit Platere, que _pulegium_ est chault et sec au troiziesme degré et est de substante soubtile, et a vertu aromatique, confortative et apperitive par sa substance, et equalité et vertu attractive par sa substance qui est de nature de feu et vertu consumptive par chaleur et seicheresse. Et sa decoction fait en vin est utile a douleur de l'estomac et du ventre de matiere froide et de ventosité.[276]

    Cecatis pullis hac lumina mater yrondo,
    Plenius ut scribit, quamvis sint eruta reddit.[277] (212-213)

    En ce texte est mis ung notable de la celidonne. Et est: quant les jeunes arondelles en leurs nys ont les yeulx crevés, leurs meres apportent de la celidonne et en frotent les yeulx crevés des jeunes, et tantost recouvrent la veue. Et par ce veult denoter l'acteur que la celidonne tresgrandement conforte la veue. Et ce est chose manifeste, car es medecines convenables pour recuperer la veue communement est meslee la celidonne. Et est celidonne herbe congneue de tous, ayant jus jausne. La cause pour quoy est donné aulx arondelles la congnoyssance de la celidonne plus que aulx aultres oyseaulx: pour ce que les jeunes [81v] arondelles souvent perdent la veue que d'oisel d'aultre espesse, a cause que les feces des aronde[lle]s ont vertu excicative des yeulx des jeunes, font souvent peril la veue des petites arondelles. Et est a noter selon Platere, que la celidonne est chaude et sceiche au tiers[278] degré, et par ses qualités et substance elle a vertu de dissoudre et consumer et attirer.[279] Et la racine de la celidonne triblee[280] et cuite en vin est bonne a purgier le cerveau et la veulve des humeurs frois se le malade rech[ev]oit[281] la fumee en la bouche et aprés face gargarisme du vin.

    Auribus infusus vermes succus necat eius;[282]
    Cortex verrucas in asceto cocta resolvit;
    Pomorum succus, flos partus destruit eius. (214-216)

    En ce texte l'acteur dit trois choses de la saulz. La premiere est que le jus de la saulz mys dedans l'orelle fait morir les vers a cause de sa stipticité et desiccation. Et yci est a noter que selon Avicenne au second canon au chapitre de la saulz que le jus des feules de saulz est dernier remede pour garir la pouriture courante de l'orelle. Le second est que l'escorche de la saulz cuite en vinaigre rescult les verrus. Et Avicenne dit au lieu dessusdit que les cendres de la saulz [doit estre] meslees avec vinaigre et en oindre les verrues; elle esrachent totalement lesdiz verrues par la vehemente vertu excecative desdites cendres. Toutefois pour oster les verrues il n'est point de melieure medecine que les frotter avec du pourpié, [c]ar elle garit de sa proprieté oculte, selon Avicenne au chapitre [82r] de pourpié. La troiziesme est que les fleurs et le jus des pomes de la saulz nuysent a l'enfanter, car par sa grande stipticité et desication[283] font l'enfantement dificille.

    Confortare crocus[284] dicatur letificando,
    Membraque defecta confortat epar reparando. (217-218)

En ce texte sont mises aulcunes proprietés du safran. La premire est que le safran conforte le corps humain en le resjoysant. Et environ ce est a noter que le safran a si grande proprieté de resjoyr l'omme que quant il est donné en plus grande quantité qu'il ne doit il fait mourir l'omme en riant joyeulx. Et dit Avicenne que quatre drames et demie font mourir[285] l'omme joyeulx et riant. La seconde est que le safran conforte les membres debiles et principalement le cuer. Et conforte l'estomac a cause de sa stipticité et chaleur. Et pour ycelle mesme cause il repare le foie et par especial par la stipticité qui ne permet pas le foye dissouldre; toutefois le souvent en user oste l'apetit et fait le cuer soublever, et ce dit Avicenne au chapitre du safran quant il dit: il provoque abhomination et destruit l'apetit a cause qu'il est contraire au saveur aceteulx qui est cause de l'apetit en l'estomac. Et oultre ycelles operations il provoque le somme et endormit les sens, et quant on le boit avec vin il enyvre l'omme et prohibe les humeurs de fluyr au yeulx et fait le souffle facile, et incite luxure, et provoque l'orine, comme veult Avicenne au chapitre du safran.

    Fleuma vires modicas tribuit latosque brevesque;
    Fleuma facit pinges, sanguis reddit mediocres,
    Ocio non studio tradunt sed corpora somno[286]
    [82v] Sensus ebes, tardus motus, pigricia, somnus.

Hic, somnolentus, piger, in hac sputamine multus.
Est huic sensus ebes, pinguis facit color albor. (219-224)

En ce texte declare l'acteur aulcuns signes propres a la complexion fleumatique. Le premier est povreté de vertu et de force, car gens f[l]eumatiques ont petite vertu a cause que la chaleur naturele est debile, principe de toute force et operation. Le second est que gens fleumatiques sont cours et gros, car en eulx la chaleur naturele n'est pas suffisante d'estendre le corps en long, et pour ce demeure le corps gros. Le troiziesme est que les fleumatiques sont gras a cause de leur humidité et froideur. Et pour ce disoit Avicenne au chapitre souvent nommé que graisse superflue signifie froideur et humidité [ ]dominer,[287] et la complexion estre froide et humide, car le sanc unctueux, matiere de la graisse, penetre hors des vaines es membres froitz, et illec ce congele de la froideur des membres et s'engendre graisse, come veul[t] Galien au seconde livre des <u>Complexions</u>. Aprés le texte dit que les sanguins sont moins entre les gens long et cours.[288] Le quart est que les gens fleumatiques sont plus enclins a husense que a l'estude a cause de la froideur qu'il les endormit. Le ·v· est qu'il dorment moult car il sont fort humides et aussi la froideur fait dormir l'omme long et parfont, comme dit Avicenne au chapitre nommé. Le vi[e] est qu'il sont durs d'entendement, car come la chaleur naturele attrempee est cause de l'engin soubtil et du grand entendement, semblablement la froideur est cause du dur engin et du petit entendement. Le ·vii· est qu'il sont de tart mouvement a [83r] cause de la froideur qui est tardive a esmouvoir, come la chaleur legiere a faire mouvement. La viiie est qu'ilz sont pesant.[289] La ·ix· est qu'il sont de long somme pour une mesme cause plusieurs fois repetee.[290]

Reddit fecundas permansum sepe puellas
Isto stillantem poteris retinere cruorem.[291] (225-226)

En ce texte sont declarés les operations des pourrois.[292] La premiere est que les porrois souvent mengiés fait les femmes fecondes a cause que selon Avicenne au second livre au chapitre des porrois, les porrois dilatent la matrice et ostent la duresse, lesquelz sont souvent cause de sterilité. La seconde est que les porrois garissent les fluis de sanc des narille, comme dit Avicenne au chapitre des porrois. Plusieurs aultres operations des pourrois sont declarés en ce texte "Allea, nux, ruta . . . . ."[293]

> Quod piper est nigrum non est dissolvere pigrum;
> Fleumata purgabit digestivamque iuvabit;
> Leucopiper stomacho prodest tussique dolori;
> Utile preveniet mutum[294] febrisque rigorem. (227-230)

En ce texte sont declarés les utilités du poivre. Et premierement met trois utilités du poivre noir. La premiere est que le poivre noir est fort resolutif par sa grande chaleur et sceicheresse, car il est chault et sec au quart degré. La seconde utilité est qu'il purge la fleume et le attire des inferiores et le consume, et semblablement la fleume en la poitrine et en l'estomac adherent anichillé par sa grande chaleur, et en eschauf [83v] fant, en soubiliant et dissolvant. La tierce est qu'il fait digerer et donne appetit, comme veult Avicenne au second livre au chapitre du poivre, et dit: le poivre fait digerer et fait avoir appetit, et par especial le poivre long, car il est plus convenable pour digerer grosses humeurs que poivre noir ou blanc, comme tesmoigne Galien au iiiie livre du Regime de sancté au viie chapitre. Secondement l'acteur met ·v· utilités du poivre blanc. La premiere si est que le poivre blanc conforte l'estomac, comme tesmoigne Galien au chapitre dessusdit quant il dit que poivre blanc conforte plus l'estomac que les deux aultres espesses de poivre, et icelle mesme sentence veult Avicenne au second livre au chapitre du poivre, et dit: le blanc est plus convenable a l'estomac et mieulx le conforte. La seconde est que le poivre est utile a la toux de matiere froide car il eschauffe et dissoult et consume. Et veult Avicenne au chapitre allegué, et dit: quant le poivre est aministré es electuaires, il est fort utile a la toux et es doleurs de la poitrine. La tierce est que le poivre blanc est sedatif de douleur

et se doit entendre des douleurs comme a esté declaré par Avicenne des
douleurs ventoses, mais tout poivre par sa chaleur est carminatifz de
ventosités. Et Avicenne dit au chapitre dessusdit que poivre blanc et
poivre long sont utiles es douleurs de ventre pungitif quant on le
boit avec miel et des feulles du laurier recentes. La quarte est que
le poivre peult prevenir et oste les acetz des fievres froides car il
digere et eschaufe la matiere. La quinte est que le poivre blanc
vault contre tramblement des fievres a cause qu'il conforte les ners
par sa chaleur et consume la matiere disper[84r]see es ners. Et dit
Avicenne que on face frication avec le poivre mis en unguent contre
tramblement des fievres. Et icelles ·v· utilités sont appropriees a
toutes espesses de poivre, comme il appert par Avicenne au chapitre du
poivre. Et oultre icelles utilités le poivre eschauffe les ners et
lacertes du corps en telle maniere que nulle medecine en ce n'est a
luy semblable, et mondifie le polmon, et prins en petite quantité il
provoque l'orine, et prins en grande quantité il laiche le ventre,
comme veult Avicenne au chapitre du poivre. Et environ ce est a noter
qu'il sont trois espesses de poivre, c'est assavoir poivre blanc,
nommé en medecine leucopiper, et poivre long, nommé macropiper, et
poivre noir nomee melanopiper.

    Et mox post escam dormire nimisque moveri,
    Ista gravare solent auditus ebrietasque. (231-232)

En ce texte sont declarees trois choses qui font venir l'omme
sourd. La premiere est le dormir incontinent aprés le mengier, c'est
assavoir aprés grande repletion, a cause que le somme incontinent fait
aprés la viande est cause de mal faire digerer la viande, et les
viandes mal digerees engendrent grosses humeurs et grosses[295] fumees
qui opilent par leur grosseur les voies et conduis de l'oye et font
l'esperit auditif gros et inep pour oyr. La seconde est trop mouvoir
incontinent aprés mengier font les gens devenir sourt a cause qu'il
fait mal digerer la viande et empesche de clorre l'orifice de l'estomac, lequel orifice quant il est ouvert, fumees et vapeurs montent
en la teste et grievent l'oyee. La troiziesme est ebrie[84v]té, car

ebrieté multiplie vapeurs et fumees en grande quantité qui descendent en la teste et aux organes de l'oyee, et endormissent les esperis de l'oyee et ainsi engendrent sourdesse. Et ebrieté ne nuyt pas seullement a l'oyee mais aussi a la veue et a tous les ·v· sens de nature pour une mesme cause. Et Avicenne en la iiiie distinction du tiers au second chapitre de conservation de santé des oreilles [dit: et des choses qui sont nuysibles aux oreilles]^{296} et es aultres sens de nature font replecction et proprement le somme fait incontinent aprés la replection. Et est a noter que aulcuns texte ont encore ung metre contenant encore aultres nocumens qui font venir l'omme sourt, et est ce, "Balnea, sol, vomitus, affert replectio, clamor,"^{297} car iceulx font l'omme oyr dur et proprement le font avoir bruit es oreilles, come dit Avicenne en la iiii^e distinction du tier au chapitre du bruit des oreilles, et c'est chose necessaire qu'il evitent le souleil, et le baing, et le vomissement, et clameur et replection.

Metus, longa fames, vomitus, parcussio, casus,
Ebrietas, frigus, tumultum ^{298} causa[n]t in aure. (233-234)

En ce texte sont declarés ·vii· choses engendrent bruit es oreilles. La premiere est empantement, et paeur et selon aulcuns le mouvement. La cause du premier, c'est assavoir d'empantement, est car par espentement les esperis et les humeurs se esmeuvent vers les parties interiores come vers le ceur--subitement duquel mouvement facilement se engendrent ventosités, lesquelles penetrant a l'organe de l'oyee font^{299} bruit es [85r] oreilles. La cause du second, c'est assavoir selon aulcuns mouvement, est car du mouvement corporal pareillement ce esmeuvent les humeurs et les esperis, de laquelle motion sont engendrez facilement ventosités, lesquelles venant aux oreilles font bruit es oreilles, car le bruit es oreilles est engendré par motion des vapeurs ou de ventosité en l'organe de l'oy commouvantes l'air connaturel estant en l'organe de l'oye. Le second est avoir grand fain. Et la raison donne Avicenne en la quatriesme distinction du tiers au chapitre ixe, et dit: et ce est a cause de agitation faite es humeurs dispersés au corps reposant en icelui, et quant nature ne treuve pas

viande a digerer et occuper, elle diverte et court es humeurs et les
resoult et esmeult. Le tiers est vomissement car en vomissement,
lequel est mouvement laboureux, s'esmeuvent grandement les humeurs en
teste, et en signe de probation nous veons les yeulx et la face fort
devenir rouges en grans vomissement et nuyt a la veue, et aussi semblablement par fort vomir s'esmeuvent vapeurs et ventosités en
l'organe de l'oye. Le quart est ferue souvent faite environ la teste,
et par especial environ les oreilles, car de ferue ou percussion souvent faite environ les oreilles s'ensieuvent grande commotion et
mouvement de l'air connaturel estant en l'organe de l'oye, et quant
aulcun membre est bleissé, nature incontinent envoie sanc et esperis
audit membre qui sont les instrumens de nature, desquelz tous ensemble
s'engendre bruit es oreilles. Le quint est choite, par especial sur
la teste, pour une mesme raison [85v] come est declaré de percussion
et de ferue, car aussi de choite il s'ensuivent grande commotion des
humeurs au corps. La siziesme est ebrieté a cause que en ebrieté la
teste est remplie de fumees et vapeurs venantes en l'organe de l'oie
et esmeuvent et troublent l'oier naturel de l'organe de l'oie et font
bruir les oreilles. La septiesme est le froit, car le grand froit
engendre ventosités es oreilles ou le grand froit fait debile organe
de l'oie a cause que de legier le froit l'offense et esmeut ventosités
dedans. Et notés que non pas tant seulement la cause dessusdit engendre[n]t bruit es oreilles, mais aussi plusieurs aultres, come de ventosité engendree en la teste, et illec esmeute ou par generation et
ebulition de sanies engendré es oreilles ou par mouvement de ventosités souvent sourvenant es oreilles, comme il fait es fievres ou
repletion superflue au corps, et par especial en la teste ou de
matiere viscouse resoluee en ventosités ou par medecines aiant proprieté de retenir les humeurs et ventosités au cerveau, comme declare
Avicenne au lieu prealegué.

      Balnea, vina, Venus, ventus, piper, allea, fumus,
      Porri cum cepis, lens, fletus, faba, sinapis,

> Sol, coitus, ignis, labor, ictus, acumina, pulvis:
> Ista nocent oculis, sed vigilare magis.   (235-238)

En ce texte l'acteur declare ·xxi·[300] causes nuisables aulx yeulx. La premiere est [que] le bain soit humide ou sech, comme sont estuves, premierement a cause qu'il eschauffent les yeulx de grande chaleur, et aussi il blesse et des[86r]truit leur complection, come il soient naturelement froitz de nature de l'eaue. Secondement il resoult et desceiche les humidités soubtiles des yeulx desquelles les esperis visifz, qui sont de la nature du feu, doibvent estre refocillés et attrempés. Et pour ycelle cause plusieurs demourant sur la riviere du Rin sont aveugles, car en ycelle region communement les gens ce baignent et estuvent come en Holande; plusieurs sont lepreux plus que en aultre region a cause de leur maulvais regime. La seconde cause est le vin inmodereement prins, car le vin prins en telle maniere fait les yeulx debiles et la veue, a cause qu'il remplist le cerveau de fumees et de vapeurs, et pour ce semblablement endormit tous les sens de l'omme. La iiie cause est le trop habiter es femmes, lequel universalement dient les medecins debil[it]e fort la veue. Et Aristotele au iiiie livre de ses _Problenmes_ rend la cause au iiie problenme et dit que le souvent habiter aux femmes prive les yeulx des humidités a eulx necessaire, car c'est chose necessaire que humidité soubtile de nature d'eau soit es yeulx desquelz les esperis visibles sont refocilés, car les yeulx naturelement sont de telle nature, c'est assavoir humide, c'est ce que le philoscphe dit au livre _De sensu et sensato_ et au ve livre de la _Generation des Bestes_ que les yeulx sont de nature d'eau, mais quant les humidités sont diverties[301] et evacués le corps devient sec et aride et les yeulx perdent leur nature qui avoit vigeur par humidité. Et est chose raisonnable que les yeulx ayent vigeur par humidité car par les esperis visifz de la nature du feu qui sont en continuel mouvement les yeulx tantost seroient anichelés s'il n'estoient [86v] refocilees par humidités aqueuses. Et de ce s'ensuivent chose manifeste que habiter souvent es femmes deseiche les parties superiores en subtrahent les humidités auquel

s'ensuit debilitation de veue. La quarte cause est le vent et par
especial le vent meridional, duquel dit Ypocras en la iiie particule
des Anfforismes en icelluy anfforisme, le vent austrin, [qu̲e̲ e̲[s̲]t
caligineulx,^{302} c'est adire qui fait les yeulx obscurs, a cause que
tel vent remplist la teste de humidités, endormissant les sens et
rendant^{303} obscurs. La ·v· est le poyvre; a cause de son ardeur et
acuité il engendre fumees et vapeurs macicatives des tuniques de
yeulx et des esperis visifz. La vi^e sont les ailles semblablement
nuysant a la veue a cause de leur vacuité et vaporation aigre, come
a esté declaré en ung texte, "Allea, nux, ruta . . . ."^{304} La vii^e
est fumee, semblablement nuysant aux yeulx a cause de leur mordication et excitation. La viiie sont pourrois, car des porrois mengiés
se eslevent fumees grosses et melancoliques faisant la veue obscure,
comme est declaré en ce texte, "Allea, nux, ruta . . . ."^{305} La ix^e
sont oignons, lesquelz mengiés nuysent aus yeulx a cause de leur
acuité. La xe sont lentilles, desquelles dit Avicenne au second canon
au chapitre des lentilles d'icelluy qui souvent mengeue lentilles:
la veue devient obscure a cause de sa grande desiccation. La xie est
le souvent plourer, a cause de la vertu retentive qu'il fait les
yeulx debile. La douziesme sont feves, lesquelles le souvent user
engendre grosses fumees melancoliques qui font les esperis visifz
tenebreux et obscurs, comme est declaré des pourrois. Et semblablement les feves mengiés font l'om[87r]me songier en son somme songes
terribles. La xiiie est moustarde, laquelle souvent mengiee fait la
veue debile par sa grande acuité. La xiiiie est de regarder le
soleil^{306} par sa grande lumiere, comme experience demonstre, a cause
que les choses fort sensibles improporcionés, comme sont les rayes du
soleil, corrompent les sens. La xve est habiter aux femmes, et par
especial aprés replection ou grande evacuation, et de celle chose est
souffisanment declaré. La xvie chose est le feu, duquel le regart
continuel engendre grande sceicheresse es yeulx et blesse la veue, et
semblablement blesse les yeulx a cause de sa grande clarté. Et pour
icelle cause veons communement les fevres et aultres qui continuellement oeuvrent au feu avoir les yeulx rouges et debiles. La ·xvii·

car en yceulx [90r] est vertu grande, excicative, mondificative, lesquelles intentions sont necessaires en la curation de la fistule. Platere dit au a[u]ripigmen qui est chault et sex au quart degré, et dissoult, attire, consume et mondifie. Et dit que le souffre et savon sont semblablement chaultz et secz, mais le souffre est plus chault, car il est chault et sec au quart degré et non pas le savon. Avicenne dit de la chault que la chault lavee est excicative et sans mordication et consolide. Environ ce est a noter que fistule est ulcere de laquelle fluit continuelement matiere, et a periode en son flui selon divers temps ou diverses lunes jetant matiere en plus grande quantité.[312]

>Ossibus ex denis bis centenisque novenis
>Constat homo, denis bis dentibus et duodenis,
>Ex tricentenis deties[313] sex quinque que venis.   (255-257)

En ce texte l'acteur met le nombre des os et des dens du corps humain. Et dit priemier que l'omme est composé de ·ii· cens et ·xix· os; toutefois selon les docteurs anciens, comme Ypocras, Galien, Rasis, Avicenne, le nombre des os de l'omme sont deux cens et quarante huyt, jaçoice en la particuliere enumeration des os il soient discors. Et ce dit ung metre commun, "Ossa ducentena sunt atque quater duodena."[314] Secondement il dit que l'omme doit avoir trente deux dens communement, et es hommes parfaitz aulcunefois avient aulcuns hommes estre privés de quatre derniers dens qui sont après les dens nommés molares, et iceulx gens [90v] n'ont que ·xxviii· dens. Et aulcuns sont privés d'iceux quatre dens en enfance tant seulement; les aultres en enfance et en jonesse, et ne leur viennent tant qu'ilz soient vieulx; les aultres en sont privés toute leur vie. Et environ ce texte est a noter que selon Avicenne en la premiere distinction du premier au chapitre d'enathomie des dens[315] d'iceulx dens: les deux anteriores sont nommees duales et deux nommees quadrupli conjointz aulx duales deulx en la partie senestre et deux au destre, et tant les dens duales que les quadrupli sont deux en mandibule inferiore, et deux in mandibule superiore et sont tous ordonnés a incider et pour sournommés d'aulcunes medecines dens insciseurs, et par especial les dens duales. Aprés yceulx dens sont deux aultres dens en bas conjoinctz aux dens quadruples et leur offise est de rompre choses dures. Et aprés sont les dens molares, quatre ou senestre et quatre au destre, tant en la superiore mand[ib]ule comme en la inferiore. Et aprés les dens molares en aulcuns vient encore ung petit dens et en aulcuns non, nommé le dens sensus, tant ou senestre comme ou destre, tant en bas comme en hault. Et sont iceulx dens molares, et les dens sensus ordonnez a mouldre la viande. Et la somme du nombre des dens est trente deux ou trent trois; en ceulx qui n'on point les dens sensus, cella est assavoir quatre duales et quatre quadrupli, et quatre canin, et ·xvi· molares, et quatre dens nommés les dens sensus. En oultre dit le texte que l'omme a trois sens et s[o]ixante cinq vaines, comme appert en [a]nothomie.

[91r] Enula campana reddit precordia sana,
Cum succo rute[316] si succus sumitur huius;
Affirmant ruptis nil esse salubrius istis. (258-260)

En ce texte sont mises trois operations de enula campana. La premiere est que enula campana conforte l'orifice de l'estomac, lequel est appellee en medecine precordium, et semblablement conforte les membres espirituelz, come le polmon et la poitrine, qui sont prochain au cuer; qu'ilz confortent l'estomac est chose manifeste, car la racine de enula campana est medecine odorante, laquelle de sa nature conforte les membres spirituelz. C'est chose prouvee par experience, car le vin fait de enula campana mondifie la poitrine et le polmon, comme veult Avicenne au second canon au chapitre de enula campana. Et aussi enula campana confité avec miel et petit a petit englentine fait expeller les superfluités par la bouche et est des medicines confortatives d'umer.[317] La seconde operation est que les jus de enula avec le jus de rue confere aux gens rompus et par especial quant la rompture est faite par ventosité, car le jus de la rue et de enula consume ladite ventosité. Et oultre ces operations enula campana est utile a l'estomac replet de mauvaises humeurs, et oste les opillations du foie et de la ratelle, comme dit Rasis au troiziesme d'<u>Almasor</u>. Et est utile a toutes blessures et douleurs faites de chose froide et commotions de ventosités selon Avicenne au chapitre allegué.

>Illius[318] succo crines retinere fluentes
>[91v] Allitus asseritur dentisque curare dolorem;
>Et scamas succus sanat cum melle perunctus. (261-263)

En ce texte sont mises trois operations de <u>nasturcio</u>. La premiere est que <u>nasturcium</u> a proprieté de retenir le poil qui chiet de la teste quant on oinct la teste du jus du <u>nasturcio</u> ou s'on boit l'eaue ou le jus, come dit Avicenne au iie livre au chapitre de <u>nasturcio</u>. La seconde operation est qu'elle garist la douleur des dens, par especial de cause froide, car <u>nasturcium</u> est insisif, resolutif, come appert en ce texte, "Cur moritur homo . . . ."[319] La troiziesme operation est que le jus de <u>nasturcium</u> a proprieté de guarir la morsure, adherente au cuir quant il se prend <u>cum melle</u>,[320] et le lieu en est oinct a cause que telle morsure est engendree de fleume salsé. <u>Nasturcium</u>, come est declaré, purge toute espesse de fleume, et quant il se prent par la bouche il prohibe la cause du morphé et oinct par deshors par sa abstertion; il mondifie la morphee et principalement quant il est meslé avec le miel, car semblablement le miel est abstersif et ayde l'abstertion du nasturce. Et oultre iceulx operations <u>nasturcium</u> desceiche les humeurs putrides, et mondiffie le ventre et le polmon, et est utile a difficulté d'alaine, et est fort propre a ce a cause qu'il est insisif et subtiliatif, et eschauffe l'estomac et le foye, et est utile aux splenetiques, et proprement quant de <u>nasturcio</u> est fait emplastre avec miel il fait vomir la colere, et laiche par le ventre, et augmente luxure, et expulse les vers, et provoque les menstrues, come dit Avicenne au second livre au chapitre <u>nasturcio</u>.[321]

>[92r] Quatuor humores in humano corpore constant:
>Sanguis cum colera, fluma, melancolia;
>Terra melancolia, aqua flegma, et aer sanguis, colera
>   ignis. (264-266)

En ce texte met en nombre l'acteur les humeurs qui sont necessaires a constituer le corps humain, et dit qui sont quatre humeurs en corps humain, c'est assavoir le sanc, fleume, colere et melancolie. Secondement il declare la complexion et la nature des humeurs en comparant les humeurs aux elemens. Et dit que la melancolie est froide et sceiche et le compare a la terre, de nature semblable. La fleume est froide et humide, et est comparee a l'eaue. Le sanc est chault et humide et est comparee a l'ayr. Et la colere est chaulde et sceiche et comparé au feu. Et tout ce appert par les metres qui s'ensuivent, "Humidus est sanguis, calet est vis aeris illi/Alget, humet fluma illis vis sit aquosa,/Sicca, calet colera, sic igni fit simulata./ Melancolia frigetque si terra."[322] Et pour avoir plus ample declaration est a noter selon Avicenne en la premiere distinction du premier livre en la troiziesme doctrine au chapitre premier, qu'il sont quatre humeurs ou corps humain, c'est assavoir sanc, fleume, colere et melancolie, comme a esté declaré, entre lesquelles le sanc est le meilleur,[323] premierement car c'est la matiere des esperis, desquelz la vie est maintenue et toute operation vegitative, vitale et animale; secondement car le sanc est conforme avec les principes de vie car il est chaulx et attrempeement, tiercement car il restaure et nourist plus le corps que les aultres humeurs. Et pour tout conclure c'est le tresor de nature [92v] duquel perdition et eschauffement s'ensuivent la mort incontinent. En aprés disant la fleume en bonté, premierement car la fleume est disposee et apte en temps [d'] indigence de sanc de convertir en sanc, et pour ycelle cause nature ne lui a pas ordonné propre receptacle, mais elle court dedens[324] les vaines avec le sanc; secondement elle est voisine et samblable a la humidité radicale. En aprés s'ensuivent la colere, laquelle participe en sinbolsie avec la chaleur naturelle aussi longuement qu'elle garde sa mesure convenable. En aprés est la melancolie,[325] comme feces et sordices eslongiés des principes de la vie, anemie a joye, cousine a villennie et a la mort. Secondement est a noter pour la division et diffinition des humeurs que du sanc sont deux espesses, c'est assavoir naturele et non naturele. Le sanc naturel est celui qui a la couleur rouge sans mauvaise odeur et est fort doulz en le comparant aux aultres humeurs. Le sanc [non] naturel est double, car l'ung non naturel a cause qu'il est mué de la qualité complection naturele sans mixtion d'aultre humeur. L'aultre est non naturel par humeur meslé avec luy peccant en qualité ou soubstance ou en proportion de l'ung a l'aultre. Et icelluy est double, car l'ung est non naturel par mixtion de mauvaises humeurs venant par dehors. L'aultre est non naturel par mixtion de maulvais humeurs engendré du mesme sanc, comme quant le sanc se putrefie. La partie soubtile se convertit en colere et la grosse en melancolie, et icelle colere ou melancolie ou toutes deux demeurent avec le sanc. Et icelluy sanc non naturel par commixtion de mauvaises [93r] humeurs en moult de maniere est divers du sanc naturel: premier en substance, car il est gros et feculenteux, car la melancolie est meslee avec luy ou plus soubtil quant la colere est meslee citrine ou aqueuse; secondement en couleur, car aulcunefois il est declinant a blancheur quant la fleume est meslee avec luy ou a noirceur par melancolie; tiercement odeur,[326] car il est fetide par mixtion d'umeurs fetides ou sans[327] saveur par mixtion d'umeurs crues; quartement en saveur, car il decline a amertune par mixtion de colere ou acetosité par melancolie ou amsipidités par amixtion de la fleume. De la fleume naturelle semblablement sont deux espesses, c'est assavoir naturele et non naturele. La naturele est celle qui est disposee de convertir en sanc en aulcuns temps, car c'est sanc imparfaitement digeré. Et est aulcune espesse de flume doulce laquelle n'est guaire froide en[328] le comparent au corps, et est de petite froideur, mais en la comparant au sanc et a la colere elle est froide. Et est la fleume naturelement blanche. Et est dite icelle fleume doulce en prenant ce vocable doulz[329] largement pour toutes saveurs dilectables au gout, car aultrement icelle flume naturele n'est pas doulce mais insipide et aqueuse et voisine a l'eaue en saveur, et n'a point nature ordonné a la fleume de propre receptacle, comme il a fait a la colere et a la melancolie, mais nature la transmis avec le sanc affin que en temps de indigence soit converti[330] en sanc car elle a similitude prochaine au sanc. Et

ycelle sont deux espesses: a deux necessités et [93v] une utilité.
La premiere necessité est qu'elle soit emprés les membres et que leurs
vertus le digerent et convertissent en sanc pour leur restauration
quant ilz seront privés de nourrissement, c'est assavoir de sanc
acoustumé de venir, par aulcunes opillations au foye ou es vaines. La
seconde necessité est affin que elle soit meslee avec le sanc pour
disposer le sanc a nourrir les membres fleumatiques, come le cerveau
et la nuque, car le sanc qu'il doit nourrir lesditz membres doit avoir
grande portion de flume avec luy. La utilité de la flume est qu'elle
tienne les joinctures humides et les membres qui sont de grant mouvement affin qu'ilz ne deviennent secz de la chaleur qu'il ensuit le
mouvement et la fucation d'iceulx. La fleume non naturelle peult
estre divisee premierement en sa substance. Et ainsi aulcune est
mustillagineuse et est flume apparent selon le sent[331] diverses en ses
parties, car l'une est subtile et l'autre est grosse. Et est ditte
mustillagineuse par similitude qu'elle a avec les mustillages extrais
des semences. L'autre fleume est grosse, apparence equale selon le
sens en sa substance, c'est assavoir en subtilité et en grosseur,
mais en verité elle est diverse en ses parties et est appellee flume
crue. Et icelle se multiplie en l'estomac et es intestins, et pour
l'espulser hors de l'estomac Ypocras commande de vomir ·ii· fois le
mois, et pour expulsé ladicte fleume hors des intestins nature a
ordonné la colere fluyr de son sistifellis a ung intestins nommé
ieiunium, et en oultre aux aultres intestins pour mundifier ladicte
fleume desditz intestins et pour le faire lubriquier avec les feces.
Et[332] semblab[l]ement [94r] aulcunefois se multiplie es vaines, par
especial es gens antiques, a cause que la vertu digestive est fort
diminuee et illec faisant demouree petit a petit ce augmente et s'en-
grossist, et semblablement grieve nature et ne le peult expulser par
les vaines a ce ordonnees, mais nature tousjours laborant de faire de
"possibilibus quod melius est,"[333] le eslonge du cuer et des aultres
membres intrinceques et le transmet aux parties extremes et par especial aux jambes, car icelle flume de sa nature pesante decline
tousjours es basses parties et ce est la cause pour quoy les jambes

des antiques gens sont emflees de inflation delessant fosses aprés
compression faite du doit, et par especial faite environ la nuyt es
gens gras nourris de viandes humides. L'autre espesse de flume est
fort soubtile et est flume aqueuse semblable a l'eaue aulcunement
espesse et souvent ce mesle avec la salive de ceulx qui [font]³³⁴
mauvaise digestion et qui trop boivent, et fluit de cerveau es nar-
rilles, et souvent fait une espesse de cataire nommee <u>coriza</u>, et
s'engrossit par decoction et se convertit en flume grosse ou mustillagineuse. Aultre espesse est de flume fort grosse blanche appellee
flume gipse, et est flume de laquelle les parties soubtiles sont³³⁵
resoluees a cause qu'elle a demouré es joinctures longtemps et les
parties grosses ce sont lapidifiés,³³⁶ et icelle flume fait le podagre
nodeuse et le ciragre incurables.³³⁷ L'autre espesse est flume
vitreuse et est flume grosse semblable a voir liquide en couleur viscosité et en pesandeur. Secondement la flume non naturele est [94v]
divisee de la partie de ses saveurs, car aulcune est flume doulce
faicte par amixtion de sanc avec la fleume, et sur icelle espesse est
continuee la fleume unctueuse faicte par amixtion de sanc unctueux en
la fleume. L'aultre est fleume insipide faicte par indigestion comme
aulcune fleume vitieuse. L'autre est fleume salsé faicte par amixtion
de colere, et est mordicative, seiche, legiere plus que toutes aultres
espesses a cause de la colere meslee avec la fleume, laquelle est
seiche, legiere et ague. Et icelle espesse est souvent trouvee en
l'estomac des gens fleumatiques beuvans fors vins et usans choses
salees, agues et adherentes a l'estomac, et fait l'omme souvent avoir
soif intollerable. et quant elle fluyt es intestins par longtamps elle
escorche les intestins et fait fluy³³⁸ de ventre nommé dissinterie, et
faict³³⁹ souventefois au fondement fortes exprinsons. L'autre est
flume acetuse engendree aulcunefois par la melancolie meslee ave[c] la
flume. Et aulcunefois est engendree par ebulition survenant a la
fleume, comme il fait au jus des fruis doulz, lesquel premierement
boullent et en aprés sont aigres. Et icelle fleume souvent appart en
l'estomac de ceulx qui mal digerent que es aultres parties, car a
l'orifice de l'estomac fluyt naturellement la melancolie pour ensciter

l'appetit, laquelle descendent es parties basses de l'estomac et se mesle avec la fleume et la fait aceteuse, et est congneue par eructuations aigres. Et aulcunefois telle fleume est engendree en l'estomac par ebulition du chilus par debile chaleur. L'autre est fleume pontique, laquelle aul [95r] cunefois est engendree par mixtion de melancolie pontique, et icelle flume est rare a cause que la melancolie pontique n'est guaire souvent trouvee en corps humain; aulcunefois est engendree par la froideur vehemente d'icelle flume par laquelle froideur la humidité d'elle se congelle et acquiert alteration et nature terrestre, car celle chaleur debile; pour le faire boullier elle se convertiroit en flume aceteuse, ou c'elle avoit chaleur forte qu'il le peult digerer elle se converteroit en sanc. Semblablement de la colere il en sont deux espesse, c'est assavoir colere naturelle et colere non naturelle. Colere naturelle est escume du sanc de couleur rouge et clere, c'est assavoir rouge citrins au dernier degré de citrineté, et est legiere ague et tant plus est chaulde et plus est de couleur rouge. Et icelle colere après ce qu'elle est engendree au foie elle est divisee en deux parties. L'une trespasse avec le sanc es vaines, l'autre partie est transmise en unne bourse nommee cestis fellis. Icelle colere trespassant avec le sanc penetre avec celui a cause de necessité et a cause de utilité. La necessité est affin qu'elle soit meslee avec le sanc pour nourrir les membres coleriques. Et la utilité est pour soubtilier le sanc et luy donner aide a penetrer es vaines. La colere transmise en la bourse du cestis fellis y est transmise par necessité et utilités: la necessité est double, car l'une est universelle et necessaire pour tout le corps, c'est assavoir pour mondifier le corps des suparfluités coleriques; l'autre est particuliere, c'est assavoir pour gouverner la bourse du cestis fellis. La utilité est double: l'une est pour [95v] mondifier les intestins des matieres fecales et des flumes visceuses adherentes aux intestins; l'autre: pour poindre les intestins et les muscles de fondement affin qu'il sentent les choses a luy nuysables pour expulser dehors les feces. Et probation de ce est que la colique passion est souvent engendré a cause de opillation faite ou conduit de la bourse du cistis fellis venant aux intestins. La colere non naturelle est double car l'une est non naturelle par choses extrinseques meslees avec la colere; l'autre est non naturelle en soy mesme, c'est assavoir en sa substance. La colere non naturelle par choses extrinseques: l'une est fameuse et faite par amixtion de flume avec la colere et est dite fameuse a cause qu'elle est souvent engendree au corps, et de icelle espesse de colere communement est la fievre tierce engendree. L'autre est mains fameuse et est celle avec laquelle est la melancolie meslee. La colere fameuse ou elle est citrine est engendree par amixtion de flume naturelle avec colere naturelle ou elle est vicelline semblable ou rouge de l'oef, et est engendree par amixtion de flume grosse avec colere naturelle. La colere mains fameuse s'engendre en deux manieres. La premiere est quant la colere en soy mesme est brullee et ce en fait cendres de laquelle n'est separee la partie soubtile, mais sont ensamble meslees, et icelle colere est la pire. L'autre est quant melancolie sourvient a la colere par dehors et ce meslent ensemble, et icelle colere est meilleure que l'autre et est de couleur rouge obscur, semblable a sanc venal [96r] de la colere naturelle en sa propre substance sans commixtion d'autre humeur. L'une s'engendre souvent au foye a cause que la partie soubtile du sanc se brulle et se convertit en colere, et la partie grosse se convertit en melancolie. L'autre s'engendre en l'estomac, le plus souvent par viandes mauvaises digerees et corrumpues ou s'engendre es vaines des aultres humeurs, et d'icelluy colere sont deux espesses, car l'une est nommee colere pressive, semblable a la couleur d'une herbe nommee prassium, laquelle est engendree de la colere vicelline par adustion, car adustion fait en la colere vicelline noirseur, laquelle meslee avec couleur citrine engendre couleur verde. L'autre est colere erugineuse, semblable en couleur a rongures d'arain et s'engendre de colere prassine, car quant se brulle jusque sa humidité soit consumee, elle commence a retourner a couleur blanche par sa sceicheresse. Et icelles deux coleres sont venimeuses, et la colere erugineuse est la pire. De la melancolie semblablement sont deux espesses, c'est assavoir naturelle et non naturelle; la naturelle est la fece et la lye du sanc de saveur moyenne entre le doulx et le pontique. Et icelle melancolie quant elle est engendree au foye est divisee en deux parties, desquelles l'une penetre avec le sanc et fluyt es vaines avec le sanc. L'autre partie est transmise en la ratelle. La premiere partie penetre avec le sanc pour necessité et utilité. La necessité est affin que elle soit meslee avec le sanc pour nourrir les membres melancoliques frois et secz, comme les os. La utilité est pour condenser le sanc soubtil [96v] et faire plus corpulent pour le mieulx convertir et restaurer les membres solides et compactes esquelz il fault convertir. L'autre partie malicieuse est transmise en la ratelle pour necessité et utilité. La necessité est double: l'une est universelle pour tout le corps, c'est assavoir pour mondifier le corps de la superfluté melancolique; l'autre est particuliere, c'est assavoir pour gouverner la ratelle. La utilité procede de la melancolie pour ce qu'elle fluit a l'orifice de l'estomac en exprimant les humidités illec trouvees comme la femme exprime le laict des dois du piz de la vaiche. Et icelle utilité est double: l'une cy est que la melancolie unit et conforte l'orifice de l'estomac, secondement car elle fait commotion en l'orifice de l'estomac par sa ponticité et aigreté, et incite l'apetit et le desir a mengier. La melancolie non naturelle est come chose aduste en comparation des aultres humeurs. Et en sont quatre espesses fameuses, jaçoice qu'il soient plusieurs espesses non fameuses. La premiere est la cendre de la colere et icelle espesse est amere. La seconde est la cendre de la flume, et ce qui est brulé de la flume, et ce la flume brulee estoit fort soubtile et aqueuse la melancolie d'elle engendree sera de saveur salsé. Et ce la flume brulee estoit grosse la melancolie d'elle engendree decline a saveur aceteux ou saveur pontique. La tierce est cendre du sanc et celle melancolie [est] ung petit salsé declinant a doulceur. La quarte est la cendre de la melancolie naturelle. Et ce la melancolie naturelle de laquelle est engendree ladicte melancolie est soubtile. La non [97r] naturelle elle est aceteuse, et quant elle chet en terre elle boult, et [est] de odeur aigre, et fuyent les mouches.[340] Et ce la melancolie naturele engendree d'elle est de maindre acetosité avec aulcune ponticité.

> Natura pingues isti[341] sunt atque iocantes,
> Semper rumores cupiunt audire frequentes,
> Hos Venus et Bachus delectant, fercula, risus,
> Et facit hos hylares et dulcia verba loquentes,
> Omnibus hii studiis habiles sunt et magis apti,
> Qualibet ex causa nec hos leviter movet ira;
> Largus, amans, hylaris, ridens, rubeique coloris,
> Cantans, carnosus, satis audax atque benignus. (267-274)

En ce texte declare l'acteur les signes pour connoistre les gens sanguineux. Le premier est que les sanguins sont naturellement gras. Et ne devons pas entendre que le sanguin soit gras proprement, car l'omme gras se juge de complexion froide, comme dit Avicenne en la seconde distinction du premier, doctrine troiziesme, au chappitre troiziesme; mais il est gras largement, prins en ce vocable gras pour charnosité, car le sanguin fort est chairnus, car Avicenne dit au chapitre nommé que habundance de chair rouge et ferme signifie la complection sanguine a cause que habundance de chair a ceste forte vertu assimilitative, et multitude de[342] sanc, lesquelz ont vigeur par chaleur et moiteur, come veult Galien au second livre de <u>Complexion</u> ou il dit: habundance de [97v] chair[343] est engendree d'abondance de sanc, car la bonne vertu digestive assimilative[344] fait la chair ferme, et Avicenne au chapitre nommé: tous corps charnus sans abondance de graisse est de complection sanguine. Et icelle mesme sentence veult Galien au second livre de <u>Tegin</u> en se canon, "Humida vero et calida clausis." Le second signe est qu'il est joyeux a cause de la bonté et benignité du sanc et des esperis clers et parfais engendrés de luy, provoquant l'omme a liesse et a choses joyeuses. Le tiers: qu'ilz oyent volentiers fables joyeuses pour une mesme cause. Le quart est qu'il est inclinee a luxure a cause d'abondance de humidité et de chaleur, lesquelz le provoquent a luxure. Le cinq[u]iesme est que le sanguin boit volentiers bon vin. Le siziesme est qu'il mengeue volenti[e]rs bonnes viandes a cause que ung chascun appete son semblable, et tel est le vin et les bonnes viandes. Le septiesme est que

facilement il rient a cause que le sanc de soy mesme provoque a rire.
Le huitiesme est qu'il a la face joyeuse et amiable a cause de la
fermosité e[t] bonne couleur voisines au sanc. La neufhiesme est
qu'il est doulz en ses paroles a cause du sanc qui est de nature
amiable. La dixiesme est que le sanguin est encliné a toutes sciences,
c'est assavoir que legierement peult aprendre de toutes sciences par
la grande capassité de son engin. Le unziesme est qu'il est diffi-
cille a le provoquier a ire[345] a cause de sa humidité amortissant la
ferveur de colere provoquant l'omme a ire. En après le texte es deux
derniers vers repete aulcuns des signes devant [98r] [de]clarés et on
ajouste aulcuns aultres. Le premier est que le sanguin est large, non
avaricieulx. Le second est qu'il est de bonnes meurs et amoureux.
Le tiers est qu'il est joyeulx. Le quart: qui semble riche tousjours
et de tout ce la cause est de bonté et benignité du sanc qui encline
l'omme a celles proprietés. Le ve est qu'il est de couleur rouge, car
Avicenne veult au chapitre nommé: rouge signifie multitude de sanc.
Et ce doit entendre de couleur rouge avec aulcune splendeur et non
pas de rouge offusqué, comme est la couleur des bons buvers de fors
vins et de qui usent choses salees et espesses agues, car telle couleur
signifie lepre advenir. Le vi^e est qui chantent volentiers a cause de
leur joyeux couraige. Le viie est qui sont charnus pour la cause declaree. Le viiie est qu'il sont souffisanment hardis par la chaleur
du sanc qui est cause de hardiesse. Le ixe est qui sont benin par la
bonté et benignité du sanc.

> Est et houmor colere qui competit impetuosis:
> Hoc genus est hominum cupiens precellere cunctos;
> Hic leviter discunt, multum comedunt, cito crescunt,
> Inde magnanimi, sunt largi, summa petentes.
> Hirsutus, fallas, irascens, prodigus, audax,
> Astutus, gracilis, siccus, croceique coloris.   (275-280)

En ce texte mect l'acteur aulcuns signes pour congnoistre les
gens coleriques. Le premier est que l'omme colerique est impetueux
et faisant ses choses hastivement, car la chaleur vehemente de la

colere fait [98v] mouvoir l'omme colerique impetueusement. Et pour ce dit Avicenne au premier canon en la seconde distinction, chapitre troiziesme, que les operations faites impetueusement signifient chaleur. Le second est que colerique appete honneurs et preceder tous aultres. La raison cy est car la vehemente chaleur du colerique dispose l'ame du colerique a arrogance et a temerité. Le troiziesme est qui sont legier d'aprendre a cause de la soubtilité et chaleur de la colere. Et pour ce dit Avicenne au chapitre dernier nommé que promptitude a facilement entendre signifie complection chaulde. Le quart est qu'il meng[e]uent moult car il sont de vertu frois digestive et plus grande resolution que tous aultres corps. Le quint: qu'il croissent fort en petit de temps a cause de leur forte chaleur naturele avec suffisante[346] nourrissement. Le vi^e est qu'il sont magnanimes et ne peulent souffrir injures a cause de leur chaleur vehemente. Et pour ce dit Avicenne: estre impatient d'une chescune chose signifie chaleur. Le viie est qu'il sont large et liberal et [sont respectueux de] ceulx desquelz il sont honorés.[347] La viiie est qu'il appetent choses summeres et dignités souveraines pour la cause declaree au second signe. La ixe est que le colerique est pelon a cause de la chaleur que oeuvre les porois du corps et esmeult la matiere du poilz vers le cuir.[348] Et pour ce dit on communement que le colerique est pelon comme le bouch. Le xe est qu'elle est trompeur. Le xie est yreulx et facilement courrouchiés, et pour ce dit Avicenne au chappitre [99r] nommé que l'omme souvent yreux de cause legire signifie chaleur. Et vient icelle ire pour la facile commotion de la colere et ebulition du sanc environ le cuer. Le xiie est qui sont large et prodigue a expouser[349] pour acquerer honneurs. Le xiiie est qu'il est hardis, car audache vient par grande chaleur et par especial du cuer. Le xiiiie est qui est c[h]ault et subtil. Le xve: qu'il est prime de membres et gracile pour la chaleur superflue fort resolutive. Le xvie est qu'il est sec et maigre par sa complection desiccative. Le xviie est qui est de couleur citrine. Et pour ce dit Avicenne au chapitre nommé: citrine signifie la colere dominer.[350]

> Restat adhuc tristis colere substantia nigre,
>
> Que reddit pravos, partristes, pauca loquentes.
>
> Hii vigilant studiis nec mens est delicta somno,
>
> Servat propositum, sibi nil reputant fore tutum;
>
> Invidus et tristis, cupidus, dextroque tenacis,
>
> Non expers fraudis, timidus, luteique coloris. (281-286)

En ce texte declare l'acteur aulcunes signes proprices[351] de la complexion melancolique. La premier est malignité, car la melancolie fait les gens praves et maulvais et de maulvaises meurs, comme sont plusieurs qui se occisent. Le second est tristresse, car gens melancoliques sont tristes communement a cause de leurs esperis melancoliques, troublés et tenebreux, come les gens sont joyeulx a cause des esperis clers. [99v] La iiie: taciturnitet, car melancoliques sont de petit parler a cause de leur froideur comme la chaleur fait les gens grans parleurs. Le quatresme est que les melancoliques sont enclin a l'estude, car il appetent tousjour estre solitaires. Le ve est qui ne sont point endormis a cause qu'il ont le cerveau fort secz et a cause des fumees melancoliques faisantes sommes terribles, lesquelz les esveillent incontinent. Le vi^e est qu'il sont de ferme propos et de bonne memoire et sont dificiles a complaire, et la sceicheresse du cerveau les fait estre de ferme[352] propos[353] et de bonne memo[i]re. Le viie est que les melancoliques jamais ne cuydent estre seigneurs, mais tousjour en crainte a cause de leurs esperis tenebreux. En aprés es deux derniers vers sont mis aultres signes avec aulcunes des signes declarés. Le premier est que les melancoliques sont envieulx. Le iie est qu'il sont tristes. Le iiie est: il sont avaricieux. Le iiiie: qu'il sont tenant, et rien ne veulent exposer et mal paiant. Le ve: qu'il sont simples fraudeleurs, et pour ce gens melancoliques sont devostz, aimant escriptures, jeusnant et font plusieurs abstinences. Le vi^e est: il sont timides. Le viie: il sont de couleur terrestre et fusqué. Et la couleur fusqué, et par especial celle [qui] est prochaine a la couleur verde, signifie la melancolie dominer.

> Hii sont humores qui prestant cuique albores:[354]
> Omnibus in rebus ex flumate sit color albus;
> Sanguine fit rubeus, colera rubea quoque ruffus;
> Si peccet sanguis facies rubet, extat ocellus,
> Inflantur gene corpus nimiumque gravatur,
> [100r] Est pulsusque frequens, plenus, mollis; dolor ingens
> Maxime fit frontis; et constipatio ventris
> Siccaque lingua, sitis, et somnia plena rubore,
> Dulcor adest sputi, sunt[355] acria dulcia queque.   (287-295)

En ce texte met l'acteur les couleurs ensuivant les complexions. Et dit que le flumatique est de couleur blanche, et le colerique de couleur citrine, et le sanguin de couleur rouge, et le melancolique de couleur fusqué.[356] Et de trestous iceulx en a esté doctrine donnee. Secondement met ·xii· signes signifiant superhabondance de sanc. Le premier est que la face est rouge a cause du sanc qui ascent en la teste et en la face. Le iie est que les yeulx apperent plus au dehors qu'il n'ont acoustumé a cause que le sanc illec multiplié extend le membre. Le iiie est que les yeulx au gens[357] sont emflé pour une mesme cause. Le iiiie est que tout le corps est pesant et grave car nature ne peult maintenir et gouverner si grande quantité de sanc et soustenir le corps. Le ve est que le poux devient frequent a cause de la chaleur que fait le sanc multiplié. Le vi[e] est que le poux est plain pour la multitude des vapeurs chauldes et humides. Le viie est que le poux est mol a cause de la humidité grande, mollifiante la terre. Le viiie est douleur au front a cause du sanc multiplié "in rethe mirabili."[358] Le ixe est que le ventre est serré sans aller au retrait a cause de la grande chaleur excicante les feces. Le xe est que la langue est sceiche et aspre a cause des fumees ascendantes a la bouche. Le xie est le soif clameuse et [100v] intollerable a cause de la grande sceicheresse en l'orifice de l'estomac engendree de la grande chaleur. Le xii[e] est que les malades songent[359] choses rouges; en ce veult Avicenne, en la seconde distinction du premier en la troiziesme doctrine, chapitre vii[e], quant il dit: les

signes signifiant habundance de sanc sont quant il semble a l'omme
qu'il voit choses rouges en ses sommes ou fluir sanc de son corps, ou
qu'il songe de naigier en sanc. La xiii^e est que le rascement est
doulx a cause de la doulceur du sanc. Les signes de la colere super-
habundantes sont comprins en ces metres: "Accusat coleram dextre
dolor, aspera lingua/ Tinitus,[360] vomitusque frequens vigilantia
multa;/ Multa sitis, pinguis esto,[361] torsio ventris, / Nausea fit,
morsus cordis; languescit orexis;[362] / Pulsus adest gracilis, durus,
veloxque calescens./ Aret amarescit, incendia somnia fingit."[363] Les
signes de la flume superhabundante sont contenus en iceulx metres:
"Fl[e]uma supergrediens proprias in corpore leges, / Os facit insipidum, fastidia crebra,[364] salivas, / Costarum, stomaci simul, occipitisque dolores: / Pulsus adest rarus,[365] tardus, mollis et inanis, /
Precedit fallax fantasma [ta] somnus aquosa."[366] Les signes de la
melancolie superhabundante sont cumprins en iceux vers: "Humorum
pleno dum sex in corpora regnat, / Nigras[367] cutis, durus pulsu,[368]
tenuis et urina, / Solicitudo,[369] timor et tristicia, somnia tempus, /
Accrescit[370] rugitus, sapor et sputamin[i]s idem, / Levanque[371] precipue timit,[372] et sibulat[373] auris."[374]

>   Denus septenus vix fleubothomium petit an[n]us.
>   [101r] Spiritus uberior erit per flebothomiam.
>   Spiritus ex potu vini mox multiplicatur,
>   Homorumque cibo dam[n]um lente reparatur.
>   Lumina clarificat sincerat fleubothomia
>   Mentes et cerebrum, calidas facit esse medullus,
>   Viscera purgabit, stomachum ventremque coercet,
>   Puros dat sensus, dat somnum, cedia[375] tollit;
>   Auditus, vocem, vires producit et auget.   (296-304)

En ce texte l'acteur fait mension de saignié. Et premier
demonstre l'eage competente et requise devant que on puisse faire
saignier. Et dit que l'omme a ·xvii· ans peult bien estre saignié.
Et de ce dist Galien ou ·xi· livre de Ingenio, que les enfans ne doibvent pas estre saigniés qu'il n'aient ·xiiii· ans du mains. Et la

raison si est car les enffans sont de facile resolution quant leur sourvient chaleur estrange,[376] et sont fort debilés par le saignier. Item, il ont necessité de grand nourrissement pour[377] deux choses, c'est assavoir pour leur nutrition, et pourtant fleubothomie ne leur compete pas. Item, il sont souffisamment dissolus de chaleur estrange sans les encore debiliter et dissouldre par le saignier. Et environ ce est a noter que comme le saignier ne compete pas aux enffans, semblablement est prohibee es gens vieux, comme veult Galien au ixe livre de Megategin, et aussi selon Galien et Hali au iiie livre de Tegin es[t] prohibé es malades convalessant et es gens vieux, car [a] iceux le sanc est bon de petite quantité et le mauvais habunde en grande quantité, et le saignier evacue le bon [101v] et[378] deleisse le mauvais, comme dit Avicenne au chappitre de la fleubothomie. Secondement il[379] declare le nocument que fait la fleubothomie, et dit que la fleubothomie evacue les esperis en grande quantité car au sanc les esperis habondent, et pour ce grande fleubothomie evacue les esperis en grande quantité. Tiercement il met le remede pour refocilier et restaurer les esperis evacués, et dit que le vin but incontinent repare et restaure les esperis, car de tous nutrimens le vin est celui qui plus est restauré et nourri, comme dessus est declaré. Et semblablement les esperis sont refocilés et restaurez des aultres viandes, mais non pas soubitement comme du vin. Et la viande qui se doit adonques exhiber doit estre facile a digerer et generative de sanc en grande quantité, comme sont les rouges des oefz et aultres semblables. Et environ ce est a noter que jaçoice que la viande repare les esperis aprés la fleubothomie, toutefois il se doibvent garder le premier et le second jour de prendre grande quantité de viande, car dist Ysaac en Dietes universalles que le boire leur doit estre augmenté oultre ce qu'il a acoustumé, mais doibvent mai[n]s boire qu'il ne faisoi[e]nt devant la fleubothomie a cause que la vertu digestive est debile. Quartement declare l'acteur ·xi· aides, lesquelz fait la fleubothomie bien celebree. La premiere est que la fleubothomie attrempeement faite conforte la veue, car en dyminuant les humeurs il diminue semblablement les fumees et replexion de la teste offus[102r]cantes la veue. La seconde: il clarifie et aguise l'entendement par une mesme raison. La tierce est qu'elle eschauffe la medulle, car il diminue les superfluités a elle courantes et refroidantes la medulle. La quarte est qu'elle purge les entrailles, car quant nature est deschergié de la superflue quantité des humeurs, le residu jaçoice qu'il soi[e]nt indigeste les digere. Le ve est que la fleubothomie restraint le vomissement et le flui du ventre, car elle divertist les humeurs vers les parties exteriores, comme dit Avicenne de la fleubothomie. Et est chose veritable, par especial quant la saignié est faite des vaines du bras, car la saignié du piet ne retient pas ainsi. Toutefois accidentellement peult la fleubothomie augmenter le fluit du ventre en deux manires: premirement car par fluebothomie nature deschergié et confortee aulcunefois provoque le fluit du ventre ou aultres evacuations, laquelle par avant estoit souffoquee et endormie. Secondement sy est quant le fluit du ventre vient par debilitation de la vertu retentive et la flebothomie est faite en celui flui: elle augmente le flui en augmentant la debilitation de la vertu retentive. Le vi^e est que la fleubothomie fait l'entendement cler et fort soubtil en evacuant et divertissant les fumees de la teste qui mortifient les sens. Le vii^e est qu'il fait dormir pour une mesme cause. Le viii^e est qu'elle oste anuit et pesandeur du corps a cause qu'elle descherge nature, et avec le sanc se evacue la melancolie qui fait l'omme avoir anuyt. Le ixe est qu'elle conforte a l'oye a cause qu'elle diminue les [102v] vapeurs, et les humeurs montant en la teste troublant le sent de l'oye. Le diziesme est qu'elle est utile a la vois en diminuant les humidités et superfluités courantes a la poitrine et au polmon empeschantes la vois. Le onziesme est qu'elle augmente la vertu et la force a cause qu'elle descherge nature du fardel pesant.

>Tres insunt istis--mayus, september, aprilis--
>Et sunt lunares^{380} sunt velut ydra dies,
>Prima dies primi postremaque posteriorum,
>Nec sanguis minui nec carnibus anseris uti.

> In sene vel iuvene si vene sanguine plene
> Omni mense dene confert incisio vene.
> Hii sunt tres menses--mayus, september, aprilis--
> In quibus eminuas ut longo tempore vivas.   (305-312)

En ce texte l'acteur declare trois choses. Premierement il dit que iceulx trois moys--may, septembre, et avril--sont les moys de la lune. En iceulx sont aulcuns jours esquelz est diffendu de faire la fleubothomie, c'est assavoir le premier jour de may, le darnier jour de septembre, et le darnier d'avryl. Et jaçoit ce que aulcuns tiennent celle reïgle, toutefois elle est fause et de nulle valeur, premierement car iceulx jour peullent estre jours esleus comme les aultres et avoir bonne aspec[t] et constestation pour faire fleubothomie.[381] [103r] Et oultre dit l'acteur que nulle persone en iceulx jours ne doit mengier char d'oyes et aussi chose erroniee et faulse et sorcerye. Et tient le docteur present comme je croy icelle sentence des Juis qui encores tiennent celle maniere.[382] Secondement dit l'acteur que les gens vieulx de la premiere viellesse et les jeunes ayant les vaines plaines de sanc peullent estre saignés en ung chascun mois car il resistent bien a la resolution et en ceulx habonde grande quantité de bon sanc et guerre de mauvais. Tiercement il dit que la fleubothomie faite pour garder la sancté doit estre celebree en aulcun d'iceulx trois moys, c'est assavoir may, septembre, et avril, toutefois differamment, car en avril et en may doit on fleubothomer la vaine du foie, car il sont en printemps, et en septembre la vaine de la ratelle pour la melancolie habondant en icelluy temps.[383]

> Frigida natura, f[r]igens regio, dolor ingens,
> Post lavacrum, coitum, minor etas atque senilis,
> Morbus prolixus, repletio potus et esce,
> Si fragilis vel subtilis, sensus stomachi sit
> Et fastiditi tibi non sunt fleubothomandi.   (313-317)

En ce texte declare l'acteur ·xii· choses empeschantes la saignier. La premiere est la complexion froide, car selon Galien en

son Megategin³⁸⁴ la fleubothomie refroide et par ainsi [103v] augmente
la complexion froide. La cause cy est selon Ysaac en ces Urines, car
le sanc est fondement de la chaleur naturelle et la saignié evacue le
sanc et semblablement la chaleur naturelle, et pourtant la fleubothomie refroide. La seconde: la region grandement froide, sur lequel il
fault comprendre le temps excessivement froit, car semblablement il
prohibe la saignié a cause que es regions et temps fort frois le sanc
est ou perfon du corps reclous, et celui qui est aux extremités est
condensé et congellé inepte a fluir. Le troiziesme est grande douleur, sur laquelle aussi est comprinse grande inflamation du corps,
car ce fleubothomie estoit faite en iceulx accidens, il s'ensuivroit
mouvement agitatif, qui est grandement contraire a nature et s'ensuivroit plus grande inflamation debitant aussi nature. Et la cause
efficiente du mouvement agitatif en forte douleur est attraction es
parties diverses, car par fleubothomie est attraction faite au lieu
fleubothomé et par la douleur forte est attraction au lieu douloureux.
La cause de la majeure inflamation est car par la fleubothomie s'esmeuvent les humeurs, et acquierent plus grande inflamation. Et ce
est chose veritable quant la fleubothomie est petite et artificiele.
Toutefois c'elle est faite jusques au sincopin elle est profitable es
choses dessus nommés, car quant la fleubothomie surmonte l'attraction
faite de la douleur elle ne fait pas mouvement agitatif, et semblablement elle oste l'inflamation et ne delesse pas humeur souffisamment pour faire inflamation plus grande. Et celle sentence veult
Galien au comment [104r] de celuy anfforisme, "Que egeruntur . . . ."
en la premiere particule quant il dist: il n'est medicine melieure
en apostume de grande inflamation de fievres et en douleur forte que
fleubothomie. Le quart est le baing, et per especial resolutif, car
tel baing prohibe la fleubothomie a cause qu'elle est evacuatif et
nature ne peult soupporter evacuation sur evacuation, ou deux evacuations l'une aprés l'autre sans moyen. La ve est le habiter a femme,
car incontinent aprés ce on ne doit pas faire seignier a cause que
nature seroit trop debillé. Le vi^e est eage trop grand ou maindre
que requiroit supporter la seignié, comme l'eage d'enffance et l'eage

de veillesse, comme est dessus declaré. Et iceulx empeschement touche Avicenne au chapitre nommé: et garde toy de saignier le corps de complexion fort froide, et es regions de grande froideur, et en forte douleur, et aprés bain resolutif, et aprés le habiter aux femmes, et l'eage maindre de ·xii·,[385] et les vieux tant plus que tu porras se tu n'as confiance en sa figure, c'est assavoir en la solicitude et grosseur des muscles, et en la grandeur de ses vaines, et replection et en la couleur rouge. Le viie est maladie prolixe, car nature ceroit en deux manieres debilité, c'est assavoir de la maladie prolixe et de la fleu[bo]tho[mie]. Et icelle regule ce doit entendre selon Avicenne au chappitre nommé se le sanc n'est corrumpus, car adonques seigné il seroit necessaire. Le viiie est grande replection de vin ou de aultres b[re]uvaiges. Le ixe est trop grande replection de viandes sur laquelle est comprinse la viande indigeste. Et la cause d'iceux est car selon Avicenne en la premiere [104v] distinction[386] du premier, les choses qui attirent sont trois, c'est assavoir vacuum, chaleur, et espesse ou proprieté occulte, donques se les vaines sont evacués de sanc par le saignier attirent la viande indigeste ou superflue ou le boire superflue de l'estomac et du foie, lequel indigest attire es vaines et ne peult estre corrigé, car la tierce digestion ne corrige pas la premiere ne la seconde se la indigestion est grande, et ne ce porroit convertir a restaurer et seroit cause de maladie grande. Le xe est: se blesse de vertu, car la flebotomie est forte evacuation, selon Galien en la seconde particule des Anfforismes au comment d'icelui canon, "In quo morbo . . . ," et la vertu debile ne peult [su]porter[387] forte evacuation. Le xie est forte sensaticn de l'orifice de l'estomac ou l'estomac fort sensible, car celui qui a tel estomac de legier vient en sincopis par saignié, et avec celui est comprins celui qui a l'estomac debile, et celui qui est enclin au dernier[388] fluit de colere en l'orifice de l'estomac engendre vomissement de colere. Et pour ceulx qui ont les nommees accidens ne competent pas la flebothomie, car par la fleub[o]thomier les humeurs esmeuvent a l'orifice de l'estomac comme au lieu acoustumé, car le membre est debile et ne peult resister, et pour ce leur sourvient plusieurs mauvais accidens par la saignié. Et icelle est la cause pour quoy aulcuns sincopisent quant on les saigne, car la colere mordicative fluit a l'estomac, et le point et le cuer souffre avec l'estomac a cause de leur colligance, et ensuit sincopissement. Le xiie est fastidium, car ce en fastidium estoit [105r] faite saignié les vaines evacuees attirroient les humeurs males faisante fastidium. Et iceulx derniers six accidens mect Avicenne au chapitre de fleubothomie. Et environ ce est a noter que oultre iceulx accidens sont encore aulcuns aultres empeschant la fleubothomie, desquelz le premier est evacuation, come est flus de menstrues [et] de emoroides, car adoncques ne compete pas fleubothomie pour evacuer, jaçoit ce bien pour divertir. Le second est le corps rare, car les corps rares sont fort dissolutz, et leur souffit icelle resolution continuelle et non indigence quelconque d'evacuation, come veult Galien au ixe Megategin. Le iiie est les humeurs indigestes et viscieux, car adoncques est fleubothomie prohibee, car elle augmenteroit la indigestion et visciosité et feroit la vertu debile, et pour ce es maladies prolexes est seignié deffendue. Et pour ce veult Avicenne que es maladies croniques medicine laxative soit exibee devant le seignier, et non pas la seignié devant la medicine laxative, jaçoit ce qu'il ayent indigence des deux, mais les humeurs indigestes et crues peulent venir par deux causes: l'une par abundances des humeurs qu'il suffoquent et extincte la chaleur naturelle, laquelle suffoquee et debilitee engendre humeurs crues et indigestes, et adoncques compete seignié. Et pour ce dit Alesander y otros^{389} au iie livre au chapitre de ydropisie: fleubothomie [compete]^{390} au commencement de yposarce--c'est une espesse de ydropisie--quant elle vient par multitude de sanc des menstrues, quant il ne peulent fluir pour aulcune cause ou par multitude de sanc des emoroides, car come ung petit feu est suffo [105v] qué en grande multitude de bois, semblablement est suffoquee la chaleur naturelle de multitude des humeurs. La seconde cause des humeurs crus est la chaleur naturelle debile, comme les corps debile, de debile complection qui ont eu longues maladies, et comme les gens vieux, et adonques

ne compete pas fleubothomie, car par elle la cause seroit augmentee
car le sanc ou gist la chaleur seroit extraicte et ainsi seroit la
chaleur encore plus debile et augmentee sa froideur, et en oultre la
crudité des humeurs; doncques: laissier la fleubothomie pour digerer
les humeurs crues et indigestes. Le quart: mauvaises disposition de
l'air, comme trop grande chaleur ou trop grande froideur, car en grande
chaleur fait grande resolution, et grande froideur fait condenser ou
congellé le sanc et le fait inep a fluir.

> Quid debet facere quando vis fleubothomari?
> Vel quando minuis, fueris vel quando minutus?
> Unctio sive potus, lavachrum vel facias, motus
> Debent non fragili tibi singula mente teneri.   (318-321)

En ce texte l'acteur declare ·v· choses qui se doibvent observer environ la fleubothomie, aulcunes devant la fleubothomie, aulcuns en fleubothomie, et aultres aprés. La premiere: unction,
laquelle se fait aulcunefois en la fleubothomie, come oindre la
lancette pour amoindrir la douleur; aulcunefois se fait aprés la
seignié pour restarder la consolidation de la plaie pour eventer les
humeurs [106r] de vaines, et avoir respiration et pour exaler fumees
mauvaises. La iie est le boire, et par especial du vin, qui est utile
pour secourrir au sincopissement qui survient aulcunefois en la
seignié et vault aussi aprés la saignié pour reparer les esperis et
engendrer nouveau sanc. Icelle practique tiennent tous medecins. Le
tiers est le baing, qui est utile par deux ou trois jours devant et
deux ou^{391} trois jours aprés la fleubothomie, et non icelluy jour
devant, comme ce aulcun cremoit d'avoir aulcunes grosses humeurs, car
le bain dissoult les humeurs et les esmeult et pour icelle mesme
cause devant le saignié: ung du sirop fait d'eaue de vinagre et
succre, et excercice pour dissouldre et subtilier les humeurs. Et
pour ce devant que on face la saignié on face frication environ les
vaines qui veult saignier pour soubtilier les humeurs et preparer pour
fluir facilement. Et aussi aprés le saignier on fait frication pour
resolver aulcunes fumees et vapeurs demourees venantes du fluit des

humeurs. Mais au jour de la saignié ne compete pas le baing, car le
baing fait le cuer lever et lubrique inepte a recevoir le cop de la
lancette, ou il gist peril. Le quart est ligature avecque draps blanc
pour retenir le flus incontinent aprés la saignié, et devant la
saignié pour attirer les humeurs au lieu de la saignié et pour
engrosser les vaines pour mieulx apparoir. Le ve est mouvement,
ambulation attrempee faite devant la saignié et pour dissouldre et
soubtilier les humeurs, et aprés pour resolver les reliques des
humeurs deleissiés de la saignié. Environ les cho[106v̄]ses dites est
a noter communement: les gens ce font saignier en jung mais aucuns
docteurs pour le meillieur disent qui vault mieulx prendre premier
ung oef sorbile avec ung petit boire du vin devant la saignié a
cause que quant l'estomac est en jung nature retient fort le sanc
pour sa nourriture, mais quant en l'estomac est aulcune viande de
grande nourriture, comme sont les oefz et le vin, nature delaisse plus
legierement fluyr le sanc.

> Exhilarat tristes, iracos placat, amentes
> Ne sint amentes fleubothomia facit.   (322-323)

En ce texte l'acteur met trois effectz venant de la saignié.
Le premiere est que la saignié esjoyt l'omme tristre et letifie. Le
second est que le saignier appaise les gens courroucés. La cause cy
est car quant grande quantité de melancolie est meslee avec le sanc,
tristesse^{392} et melancolie s'engendre, et quant colere en grande
quantité est meslee avec le sanc ire s'engendre, car melancolie est
cause de tri[s] tesse et colere de ire, et iceulx deux humeurs sont
evacués avec le sanc par la fleubothomie comme il soient meslés avec
le sanc. La iiie est qu'elle prohibe et defend les amoureux devenier
ravis et en fureur car elle divertit le sanc de la teste et le fait
fluir des parties exteriores. Pour plus ample declaration est a
noter qu'ilz sont ·v· causes pour lesquelles la saignié ce fait: La
premiere est pour evacuer le sanc habondant en quantité ou en
qualitet, ou en quantité et qualité ensemble, car selon Avicenne au
chapitre nommé, deux manieres de gens sont a saignier: l'une sont les

gens qui sont enclins et disposés de [107r] choir en maladie, come ceulx qui ont habondance de sanc en quantité; l'autre maniere sont gens qui sont actuellement cheus en maladie par la malice de leur sanc, mais la saignié en iceulx sont differentes car la saignié faite pour evacuer l'abondance du sanc doit estre grande, et faite pour le sanc mauvais doit estre petite. Et pour ce disoit Galien au ·ix· Megategin: se le sanc du corps est malicieux et de mauvaise qualité, il se doit evacuer petit a petit. Et pour ce peichent grandement ceulx qui font la saignié pour evacuer le sanc mauvais jusque qu'il voient yssir le bon sanc, car tout le sanc ysciroit devant dehors, mais se doit faire petit a petit en donnant celon Galien en icellui cas: devant la saignié auchune diete, c'est assavoir engendrant bon sanc, pour tenir le lieu du sanc mauvais qui sera evacué par la saignié, et ung petit de temps aprés faire la saignié et proceder ainsi jusques a la fin. Et icelle saignié est directe et de droite ligne, car elle est faite pour evacuer icellui humeur qui ce doit proprement evacuer par saignier, c'est assavoir pour evacuer la multitude du sanc. La seconde cause est grandeur de maladie, et grandeur de apostume de grande inflamation, car selon Galien au comment d'icelui anfforisme, "Que egeruntur . . ." il n'est medecine meillieure et plus profitable en apostume de forte inflamation, et es fievres et douleur grande que saignié, comme il est declaré en ce texte, "Frigida nature . . . ."[393] La iiie cause pour attirer le sanc en aultre partie du corps par laquelle le sanc se doit evacuer,[394] comme pour provoquer les menstrues et les humeurs emoroydes, on doit saignier la sophene, selon [107v] Galien et Avicenne, pour tirer le sanc vers les parties basses. La quarte cause est pour tirer le sanc en lieu et partie opposite du lieu ou fluit le sanc pour divertier, comme en grand flu de menstrues on saigne la vaine baselique pour retirer le sanc a la partie opposite. Et pour icelle cause en plusieurs de la partie senestre on fait flebothomie en la partie dextre pour divertir la matiere et atierer en lieu contraire. Semblablement on fait la saignié en la partie senestre quant la pleuresie est en la partie dextre. La ve est affin que par la

saignié une portion et quantité de la matiere soit evacué et nature
[soit]³⁹⁵ plus forte sur le demorant et pour ce fait on saignier quant
le corps est replet pour prohiber apostume ou aultre maladie, car
nature est debilis et impotente de regir et gouverner ladicte replection.

>   Fac plagam largam mediocriter ut cito fumus
>   Exeat uberius liberiusque cruor.   (324-325)

En ce texte l'acteur declare ung enseignement de l'ouverture
faite en la saignié. Et dit que l'incision doit estre large competemment affin que le sanc gros puisse bien yssier, car quant l'incision est estroite le sanc soubtil seulement fluit dehors et le sanc
gros demeure. Environ ce est a noter que aulcunefois en la saignié
l'incision doit estre grande, aulcunefois petite. Et en trois cas
doit l'incision estre grande: premierement quant le sanc est gros,
comme es melancoliques--l'incision doibt estre large pour mieulx
yssir le sanc gros et [108r] melancoliques; secondement quant le
temps est froit, a cause qu'il engrosse le sanc, et pourtant en yver
l'incision doit estre grande; tiercement pour la grande quantité des
humeurs, affin qu'il puisse mieulx estre evacués. Mais l'incision
doit estre petite quant la vertu est debile affin que des esperis et
de la chaleur naturelle soit maindre quantité evacuee, et aussi en
temps chault pour une mesme cause, et aussi quant le sanc est soubtil.

>   Sanguine substracto, sex horis est vigilandum,
>   Ne somni fumus ledat sensibile corpus;
>   Ne nervum ledas non sit tibi plaga profunda;
>   Sanguine purgatus non carpas protinus escas.   (326-239)

En ce texte declare l'acteur trois choses a considerer environ
la fleubothomie. La premiere est que l'omme sanguin ne doit pas
dormir incontinent aprés la fleubothomie fors que six heures aprés du
mains, et l'acteur rend la cause au texte: affin que les fumees
engendrees en dormant montees en la teste ne blessent le cerveau.

Toutefois aultres plusieurs raisons sont donnees: l'une cy est de paour que l'omme saigné ne dorme sur son bras fleubothomé et viengne aulcun inconvenient. Aultre cause: affin que les humeurs ne fluient aux membres blessés et douloureux a cause de la ferue de la lancette et en viengne apostume, car dist Galien en la seconde particule des <u>Anfforismes</u> en ce canon "In quo morbo, etc.," se en dormant s'engendre apostume dedens le corps ou aulcun membre soit blessé, les humeurs fleunt illec. [108v̄] Avicenne rend aultre cause et dit que le somme fait aprés la saignié engendre fraction de membres. Et la cause d'icelle fraction selon Galien en celui anfforisme, "In quo morbo est . . . ,": car le somme fait au commencement du paroxisme est nuysant a cause que la chaleur naturelle se retourne au dedans et les parties exteriores demeurent refroidés, et les fumees qui ne sont pas consumees demeurent, par quoy la rigeur et le tramblement est augmenté et aussi le paroxisme. Semblablement les fumees engendrees par la commotion des humeurs: par la fleubothomie retournent non consumés par le somme aux ners, aux membres lacerteus, et illec refroidiés font confraction des membres. Le somme s'ensuit incontinent aprés la saigniee.[396] La seconde est que la fleubothomie se doit garder de faire parfonde incision en la vaine de paour qu'il ne blesse ners ou aurtres desoubz la vaine, car [ ] de[397] la blesseur du nerf s'ensuit spasme mortel ou au mains perdicion du membre comme du bras ou d'aultre membre. Et l'incision de l'artere s'ensuit grand fluis de sanc arterial difficile a restraindre. Le tiers est que l'omme saignié ne doit pas prendre incontinent aprés la fleu[bo]thomie viande mais doit attendre que les humeurs soient en repos affin que la viande ne soit pas attiree avec le sanc pour secourrir au membre blessé.

>   Omnia de lacte vitabis rite minute,
>   Et vitet potum fleubothomatus homo;
>   Frigida vitabis qui[a] sunt inimita[398] minutis;
>   Interdictus erit minutus nubilus, homo;[399]

[109r] Spiritus exultat minutis luce per aures;[400]
Omnibus apta quies est, motus valde nocivus.   (330-335)

En ce texte mect l'acteur ·v· choses deffendues a celluy qui est seignié. La premiere est que l'omme seignié doit eviter le laict et choses lacticimeuses. La raison si est, car de la commotion des humeurs faicte par la seignié souvent sourvient aulcunes humeurs a l'estomac, et pourtant se l'omme seignié prenoit du laict incontinent aprés la seignié le laict se corrumproit en l'estomac a cause que de luy mesme est de facile corruption. Et ainsi le laict par sa grande doulceur devant qu'il seroit digeré pourroit estre attiré des membres, mais par la fleubothomie. La seconde est que l'omme seignié se doit gardé de trop boire, car a cause que les vaines sont evacuees tel breuvaige suparflue facilement est attiré es vaines indigeste, comme est souvent declaré. Le tiers est que l'omme seignié doit eviter toutes choses froides tant au dehors comme dedans, comme l'air froit, viandes froides, baing froit, petite vesture, le froideur des piez, de la teste et toutes aultres samblables, a cause que la couleur naturelle est debilitee par la seignié et de legier seroit refroidié. La quarte est que l'omme seignié ne doit pas cheminer en l'air tenebreux et obscur, car tel air fait l'ame triste, comme est dessus declaré en ce texte, "Aer sit mundus . . . ,"[401] et tristesse est causé de sanc melancolique, mais doit cheminer en l'air cler et lucide, car en tel aer les esperis vitalz ani[109v]mal et naturel sont recrees et refocillees, et s'ensuivent au dehors en esjoysant de leur semblable. Le quint est que l'omme seignié doit estre en repos attrempé et eviter traveil excessif, car adoncques le traveil excessif debilite fort et esmeult les humeurs, et repos attrempé appaise le mouvement des humeurs.

Principio minuas in acutis perperacutis;
Etatis medie multum de sanguine tolle;
Sed puer atque senex tollet uterque parum;
Ver[402] tollet dupplum reliquum tempus tibi simplum.   (336-339)

En ce texte declare l'acteur quatre choses. La premiere est
que la fleubothomie doit estre faicte au commencement de la maladie
fort ague, comme celles qu'ilz sont terminees au quatriesme jour, car
telles maladies sont breves sans donner[403] induces et pour ce des le
commencement il les fault medeciner. La seconde est que en l'eage
moyen, c'est assavoir depuis ·xxx· ans jusque a ·xlv· ou ·l·, on
doit plus extraire de sanc que en aultre eage, car en icelluy eage le
sanc s'engendre et multiplie grandement, et en icelluy eage la sub-
straction du sanc n'empesche pas l'augmentation du sanc et ne se
diminue pas la vertu du corps humain, a cause que en celluy eage la
vertu ne augmente ne diminue semblablement, mais demeure en ung
estat[404] apparamment. Le tiers est que les gens vieulx et les enffans ne doivent [110r] gairre estre saigniés, car es enfans
quantité de sanc grande est requiesse[405] pour leur nourriture et
augmentation. Et es vieux gens la vertu commence a devenir debile.
La quarte est que en printemps double quantité de sanc doit estre
extraicte en la saignié en comparant aux aultres temps. La raison
cy est car le printemps est grandement generatif et multiplicatif de
sanc selon tous docteurs de medecine. Environ la premiere pour plus
ample declaration sont a noter aulcunes reigles environ la fleubothomie. La premiere cy est que au commencement de la maladie fleubothomie ne doit pas estre faite, car le medecine est serviteur de
nature, selon Galien au second livre du Tegin en celui, "Omnium
natura operatrix medicus vero minister . . . ," mais selon Galien en
la iiii^e particule des Anfforismes en celui comment, "Egritudinibus
quibuscunque incipientibus . . . ," nulle evacuation au commencement
de la maladie n'est naturele, et comme nature au commencement de la
maladie ne evacue pas, semblablement aussi ne doit faire le medecin.
Toutefois icelle reigule a instance en trois cas: premierement en
nature furieuse, car Avicenne au chappitre souvent nommé veult que au
commencement de la maledie saignié ne soit pas celebree a cause que la
fleubothomie esmeut les humeurs et les subtile et les fait courir par
tout le corps, si non que la matiere fusist furieuse. Secondement a
instance en grande multitude de matiere pour quoy Galien au comment

d'icelui anforisme, "Inchoantibus morbis . . . ," dist: c'est chose necessaire de faire fleubothomie ou de [110v] donner medicine laxative affin que nature soit allegee, car elle est chergié par grande multitude d'umeurs. Tiercement il est instance en grandeur de maladie et en maladie fort ague, et pourtant quant apostume est grande, et malice, et doloreuse, jaçoit ce qu'il n'y a point grande quantité de matiere accedente au corps, et pour eviter que l'apostume ne viengne a ouverture devant qu'il soit madure, et pourtant a eviter les mauvais accidens la seignié doit estre selebree. La seconde reigle est que la seignié ou aultre evacuation ne doit point estre administree au jour du mouvement de la maladie, come au jour de crisis, car par la seignié on porroit[406] divertir la matiere et evacuer par partie contrare a nature, semblablement ne au jour du paroxisme, car selon Galien au premier livre des <u>Anfforismes</u>: en l'estat de la maladie, fleubothomie ne aultre evacuation doit estre faicte, car en icelluy temps la maduration de la matiere se fait, laquelle se fait mieulx en repos que en mouvement, et le paroxisme des maladies agues interpolees est à comparer a l'estat des maladies agues, car comme il est deffendu de seignier a evacuer en l'estat, semblablement il est deffendu au jour du paroxisme. La tierce reigle est que la seignié est deffendue au commencement de la maladie quant le crisis, c'est adire le mouvement subit a salut ou a mort, est elongié de l'estat, car selon Ysaac au livre de ses <u>Urines</u> le sanc est le fondement de la chaleur naturelle, et celluy qui le soubstient en vigeur, jaçoit ce que le ceur soit la fon[111r]taine generative du sanc et des esperis, toutesfois le sanc est le fondement de la chaleur naturelle, naturellement car de lui sont les esperis et la chaleur naturelle, et pour ce celui qui evacue le sanc evacue la chaleur naturelle qui doit digerer et maturer la matiere de la maladie, et pour ce la maladie s'en prolonge et la vertu se debilite pour laquelle chose est a cremir[407] que pour longeur de la maladie et la debilitation de la vertu maturelle ne soit succumbee. La quarte: que en corps ayant les intestins plain de feces saigniee ne doit pas estre celebree. La raison cy est car il sont trois choses qui attirent, c'est assavoir la chaleur, [l]a chose vuidé et espesse

ou^{408} proprieté. Et a cause que la saignié evacue des vaines, et
attirent des membres prochains les humidités mauvaises des intestins
et de l'estomac,^{409} par laquelle chose le ventre est presserré^{410} plus
que devant et le sanc plus infect que par avant, et pour ce les
intestins doibvent premier estre evacués par cristeres ou suppositoire. La cincquiesme reigle est que on ne doit pas faire souvent
saignier, car d'estre souvent saignié l'omme quant il devient antique
en est enclin a ydropisie, paralisie, appoplexie, et a epilence, car
saignier celebré debilite la chaleur naturelle et est cause d'engendrer multitude de flumes qui sont causes des maladies nommees. La
siziesme reigle est que la saignié est diffendue en femmes ayant les
fleurs ou portant enfant, car par le saignié fait en femmes pourtant
enfant la vertu digeste est fort dominee, et le [111v] fruit en pert
son nourrissement, et par especial quant le fruit est grant de six ou
sept jousque a ·ix· moys, car adoncques il a necessité de grant
nourrissement, et celle sentence dit Ypocras en la cinq[u]iesme particule des <u>Anfforismes</u>. En femme [ayant] ses menstrues, naturellement
selon la revolution de la lune, ne doit pas estre seignié, car on
attireroit le sanc menstrual corrumpu et venimeux es vaines et feroit
grant inconvenient et semblablement en divertiroit nature de sa
propre operation naturelle. La septiesme regle est que aprés la
colerique passion seignié ne doit pas estre administree, car come
ainsi soit que la fleubothomie esmeult les humeurs elle pourroit
esmouvoir la colere et faire fluir a l'estomac et l'inflamer. Semblablement ne doit estre faicte aprés vomissement que la seignié ne
face fluir les humeurs a l'estomac, ne aprés fleu de ventre, ne aprés
grandes veilles, ne aprés grant traveil et mouvement, ne universalle-
ment aprés chose fort eschauffant ou fort evacuante, car la fleubothomie esmouvroit les humeurs et debiliteroit la vertu plus que
devant. En aprés fault considerer les corps qui peullent supporter la
seignié. Et pour icelle chose seront declarés aulcunes reigles. La
premiere est que la seignié est convenable aux gens delicatif, puis-
sans, et fort charnus, qui usent viande fort generative de sanc. La
seconde reigle est que la saignié compete au corps ayant habundance de

sanc, laquelle chose est cogneue par l'espesseur de l'orine, car
l'abondance de sanc fait l'orine espese et de colere subtile. La
troiziesme est que [112r] ceulx qui[411] habondent en melancolie doibvent estre saigniés, car quant grande quantité de melancolie naturelle
court avec le sanc par tout le corps, adonques saignee doit estre
administree et aprés farmacie. Et est melancolie double, c'est
assavoir naturelle et non naturelle. La naturelle est la feces du
sanc, laquelle quant elle abonde court avec le sanc, et pourtant la
saigniee le evacue avec le sanc, et pour ce saignier est propre
evacuation a la melancolie naturelle, et semblablement le sanc et la
melancolie sont engendrees d'une mesme chaleur attrempee, et aprés la
saignier farmacie doit estre administree. La quarte reigle est que en
iceulx ou gist crainte de ebulition des humeurs ou conturbation ou
calefaction compete saigniee, et iceulx incontinent qu'il se sentent
eschauffés ou inflamés se doibvent faire saignier pour eviter ladite
ebulition, conturbation et supercalefaction venant par grande
habondance des humeurs. Toutefois aulcuns par icelle reigle sont
deceus, car incontinent qu'il apersoivent qu'il sont eschaufés ayant
creinte[412] de ebulition des humeurs se font saignier. Et quant icelle
ebulition et calefaction vient par la colere, la saigniee ne l'apaise
pas, mais par la saigniee est augmentee a cause qu'elle esmeult les
humeurs et les fait courir par tout le corps. Et pour ce ne compete
pas la saigniee fors que quant ladite ebulition sourvient par habondance des humeurs, laquelle chose est congnieue par sueur grande venant
par especial du matin, car plusieurs sont qui jamais [ne suent][413]
fors que quant ils ont indigence de evacuation. Le ve rei[112v]gle
est que les gens forts et vertueux doibvent estre saigné, et ceulx
qui sont sanguins en complexion et non de froide et sceiche[414] complexion. Comme dit Rasis au viie livre d'<u>Almasor</u>, les corps disposés
a saignier et les corps abondant en poil et de couleur brune ou sur
le noir; et les gens jeunes et les addolessents, et les gens antiques
en la derniere vieleisse ne doibvent pas estre saigné se grande
necessité ne les contraint. Et icelles reigles pour la plus grande
partie sont prinses hors d'Avicenne au chapitre de la saignié.

> Estas, ver dextras; autumnus, hyemsque sinistras,
>
> Quatuor hec membra: cephe, cor, pes, epar vacuanda;
>
> Ver, [cor];⁴¹⁵ epar, estas; ordo seque[n]s reliquas.   (340-342)

En ce texte present declare l'acteur aulcunes choses regardantes les membres qui doibvent estre saigniés. Et dit premierement que en printemps et en esté les vaines de la partie dextre doibvent estre saigniés, comme les vaines du bras ou de la main dextre ou du pied droit, mais en yver et en automne doibvent estre saigniés les vaines senestres, c'est assavoir de la main ou du pied senestre. Et la raison peult estre car le printemps multiplie le sanc, et l'esté la colere, et pour ce en printemps et en esté doibvent estre saigniés les vaines esquelles habonde grande quantité de sanc et de colere, et icelles sont les vaines de la partie dextre, car en la partie dextre est cité le membre qui engendre le [113r] sanc, c'est assavoir le foie et le _cistis_, bourse de la colere, mais le autonne engendre et multiplie la melancolie, laquelle se assemble et acumule en yver sans estre resoluee, et pourtant en autonne et en yver on doit saignier les vaines esquelles habonde la melancolie, comme sont vaines de la partie senestre, a cause que en la partie senestre est situee la ratelle, bourse de la melancolie. Secondement il dit que iceulx quatre membres, c'est assavoir la teste, le cuer, le piet et le foie, selon les quatre temps de l'an doibvent estre evacué par saignié, chascun en son temps convenable: le cuer en printemps, le foie en esté, la teste en yver et les piés en autonne.

> Dat salvatella tibi plurima dona minuta:
>
> Purgat epar, sp[l]enem, pectus, precordia, vocem,
>
> Innaturalem tollit de corde dolorem.   (343-345)

En ce texte present declare l'acteur six aides ou bontés venant par la saignié de la vaine nommee salvatelle, laquelle gist sur le dos de la main entre le petit et le doit medecinal. La premiere aide ou bonté est qu'elle purge le foie. La seconde est qu'elle mondifie la ratelle. La troiziesme est qu'elle clarifie la poitrine.

La quarte est qu'elle preserve le membre precordial, c'est assavoir
l'orifice de l'estomac, de plusieurs nocumens. La cinquiesme ayde est
qu'elle oste les enpessemens de la vois. La sixesme ayde est qu'elle
oste la douleur du cuer. Et la raison de toutes icelles aides sont
mises a cause que ladite vaine purge et evacue le sanc [113v] de tous
les membres dessusditz, comme sera aprés declaré. Pour avoir plus
ample declaration des choses dites est a noter que par saignier aulcunefois sont ouvertes les vaines et aulcunefois arteres. Et en
saignié d'artere gist grand crainte a cause que le sanc fluit
impetueusement et est difficile, fort a restraindre pour deux causes:
l'une a cause de la chaleur grande et vehemente du sanc venant de
l'artere, car les choses chauldes sont de facile mouvement; la
seconde est la mobilité de l'artere, et pour ce la playe ne se peult
consolider legerement come les vaines car les playes ne se peullent
garir s'il ne sont en repos. Toutefois icelle saigniee est profitable
au corps en trois manieres: premierement quant le sanc subtil est
fort habondant au corps; secondement quant le sanc est plain de
vapeurs; tiercement quant le sanc est grandement chault, car le sanc
soubtil duquel sont engendrés les esperis reside es arteres et au
cuer, et le sanc gros duquel les membres sont nourris reside es
vaines: semblablement le sanc vaporeux est contenu es arteres, et
l'autre sanc es vaines. Secondement est a noter que la saigniee ce
fait en plusieurs membres, aulcunefois au bras, aulcunefois en la
main, aulcunefois[416] au piet, aulcunefois au nez, aulcunefois au
fronc, aulcunefois es levres, aulcunefois en la langue, aulcunefois
es vaines lacrimales. En la main grande, laquelle commence aux
esselles jusques a la coulde sont vaines assaignier, selon Rasis au
·vii· livre d'Almasor et selon Avicenne au chapitre de la saigniee.
La premiere est appelée vaine ciphalique, et est [114r] la vaine de
la teste. La seconde est la vaine baselique ou la vaine du foye. La
tierce: la cardiaque ou nigra nommee par Avicenne et Rasis matris.[417]
La quarte: ascellaris. La quinte: funis du bras, en la petite
main. Et en la main petite est sailes ou autrement nommee salvatella,
et ainsi au bras qu'il contient la main grande et la petite sont ·vi·

vaines a saignier. La cephalique evacue le sanc des parties du col
jusques en amont, et pour ce vault la saignié de la cephalique es
passions de la teste--comme en migraine, et en manie, en frenesie,
es aultres maladies de matiere chaulde. Et commence celle vaine avoir
son originement a l'espaule et va en long du bras tendant a la partie
senestre. La vaine baselique evacue proprement des parties soub le
col comme des parties pectorales et du foie, et pour ce est saignié
es passions pectorales, et du foie, et es aultres semblable, et en
pleuresie, et commence es asselles tirant vers la partie domestique
du bras. La vaine mediane est cituee entre icelles deux et est composee ou a originement d'elles car est branche d'icelles deux, et est
semblablement moiendre quant a la evacuation, car elle evacue tant les
parties superiores comme les parties inferiores, et pourtant est universelle[418] en evacuant tout le corps, et n'est pas universelle come
dient plusieurs[419] medecins pour ce qu'elle vient du cuer, car elle
est branche de la cephalique et baselique. Et pour ce quant nous
voulons saignier la cephalique et n'est pas apparente, on saigne la
vaine mediane et non pas la vaine baselique. Et semblablement quant
le medecin veult saignier la [114v] baselique et n'est pas apparente,
on doit saignier la mediane et non pas la cephalique, car elle a plus
grand colligance avec icelle deux que la cephalique et baselique n'ont
ensemble. Seiles ou salvatella est une vaine situee entre le doit
grant et le doit medecin tirant plus envers le doit medecin et prent
originement de la baselique, et est ceste vaine saigniee es opillations du foie en la main dextre, et en la main senestre es oppilations
de la ratelle. Et icelle saigniee n'a pas esté faite par argument ou
raison demonstratif comme dit Avicenne, mais a esté congneue par
experience, laquelle saigniee a trouvé Galien en son songe comme il
refere car il avoit en cure ung malade ayant le foie opillé et la
ratelle, et songa qu'il le fleubothomoit de la vaine salvatella, et
lendemain le fit saignier et fust garit. Et pour saignier celle vaine
il convient mettre la main en eaue chaulde pour l'engrosser et enfler,
car elle est soubtile et de petite apparence. La vaine ascellaris est
celle qui est cituee soubz la baselique et est apparente en la

ligature du bras, et est son jugement semblable a la vaine baselique.
<u>Funis brachii</u>, appellee funis du bras, est une vaine qui est dessus
la vaine nommee cephalique envers la partie senestre du bras, de
laquelle y a ung metre, "Partem sinistram . . . ,"^420 et veult l'acteur
que d'icelle vaine funis du bras, et de ceste vaine cephalique, qu'
elles doibvent estre d'ung jugement; la raison est dessus declaree.
Et jaçoice que selon Avicenne et Galien que la saigniee soit evacuation universelle evacuante tout le corps, toutefois il n'est [115r]
pas equale de toutes les vaines, comme dessus a esté declairé. Et
jaçoit ce que les vaines evacuent de tous le corps, toutefois la
crainte es vaines n'est pas equale, car la sephalique, selon Rasis
au viie d'<u>Almasor</u>, est la plus seure, et la baselique est a doulter,
et aussi la vaine cardiace, toutesfois moins que la baselique. Et la
sephalique est la plus seure, car environ elle n'est nerfz ne arteres.
Et soubz la vaine <u>cardiaca</u> est ung nerf, et ung petit dessus est ung
nerfz subtil et pourtant est a doubter qu'il ne soit ouvert en seig-
nant la vaine <u>cardiaca</u>. La baselique est fort dangereuse, car
dessoubz elle est ung artere et environ elle a ung nerf et ung
muscle, et pour ce est fort a doubter. La vaine salvatelle n'est pas
perilleuse mais est subtile, et pour ce quant on le doit saignier il
le fault mectre en eaue chaulde. Au piez sont trois vaines, c'est
assavoir la vaine sciatique, la sophene, et la vaine du ploy du
genoul. Et icelles se saignent pour attirer le sanc vers les parties
inferiores, comme en provocation des menstrues, et la vaine du ploy
du genoul (selon Avicenne) saigniee provoque mieulx les menstrues que
la sophene ou la sciatique a cause qu'elle est plus prochaine de la
mere ou matrice, et pourtant attire plus fort de la matrice. La
sophene attire le sanc des testicules et de la verge et de la matrice.
Et la vaine sciatique attire par especial des hanches, et des rains,
et des membres situés vers la partie silvestre. La sophene de la
matrice est des parties environ situees [115v] vers la partie domestique, jaçoice qu'il soient branchés d'une mesme vaine au milieu du
front, c'est une vaine laquelle vaine on saigne es passions antiques
de la teste et de la face, comme en morphee, et en serpignir et es

passions des yeulx. Toutefois premierement on doit premier faire saignié de la vaine cephalique. Et semblablement est une vaine au nés et en icelles deux vaines doit on lyer le col pour les faire apparoir. Es levres[421] semblablement sont aulcunes vaines, lesquelles on saigne pour garir et medeciner les apostumes et ulceres de la bouche et des gingives; tousjours toutefois doit proceder la saignié de la vaine cephalique. Au palais sont quatre vaines, lesquelles c'elle sont ouvertes elle confere a la rume et aux douleurs des dens, et sont icelles vaines manifestees et se doibvent saignier quant la matiere est digeree et pourie. Item, sont aulcunes vaines es angules des yeulx vers le front et sont saigniés es passions des yeux, mais devant fault saignié la cephalique. Item, il sont aulcunes vaines soubz la langue, lesquelles on saigne en squinancie, mais la saignié de la cephalique doit proceder. Item, les vaines des temples sont saignee pour la migraine, et pour grande douleur de teste, et pour douleur du cerveau diurne, et sont icelles nommees de Ypocras et d'Avicenne vaines <u>iuvenisis</u>, desquelles la saignié fait l'omme devenir sterile. Item, au col sont deux vaines nommees guides, lesquelles se doibvent saignier au commencement de lepre et par especial quant le souffle est aulcunement suffoquee, et en squinancie, [116r] qui oste le souffle, doibvent estre saigniés.

> Si dolor est capitis ex potu, lympha bibatur,
> Ex potu nimio nam febris accuta creatur;
> Si vertex capitis vel frons estu tribulentur,
> Timpora fronsque simul moderate sepe fricentur,
> Morella cocta necnon calidaque laventur. (346-350)

En ce texte present l'acteur declaire deux choses. La premiere est que la douleur de teste vient par trop boire, et par especial de vin ou d'aultre breuvaige[422] duquel l'omme s'enyvre, adonques on doit boire de l'eaue froide, laquelle par sa froideur engrossit et empesche les fumees de monter au cerveau. La seconde est se la teste ou le front sont en trop grande chaleur[423] les temples et le front doibvent attrempeement frotés et en aprés les laver ou for-

venter d'eaue de decoction de morelle, car la morelle a grande
proprieté de refroidir le cerveau.

>   Temporis estivi ieiunia corpora siccant.
>   Quolibet in mense confert vomitus quoque purgat
>   Humores noc[i]vos, stomachi lavant ambitus omnis.
>   Ver, [estas], autumnus, hyems est dominatur in anno.
>   Tempore vernati calidus sit aer humidusque
>   Et nullum tempus melius sit fleubothomie;
>   Usus tunc homini Veneris confert moderatus[424]
>   Corporis, et motus ventrisque solutio, sudor,
>   Balnea. Purgentur tunc corpora cum medicinis.
>   [116v] Estas more calet, sicca noscatur in illa.
>   Tunc quoque precipue coleram rubeam dominari.
>   Humida, frigida fercula dentur, sit Venus exira;
>   Balnea non prosunt, sint rare fleubothomie.
>   Utilis est requies, sit cum moderamine potus.   (351-364)

En ce texte l'acteur declare plusieurs choses. La premiere
est que le souvent jusner en esté desceiche le corps a cause que l'esté
de sa propre complexion est chault et sec. Il resoult les humidités
du corps par sueurs[425] et resolution occultes, et ce la personne
jeusne doncques en celui temps il deseiche grandement son corps, car
quant le corps est privés des humidités, la chaleur naturelle resoult
les humidités des membres et desceiche fort le corps. Et pourtant
dit bien Ypocras en la viie particule des <u>Anfforismes</u>: il convient
les corps ayant la chair humide supporter le fain car le fain desceiche les corps. La seconde est que vomissement fait en ung c[h]ascun
mois est profitable au corps humain, car le vomissement purge le
corps de humeurs nuysables contenus es vaines et en tout le corps, et
icelle sentence met Avicenne en la troiziesme distinction du premier,
chappitre xiiie, des aydes du vomissiment quant il dit: et Ypocras
commande de faire vomissement deux fois le mois deux jours continuelz
pour expeller les humeurs, au second jour qui furent[426] esmeuz, au
premier sans evacuer. Et par icelluy vomissement, selon Ypocras, est

la sancté conservee a cause qu'il mondifie l'estomac et evacue la
flume et la colere, car l'esto[117r]mac n'a point qu'il^{427} le mondifie, comme ont les intestin de la colere rouge pour leur mondification.
En oultre, Avicenne met plusieurs aydes du vomissement admin[i]stré
comme il appertient. La premiere est qu'il oste la douleur de la
teste qui vient de matiere humorale estant en l'estomac effumant en
la teste, mais ce la douleur de la teste venoit de matiere estant en
la teste vomissement seroit nuysable. La seconde ayde est qu'il
clarifie la veue quant l'obscurité de la veue vient de matiere estant
en l'estomac effumante aux yeulx, aultrement non. La tierce est qu'il
oste l'apetit de vomir en evacuant les humeurs de l'estomat qui sont
cause de voloir vomir. La quarte est qu'elle est utile a cellui qui
a souvent la colere en l'estomac venant du foie ou des intestins
corrompant la viande. La quinte est qu'il oste la abhomination que
font les viandes unctueuses. La ·vi· est qu'il oste le mauvais
appetit et dissordonné, comme l'apetit de voloir mengier choses agues
ou pontiques ou aceteuses, pour ce que le vomissement oste la cause
de toutes icelles dispositions, et quant la cause est ostee l'effect
est osté. La viie est qu'il est utile a cacecie et est disposition
precedant ydropisie a cause qu'il evacue la matiere d'icelle cacecie
et mondifie l'estomac. La viiie est qu'elle confere aux ulceres des
rains et de la vescie en divertisant les matieres courantes vers
yceulx membres. La neufiesme est qu'il confere aux gens lepreux, et
par especial quant ledit vomissement est fait et acompli de forte
medecine vomitive, come est blanc ellebore, car tel vomissement evacue
les matieres des membres [117v] distans et de difficile eradication
desquelles est la meselerie engendree. Semblablement le vomissement
corrige la premiere digestion, c'est assavoir de l'estomac, par laquelle les aultres digestions, comme du foie et les vaines, en sont
vigerees. Et le lepre vient par faulte de vertu digestive 2^e ou
troiziesme. Le xe est que le vomissement est utile pour faire avoir
bonne couleur en divertissant les humeurs du ceur. Le xi^e est qu'il
confere a epilence venant de l'estomac en evacuant les humeurs de
l'estomac ensuivant au cerveau et engendrent epilence. Le douziesme

est qu'il est utile a la jaunisse, et par especial a celle qui vient par oppillation du cestis fellis, car par grant mouvement qui fait en vomissement la matiere oppillance se meult de son lieu par quoy la jaunisse est garie. Semblablement par vomissement est evacuee la matiere fleumatique qui est cause d'icelle oppilation. La xiiie est qui confere a gens a[s]matiques en evacuant la matiere antecedente estant en l'estomac qui nourrit la matiere de la disposition asmatique. Et semblablement eschauffe le polmon et les parties pectorales, lequel eschauffement et chaleur consume les suparfluités faisantes asma. Asma est difficulté d'ailaine et de souffle. La xiiiie: qu'il confere au tremeur du ceur et a la paralisie en evacuant la matiere faisante icelles maladies.[428] Et jaçoit ce que le vomissement convenablement administré ayt plusieurs aydes, toutesfois le vomissement suparflue fait au corps plusieurs nocumens, car il debilite l'estomac [118r] et le resoult, et le dispose a recevoir les superfluités du corps, et nuyt la poitrine, et la veue, et les dens, aux[429] maladies antiques de la teste, comme declare Avicenne en la iiiie distinction du premier, chapitre xiiiie. Au tiers metre[430] dit l'acteur qu'il sont quatre temps en l'an, c'est assavoir le printemps, l'esté, autonne et yver, et est chose manifeste. Et entre iceulx temps le printemps est chault et humide en le comparant aux aultres temps, jaçoit ce qu'il soit attrempé en soy mesme, comme dit Galien au iiie livre des Complexions. Et s'ensuit que cellui temps, c'est assavoir le printemps, est le plus convenable pour la saigniee, car il multiplient plus les humeurs que tous les aultres temps. Et pour ce en icellui temps doit plus hardiment habiter, et laichier le ventre et bagnier[431] pour diminuer la replection du corps faite en yver. Et est le temps plus convenable a prendre medecine laxative. Le quart: que l'esté eschauffe et desceiche le corps, et pourtant multiplie la colere rouge, laquelle est chaulde et sceiche. Et semblablement a cause de sa complexion on doit mengier en esté viandes froides humides pour obvier et oster la distemperance de la chaleur et sceicheresse du corps engendree par la complection de l'esté. Et doit l'omme ce abstenir de habiter a cause qu'il est exsiccatif, et aussi abstenir de bagnier pour une mesme cause, et eviter le saignier tant qu'il est possible[432] se grande necessité ne constraint a la saigniee. Et doit l'omme estre en repos ou de petit traveil, car le repos rend le corps humide et le mouvement desceiche. Et doit l'omme en ycelluy [118v] temps user attrempeement breuvaiges,[433] et par especial frois, car du boire superflue froit aulcunefois s'ensuit subite refrigeration du corps et paralisie ou mors subite a cause que tous les conduis sont ouvers de laquelle mort subite, et de tous aultres mauvais accidens, eternelement in secula secularum. Amen.[434]

Cy fine le regime de santé tresutile et treproufitable pour conserver et garder le corps humain.

NOTES

[TEXT represents a faulty printing corrected in transcribing the base text. VAR. refers to the French variant edition and LATIN to the Latin variant edition cited in Section G of the introduction.]

[1] The Latin text makes no mention of England or Salerno, except in the poem. Our translator apparently believes that the University of Salerno is in England.

[2] "Parce mero" really refers only to drinking little, not eating and drinking little as indicated here. This kind of addition or digression is common in the text and in the future will only be noted when the additions or digressions are substantial.

[3] TEXT: endormiy

[4] Refers to l. 16 of the Latin poem.

[5] TEXT: repos

[6] TEXT: matieres de l'orine et soient

[7] TEXT: laqualle

[8] Refers to ll. 249-250 of the Latin poem.

[9] TEXT: tumide

[10] LATIN: Bartrucius No mention is made of his nationality.

[11] i.e. One has no control over the expansion and contraction of the muscles.

[12] TEXT: pssaion

[13] TEXT: vie

[14] Refers to Avicenna's Canon. Allusions to Avicenna's Canon are not generally specific in citing the Canon by name; usually only its parts--"distinction," "traicté," "doctrine," or "chapitre"--are cited. When other works are in question, such as De viribus cordis or the Quantiques, they are often cited by name.

[15] "Qu'il" is used in the sense of "qui." The two words are used interchangeably throughout the text, as are "si" and "s'il," and therefore will not be changed or repeatedly noted, as indicated in the introduction.

[16] TEXT: ce que la

[17] TEXT: er

[18] TEXT: rrois

[19] TEXT: eesté

[20] TEXT: aguees

[21] TEXT: repletcion

[22] TEXT: sonrvient

NOTES 175

[23] TEXT: qui

[24] TEXT: falsa

[25] Elemens refers not to "elements" but to foods (Latin: Alimentorum).

[26] This Latin sentence was not translated in its entirety either in our text or in the French variant which derived from our text: "Meminisse autem oportet huius quod [est] commune in omnibus quecunque cacochima, humida, lubrica et facile subire potentia; propter hoc oportet ipsa comedere priora aliis; sic enim ipsa celeriter subeunt; et illis viam faciunt, ultimo autem sumpta simul corrumpunt et alia."
TEXT: "Et fault avoir memoire d'une, quar toutes viandes cocothumeuse, humide et lubrique."
What the author says is this (in free translation): "What was just said about the above mentioned things must be kept in mind, because in all foods it is common to easily be subjected to forces which cause bad humors, which are damp and which are lubricating. On account of this it is necessary to eat the above foods before other foods, for if the above foods go through rapidly and make way for still other foods, the food taken last will corrupt itself as well as the other food already there."

[27] TEXT: debulition

[28] Refers to l. 97 of the Latin poem.

[29] TEXT: excoriante et desdis

[30] TEXT: nourrissement et et

[31] TEXT: fromaige, qui donne

[32] TEXT: engendree

[33] "Secondement:" The author is giving a second reason for pork being the best meat. Earlier on this page he gave three standards to judge by: nourishment, digestion, and similarity to human flesh. He began with the third standard, the second ("Secondement") refers to the first standard, and his final standard will refer to the second of his earlier list.

[34] TEXT: ahlete

[35] TEXT: peult es estre

[36] TEXT: iceuly

[37] TEXT: humidité et se

[38] TEXT: sint

[39] Refers to ll. 689-690 of the longest version of the poem, given in Volume V of DeRenzi's *Collectio salernitana*, pp. 1-104.

[40] TEXT: moust

[41] TEXT: plus tous que aultres

[42] TEST: est le corps est remply

[43] TEXT: pprofitables

[44] TEXT: enetndre

[45] Refers to l. 26 of the Latin poem.

[46] Refers to l. 26 of the Latin poem.

[47] Refers to l. 26 of the Latin poem.

[48] TEXT: chevros

[49] Refers to l. 38 of the Latin poem.

[50] Refers to l. 29 of the Latin poem.

[51] TEXT: Armasor

[52] TEXT: quanr

[53] TEXT: savoureureuse

[54] All of these descriptions refer to the "aulcuns" as will become obvious in the next sentence beginning "Les aultres."

[55] Refers to l. 29 of the Latin poem.

[56] TEXT: texte

[57] VAR.: par le marrir
LATIN: per meri

[58] TEXT: tieulx

[59] i.e. Galen's commentary of the passage of Hippocrates. This is usually the case when a work is attributed to Galen that is also attributed to Hippocrates.

[60] LATIN: "Et istud . . . est de istis mustis patrie brabantie" Our translator does not mention Brabant as his homeland.

[61] Refers to ll. 794-795 of the longest version of the poem found in Volume V of DeRenzi's *Collectio salernitana*, pp. 1-104.

[62] TEXT: d'aulx el de de

[63] TEXT: ccnon

[64] i.e. of the radish

[65] TEXT: remeedi

[66] i.e. the scorpion

[67] TEXT: uitile
VAR.: utile

[68] Although contagion was not understood at this time, men did want to keep away from bad smelling air and diseased or dead bodies.

[69] TEXT: hintable
VAR.: habitable

[70] TEXT: leur
VAR.: l'air

[71] TEXT: attremepé

[72] TEXT: semblbablement

NOTES 177

⁷³i.e. The liver not only generates good blood but also blood with water. LATIN: "unde amittit virtutem sanguinificam, et loco sanguinis generat aquositates."

⁷⁴VAR.: maniere
LATIN: manie

⁷⁵i.e. fluir

⁷⁶TEXT: douve

⁷⁷TEXT: melancolier

⁷⁸Wine is still the subject.

⁷⁹Refers to "la melancolie grosse."

⁸⁰TEXT: plulieurs

⁸¹TEXT: te

⁸²Refers to l. 76 of the Latin poem.

⁸³VAR.: "dit l'Agregateur au chapitre de la vigne, auctorisié de Galien, qui est chault et sec au tiers degré"
LATIN: "capitulo de vite auctoritate Galieni quod est calidum et siccum in tertio gradu"

⁸⁴LATIN: veteres ocree aride et rugate renovantur

⁸⁵i.e. a person of the phlegmatic temperament

⁸⁶TEXT: atrrempé

⁸⁷"donner que se . . . quantité": give as the [body's] strength was able to digest of such meat in such quantity

⁸⁸i.e. autumn

⁸⁹i.e. si

⁹⁰No mention is made of love in the commentary.

⁹¹i.e. one should drink

⁹²Refers to l. 41 of the Latin poem.

⁹³i.e. he who

⁹⁴i.e. accustomed to traveling by sea

⁹⁵TEXT: calpendu

⁹⁶TEXT: pas

⁹⁷TEXT: acetouses

⁹⁸TEXT: pourr otter en
VAR.: pour oster en

⁹⁹TEXT: surcre

¹⁰⁰TEXT: chiar

¹⁰¹TEXT: il

¹⁰²i.e. being

[103] i.e. with wine

[104] i.e. which it cooks

[105] "Aux chairs . . . ," the prepositional phrase, serves as the subject.

[106] Only two things are listed.
LATIN: "In hoc textu ponuntur duo"

[107] Refers to l. 10 of the Latin poem.

[108] i.e. in those

[109] TEXT: qu'elle qu'elle est

[110] TEXT: chapeller
VAR.: chapler

[111] VAR.: Rin i.e. the Rhine

[112] VAR.: Rin i.e. the Rhine

[113] TEXT: yvrogne et et ne

[114] TEXT: emission la de semence

[115] i.e. De laquelle

[116] TEXT: estrainct

[117] The Latin text does not say "des aultres," and rightly so as we are about to discuss other meats in the next section. LATIN: "Et de istis carnibus vitulinis etiam prius dictum est."

[118] Mesue is found in the Latin text although not in either French edition. The word "met" is probably the misuse of the singular of "mettre" for the plural subject.

[119] LATIN: preceteris

[120] TEXT: cog

[121] TEXT: cog

[122] LATIN: capo sive gallus castratus

[123] TEXT: chair est devant

[124] VAR.: aigrez

[125] TEXT: qouy

[126] TEXT: tourefois

[127] *Viandes* and *Elemens* are both translations of the Latin *Alimentorum*.

[128] i.e. la prefere

[129] TEXT: engendrent ha habundance

[130] TEXT: ee

[131] TEXT: parca The reading of the commentary makes the error obvious.
LATIN: carpa

[132] This is part of an earlier Salernitan poem, cited by DeRenzi in Volume V of the Collectio salernitana, p. 18, footnote 6.

[133] i.e. the conjugation of the Latin verb "to spare," "I spare, you spare."

[134] Part of the Latin text, indicative of the author's homeland of Brabant, is omitted from the French translation: "Et est parca similiter piscis dure carnis notus teutonice eyn baers." According to Verrier, in his Etudes sur Arnaud de Villeneuve II, p. 63, this Germanic name as well as the other Germanic names for fish which we are about to meet, all belong to the dialect spoken around fifteenth century Brabant.

[135] Some words are not translated from the Latin: "apud Gallicos dictus sola. Alii dicunt quod est piscis teutonice eyn tunghe."

[136] Some words are not translated from the Latin: "Quartus est albica, teutonice est vuitine."

[137] Some words are not translated from the Latin: "Et dicitur iste piscis teuthonice eyn tinche."

[138] Some words are not translated from the Latin: "et dicitur teutonice eyn gaernaert."

[139] Some words are not translated from the Latin: "theutonice eyn pladysscol."

[140] TEXT: vuihiesme

[141] Some words are not translated from the Latin: "teutonice eyn rotbarth."

[142] "en fransois truite": LATIN: "galice trutes." Writing in Latin, our author was trying to please both those of French and German extraction who lived in and around his native Brabant. Our translator "translated" even the French word in this case.

[143] LATIN: in mari septemtrionali, i.e. in the North Sea.

[144] TEXT: eslier

[145] LATIN: "Et universaliter ceteris paribus meliores sunt pisces dulcis aque que capiuntur in aqua petrosa . . . ." Our translator was unsure of the Latin meaning here. According to the Latin, fresh water that runs rapidly provides a better home or walls (paribus) than the stagnant water (French: "es bourbes," LATIN: "in stagnis") just mentioned and which the Latin now calls "ceteris paribus."

[146] TEXT: preimerement

[147] TEXT: neantmoins

[148] "Le premier . . . cesser le soif." In the Latin these three drinks are summed up by three adjectives: "permixtivus, delativus, et . . . sedativus."

[149] i.e. qui

[150] i.e. on the commentary after l. 39 of the Latin poem.

[151] TEXT: Dittes

[152] LATIN: corticem exteriorem valde paucum et subtilem.

[153] LATIN: facta non sunt nocumenta

[154] TEXT: aguosité

[155] LATIN: secundum Galienum ·vii· de *Ingenio*, capitulo ·vii·

[156] TEXT: si tya

[157] TEXT: ilz lya

[158] TEXT: il lya

[159] TEXT: il lya

[160] TEXT: s'enflamet

[161] VAR.: "Le ·v· est quant l'ethique a beu laict esbeurré qui fait la douleur et non pas le laict beurré."
LATIN: "Quintus: si ethicus abhominetur lac dulce et integrum et non acetosum sive ebutiratum."
According to the Latin, the fifth is when a man with hectic fever had drunk sweet milk (i.e. buttermilk) instead of bitter milk (i.e. milk that is not buttermilk). Our text and the French variant do not make sense.

[162] Refers to l. 26 of the Latin poem.

[163] TEXT: coprs

[164] TEXT: unctuusité

[165] TEXT: car se ceulx

[166] i.e. in them it engenders

[167] TEXT: vomir. e. Et

[168] LATIN: specialiter non comedatur post alios cibos.

[169] i.e. celle-ci

[170] LATIN: hytericie

[171] TEXT: grossos

[172] "froumaige . . . lait:" LATIN: caseo qui fit ex sola coagulat[i]one lactis absque alicuius alterius rei commixtione.

[173] i.e. contrary to the makeup of the stomach

[174] i.e. the stomach

[175] LATIN: pellicul[a]

[176] No commentary is given on l. 111. The following Latin lines are not translated: "Hic ponit ·ii· documenta. Quorum primum est quod prandendo i comedendo aliquis debit vicissim post cibum sumptum parum et sepe bibere; ita quod non debit primo totum cibum sumere et postea potum."
The message is that one should drink a little at a time while eating and not wait until the end of the meal to drink.

[177] The "noix de l'arbaleistre" is the nut of a crossbow which indeed can kill a man. Thus the emphasis is not on the quantity of nuts but the kind of nuts.

[178] Refers to l. 41 of the Latin poem.

NOTES

[179] TEXT: prolation

[180] LATIN: Portegalenses i.e. the Portuguese

[181] TEXT: Daines
LATIN: damascena, i.e. pertaining to Damascus

[182] TEXT: que

[183] VAR.: tenure
LATIN: tenuem

[184] passula: "uva passa"(61v) is translated as "raisin de karesme," which is a raisin

[185] TEXT: moult

[186] TEXT: moult

[187] Refers to l. 26 of the Latin poem.

[188] Refers to l. 41 of the Latin poem.

[189] No mention is made of a cough, which is present in l. 129 of the poem, "tussi valet." In addition the final line of the Latin text's commentary is not translated: "Et de uvis passis sive passulis etiam dictum est supra ibi, 'Nutrit et impinguat . . . .'" The citation refers to l. 31 of the Latin poem.

[190] VAR.: ennuieuses

[191] TEXT: communement aus assel

[192] TEXT: anie

[193] A variation on l. 1218 of the longest version of the Latin poem found in DeRenzi's Collectio salernitana, Vol. V, pp. 1-104. DeRenzi: "Sed cataplasma facis cum succum ponis et herbam."

[194] "les figues attirent . . . continuation.:" LATIN: "Ficus similiter facit moveri humiditate[s] ad exteriora, quibus humiditatibus ad ossa motis, ossa possunt retinere adnascentiam, numquam tamen vere continuari." No mention is made of leporus sarcoydes.

[195] The fig, mentioned above, is still the subject.

[196] VAR.: lies

[197] TEXT: pluiseurs

[198] VAR.: lies

[199] Refers to l. 76 of the Latin poem.

[200] TEXT: geosses

[201] i.e. three latter properties
LATIN: iste tres ultime proprietates

[202] Our author has skipped the fifth item on his list thus calling fifth what should be sixth. He then goes on to number seven. The French 1501 edition makes the same omission.
LATIN: "Quinta est quod provocat urinam. Sexta est quod laxat ventrem. Et iste due proprietates maxime habent veritatem de cervisia clara multum luculenta . . . ."

[203] TEXT: toruble

[204] LATIN: coyta

[205] TEXT: opoille

[206] TEXT: Holanlandre

[207] TEXT: viandes et et

[208] Refers to 1. 771 of the longest version of the poem found in DeRenzi's Collectio salernitana, Vol. V, pp. 1-104.

[209] TEXT: eptremités

[210] "Ver" refers to a boar-pig. Our Latin text uses "aper" but the other Latin word for boar-pig is "verres."

[211] Refers to 11. 1031-1032 of the longest version of the poem found in DeRenzi's Collectio salernitana, Vol. V, pp. 1-104.

[212] TEXT: er

[213] TEXT: aper

[214] Refers to 11. 2621-2622 of the longest version of the poem found in DeRenzi's Collectio salernitana, Vol. V, pp. 1-104. The word order here varies slightly.

[215] TEXT: visus

[216] Refers to 1. 503 of the longest version of the Latin poem found in DeRenzi's Collectio salernitana, Vol. V, pp. 1-104.

[217] LATIN: sunt pruritiva   They are provocative of itching.

[218] i.e. such that

[219] TEXT: roits

[220] Avicenna does not count the flavor "insipidus" listed in our Latin text. The syntax does not make this point clear, but further reading of the explanation makes the reasoning obvious.

[221] TEXT: atemprés

[222] TEXT: chault, [ ] toutefois
VAR.: chaulde, toutesfoys

[223] TEXT: alleiegiés

[224] TEXT: exiccation

[225] TEXT: a-aceteulx

[226] TEXT: il

[227] TEXT: visibiles

[228] i.e. when too much is eaten

[229] "et coustume . . . faire": and habit followed for a long time is easy to continue (or to do)

[230] The examples of the money changer ("monnier") and the blacksmith ("marichal") were invented by our translator. The Latin gives no specific example.

[231] TEXT: il

NOTES 183

²³²"Ypocras . . . guarir.:" LATIN: "Ipocras ·i· <u>Amphorisorum</u> ibi ad ultimas egritudines ultime curationes ad perfectionem sunt potentes." The Latin is difficult to translate, and the French text further encumbers the Latin text's lack of clarity. Roughly translated from Latin into English: "Hippocrates in the first part of his <u>Aphorisms</u> says that for terminal illnesses the final treatments are suitable for the ending." Included in these final treatments we must understand that the diet is minimal, almost non-existant.

²³³i.e. qualities as defined by Avicenna: hot, cold, moist and dry.

²³⁴TEXT: maladies

²³⁵i.e. fievres quartes

²³⁶i.e. to have the midday meal

²³⁷LATIN: divertitur a digestione

²³⁸TEXT: donquez

²³⁹TEXT: quelcunquez

²⁴⁰TEXT: il

²⁴¹VAR.: diete naturelle a

²⁴²Refers to l. 359 of the longest version of the poem found in DeRenzi's <u>Collectio salernitana</u>, Vol. V, pp. 1-104.

²⁴³i.e. Food should be eaten in a place neither too cold nor too hot, but in a place of moderate temperature.

²⁴⁴TEXT: stringit

²⁴⁵i.e. for the most part

²⁴⁶The "il" refers to the cabbages, the "seiche" and the "laquelle" to the substance.

²⁴⁷TEXT: nutritiment

²⁴⁸LATIN: ut partim [ab] Avicenne ·ii· canonis, et partim Rasi ·iii· <u>Almasoris</u>

²⁴⁹TEXT: Probleumes

²⁵⁰TEXT: probleume

²⁵¹LATIN: rase

²⁵²LATIN: Sunt enim quattuor remollitiva, secundum malva, bismalva, branca ursina, et mercurialis.

²⁵³TEXT: firurs

²⁵⁴VAR.: principalement l'acteur fait

²⁵⁵TEXT: ners qui sont

²⁵⁶TEXT: pluiseurs

²⁵⁷VAR.: epilentiques

²⁵⁸TEXT: sceheresse

[259] "Premula veris" is a primrose, not "first lavender of spring" going with "lavendula" as translated by Parente.

[260] TEXT: nasturno

[261] Refers to l. 41 of the Latin poem.

[262] TEXT: diesnt

[263] TEXT: les

[264] TEXT: crible

[265] Contains only slight variations in spelling of ll. 805-806 of the longest version of the poem found in DeRenzi's Collectio salernitana, Vol. V, pp. 1-104. ("Prohibent" in our text is found in DeRenzi as "perhibent.")

[266] Refers to l. 41 of the Latin poem.

[267] TEXT: fumere

[268] The nettle is the subject, although it is not mentioned.

[269] semblablemenr

[270] TEXT: rue
LATIN: urtica

[271] TEXT: prnise

[272] TEXT: fltumes

[273] Chervil is the subject, although it is not mentioned.

[274] After this passage, the Latin text inserts ll. 257-259 of our poem and their commentary.

[275] Fleabane is the subject, although it is not mentioned.

[276] After this passage, the Latin text inserts ll. 260-262 of our poem and their commentary.

[277] The commentary will make it clear that she uses celandine.

[278] TEXT: tierc

[279] TEXT: attierer

[280] TEXT: criblee

[281] LATIN: recipiat

[282] The "eius" refers to the willow.

[283] TEXT: desicatation

[284] TEXT: trocus

[285] TEXT: moruir

[286] Supplied from the Latin text. This line would have occurred at the bottom of the page. It was meant to be included, as our commentary takes it into account.

[287] TEXT: humidité et dominer

NOTES 185

[288] The author skips "pigricia" and comments on "somnus," "sensus ebes" and "tardus motus" out of order.

[289] LATIN: pigri

[290] Several Latin lines are omitted: "Quorum eam eadem est cum predicta. Postea ponuntur duo alii versus recolligentes signa predicta cum quibusdam aliis. Primum est: fleumaticus est somnolentus ·i· inclinatus ad multum somnum. Secundum est quod ipse est piger ·i· tardus ad omnem operationem. Tertium est quod est multi sputi propter humiditatem in eo abundantem multiplicativam sputi. Quartum est quod talis est obtusus in sensibus et nedum in sensibus, immo etiam in intellectu. Quintum est quod talis est pinguis. Sextum est quod talis est albus in facie. Albedo enim cutis et maxime faciei signum est privationis sanguinis aut paucitatis eius cum frigiditate, ut dicit Avicenna loco preallegato."

[291] Leeks are understood, although not mentioned in the Latin.

[292] TEXT: xourroix

[293] Refers to l. 41 of the Latin poem.

[294] LATIN: motum

[295] TEXT: geosses

[296] VAR.: oreilles dit: et des choses qui sont nuysibles aux oreilles et

[297] Variation of l. 1913 of the longest version of the poem, found in DeRenzi's *Collectio salernitana*, Vol. V, pp. 1-104. DeRenzi replaces "affert" with "Venus."

[298] TEXT: tumitum

[299] TEXT: fonc

[300] TEXT: xi

[301] TEXT: divertiees

[302] LATIN: quod est caliginosus

[303] TEXT: reddant

[304] Refers to l. 41 of the Latin poem.

[305] Refers to l. 41 of the Latin poem.

[306] TEXT: conseil

[307] "Icelles deux herbes" probably refer to "rue" and "celidonne."

[308] i.e. sedatifz

[309] TEXT: concanites

[310] TEXT: angutilaque

[311] TEXT: diminuee

[312] The last sentence of the Latin commentary, revealing the various possible uses of orpiment, is not translated: "Auripigmentum vero est illud quo utuntur sculptores quo faciunt adherere es sive metallum lapidibus. Sapo vero in smigma est illa pinguedo alba sive nigra qua mulieris lavant et mundant bestes. Alia vocabula nota sunt."

[313] LATIN: decies

[314] Refers to a variation of word order of l. 1629 of the longest version of the poem, found in DeRenzi's *Collectio salernitana*, Vol. V, pp. 1-104. DeRenzi: "Ossa ducentena atque quater sunt et duodena."

[315] LATIN: "·i· primi, doctrina quinta, summa [prima], capitulo de anatomia dentium." Both what immediately precedes and what follows this citation are based largely on this section of Avicenna's *Canon*.

[316] TEXT: ruto

[317] "Et aussi . . . d'umer": LATIN: "Et enula etiam secundum ipsum ibidem deglutita cum melle adiuvat ad expuendum et est ex eis que letificant et confortant cor."
The "petit a petit englentine" is added by our text, and the translation of "cor," or "heart," is missing in the French.

[318] i.e. the juice of the nasturtium

[319] Refers to l. 178 of the Latin poem.

[320] i.e. with honey

[321] TEXT: nasturcio. De la celidone
This would be a proper title for ll. 212-213 of our poem version, but which in the Latin text follow our ll. 261-263 and their commentary.

[322] These four lines are variations of ll. 1686-1689 of the longest version of the poem found in DeRenzi's *Collectio salernitana*, Vol. V, pp. 1-104. DeRenzi: "Humidus est sanguis, calet vis aeris illi;/ Alget, humet flegma, ac illi vis sit aquosa;/ Sicca, calet cholera, sic est igni similata;/ Melancolia vero friget, et dessiccat quasi terra."

[323] TEXT: meilliuer

[324] TEXT: court avec dedens

[325] TEXT: melancolue

[326] TEXT: saveur
LATIN: odore

[327] TEXT: sanc

[328] TEXT: et

[329] TEXT: douclz

[330] TEXT: convertit

[331] LATIN: sensus

[332] TEXT: est

NOTES   187

     [333] i.e. what is best of the possible

     [334] VAR.: qui font mauvaise

     [335] TEXT: sonc

     [336] TEXT: lupidifiés
          LATIN: lapidificatum

     [337] "icelle flume . . . incurable": LATIN: "istud fleuma facit podagram nodosam fere insanabilem." The French names two diseases, "podagre nodeuse," (gout of the foot) and "ciragre," (gout of the hand). The Latin speaks of only one disease, gout.

     [338] TEXT: flum

     [339] TEXT: faie
          VAR.: flux

     [340] i.e. the flies run away

     [341] i.e. those of sanguine nature

     [342] TEXT: multitude de de

     [343] TEXT: car

     [344] TEXT: assimilitative

     [345] TEXT: rire

     [346] TEXT: suffisance

     [347] "Et [sont . .] . . . honores": LATIN: "et hoc respectu illorum a quibus honores acci[p]ere possunt."

     [348] TEXT: cuer

     [349] TEXT: espouser
          LATIN: exponendo

     [350] In the Latin text the section on phlegm follows here. In our version it is found after ll. 217-218 and their commentary.

     [351] VAR.: propres

     [352] TEXT: forme

     [353] TEXT: pourpos

     [354] TEXT: labores

     [355] TEXT: suut

     [356] This does not reflect the order of the poem: phlegm, blood, and red choler.

     [357] i.e. cheeks
          LATIN: Tertium est quod gene inflant . . .

     [358] LATIN: in rethi mirabili

     [359] TEXT: songes

     [360] LATIN: tinnitus

     [361] LATIN: egestio

[362] TEXT: orexit
LATIN: orexis
According to DeRenzi, *Collectio salernitana*, Vol. V, p. 57, n. 1, "orexys" means hunger.

[363] These lines are slight variations of ll. 1968-1975 of the longest version of the poem, found in DeRenzi's *Collectio salernitana*, Vol. V, pp. 1-104. DeRenzi: "Accusant choleram frontis dolor, aspera lingua,/ Tinnitus, vomitusque frequens, vigilantia multa,/ Multa sitis, pinguis egestio, torsio ventris;/ Nausea fit, morsus cordis; languescit orexts;/ Gravantis cholerae motus haec signa sequuntur./ Pulsus adest gracilis, durus, veloxque, calescens,/ Aret, amarescit, sitit os, tenebroso/Contrahitur somnus, incendia visio fingit."

[364] LATIN: cerebra

[365] LATIN: rasus (in some editions)

[366] These lines are slight variations of ll. 1983-1986 and l. 1996 of the longest version of the poem, found in DeRenzi's *Collectio salernitana*, Vol. V, pp. 1-104.
DeRenzi: "Flegma supergrediens proprias in corpore vires,/ Os facit insipidum, fastidia crebra, salivas,/ Costarum, stomachi simul, occipitisque dolores;/ Pulsus adest gracilis, tardus, mollis, quoque inanis;/ Praecedit fallax phantasmata somnus aquosa."

[367] LATIN: nigra

[368] VAR.: pulsus
LATIN: pulsus

[369] VAR.: sollicitudo
LATIN: sollicitudo

[370] LATIN: accrescet

[371] LATIN: levaque

[372] LATIN: tinnit

[373] LATIN: sibilat

[374] These lines are slight variations of ll. 2001-2005 of the longest version of the Latin poem, found in DeRenzi's *Collectio salernitana*, Vol. V, pp. 1-104. DeRenzi: "Humorum pleno dum faex in corpore regnat,/ Nigra cutis, pulsus durus, tardus, tenuisque urina."

[375] LATIN: tedia

[376] LATIN: extraneo

[377] TEXT: pouur

[378] TEXT: bonde en grande quantité et la seignié evacue le bon et deleisse

[379] i.e. the author of our Latin poem

[380] TEXT: luuares

[381] Here is a rare example in which our commentator disputes the authority of the poet. Surprisingly too, he does not quote another authority to back himself up.

[382] This is the first time the commentator uses the first person to offer an opinion.

NOTES 189

[383] i.e. autumn

[384] TEXT: Metagin

[385] This contrasts with l. 296 of our Latin poem in which seventeen years was designated as the age for phlebotomy to begin. The commentary of l. 296 also cited Galen as recommending that phlebotomy not be practiced before age 14.

[386] TEXT: la cause d'iceulx est car selon Avicenne en la premiere distinction

[387] LATIN: pati

[388] TEXT: derneir

[389] LATIN: Alexandrum No mention is made of others ("y otros," i.e. "and others" in Spanish.)

[390] LATIN: competit

[391] TEXT: au

[392] TEXT: tritresse

[393] Refers to l. 313 of the Latin poem.

[394] TEXT: evacuert

[395] LATIN: sit

[396] LATIN: Et istud verum est de somno fleubothomie vicino et non de remoto postquam fumi illi fuerint consumpti.

[397] TEXT: car de de

[398] LATIN: inimica
    VAR.: minuta This is probably due to a misreading of our base text, since "inimita" and "minuta" would have the same number of strokes in the earlier edition. "Inimita" is the more logical meaning. Its classical Latin spelling would be "inimica."

[399] LATIN: nubilus aer

[400] LATIN: auras

[401] Refers to l. 43 of the Latin poem.

[402] TEXT: vel

[403] TEXT: donnee

[404] i.e. unchanging state

[405] i.e. "requise," required

[406] TEXT: pourrois

[407] VAR.: craindre

[408] TEXT: cn

[409] This is the subject of the sentence, found out of its natural order: "les humidités mauvaises des intestins et de l'estomac attirent les membres prochains . . ."

[410] i.e. the stomach is more constipated

[411] TEXT: ceulx ci habondent
VAR.: ceulx qui habondent

[412] TEXT: criente

[413] VAR.: jamais ne suent fors

[414] TEXT: freiche
VAR.: seiche

[415] LATIN: Ver, cor; epar

[416] TEXT: aulcunrfois

[417] "La tierce . . . matris": LATIN: "Tertia: mediana sive cordiaca sive nigra, secundum quod vocatur ab Avicenna, sive matrix, sicut vocatur a Rasi." The French author does not indicate that the median vein, or "vaine mediane," is the same as "la cardiaque ou nigra."

[418] TEXT: universeele

[419] TEXT: plusiuers

[420] The Latin says: "altius brachii versus partem silvestrem." Our translator confused "versus" meaning "toward" with "versus" meaning "verse". The Latin quotes no line of poetry here. Another point of interest is the translation of "silvestrem" as "senestre" and "sinistram," both meaning "left".

[421] TEXT: livres

[422] TEXT: buvraige

[423] TEXT: scaleur

[424] TEXT: moderatur

[425] TEXT: suerus

[426] TEXT: fuerent

[427] i.e. anything which

[428] TEXT: matadis

[429] i.e. nuyt aux

[430] In fact this is the fourth line of poetry, but it is the third subject treated by the commentary.

[431] The Latin text mentions all the items of l. 358: exercise, laxatives, and sweating, whereas our French translation mentions only laxatives and jumps to the baths of l. 359: "doit plus hardiment . . . bagnier": LATIN: "moderatus usus coitus, et motus temperatus, et ventris solutio sive fluxus, et sudor temperatus, et similiter balnea temperata . . ."

[432] TEXT: possibile

[433] TEXT: buvraiges

[434] No explanation of fall or winter is given, which suggests that this ending was hurriedly added to give the work only the appearance of a logical conclusion.

GLOSSARY

[This is only a partial glossary. Normally only one page reference to a word is given.]

A

abeleistre (59r) - See arbaleistre

abhomination (81v) - nausea, disgust

abstersif (43v) - pertaining to wiping away, removing

accedent (76r) - approaching, besetting

acerbation (73r) - heightening of an illness

acerbe (25r) - sharp, tart, sour, bitter

acet (83v) - attack, motion, heightening

aceteusité (69r) - acidity

acetosité (26v) - acidity

ache (38v) - a kind of parsley

acquosité (26r) - 1. quality pertaining to the element water 2. filling of body cavities with water

actuelement (53r) - actively, practically

adurer (67r) - to burn

adustion (96r) - burning

agnel (17r) - lamb

agnesse (55v) - she-ass

ague (9v) - See fievre

aiche (39v) - a kind of parsley

aignel (17r) - lamb

ailaine (117v) - breath, breathing

albica (50r) - whiting

alchite (7r) - a kind of dropsy

alteratif (34r) - 1. impairing 2. causing thirst 3. changing

alteration (49r) - 1. thirst 2. change

ambulation (106r) - walking

amerellus (48v) - water fowl

amoderé (6v) - measured, tempered

amplastre (28v) - plaster, salve, ointment

amortir (23v) - stifle, subdue

amsipidité (93r) - tastelessness

anesse (13v) - she-ass

angule (115v) - corner

anichiler (1v) - to wipe out

anuit (102r) - vexation, grief, anguish

aperitif (67r) - causing to open, opening

apostume (6r) - purulent tumor, abscess

applanir (50r) - to alleviate, to handle gently, to soften

appoplexie (33r) - apoplexy, sudden diminution or loss of consciousness, sensation and voluntary motion caused by rupture or obstruction of an artery of the brain.

appoplexie, petite (79r) - kind of epilepsy defined in text as caused by the stopping up of nerves. It is probably related to the modern French term "petit mal" meaning a mild epileptic attack.

approprilitique (78v) - someone suffering from apoplexy

aquatique (5v) - dominated by the element water

aqueux (19r) - 1. watery, watered down 2. dominated by the element water

arbaleistre (59r) - also known as "noix de metal," it refers to the nut of a crossbow

arondelle (81r) - swallow (bird)

ascellaris (114r) - axillary vein, an arm vein which has several branches. The text particularly discusses a branch located beneath the basilic vein and visible at the bend of the arm (114v)

asma (117v) - asthma

aspiration (10r) - aspiration, blowing, breathing, drawing of breath

assation (65v) - roasting

atierer (107v) - to draw out

attrempé (13r) - 1. moderate, of moderate disposition 2. seasoned or mixed with 3. moistening or soaking

atrempeement (8r) - moderately

attoucher (50r) - to touch, to moisten, to alleviate

aulx (28r) - garlic

auripigmen (89v) - orpiment, i.e. arsenic trisulfide

aurtre (108v) - artery

austrin (86r) - southerly, pertaining to the wind from the south

avenymé (9v) - harmful

B

bailier (54r) - to take, to increase

barbaine (87v) - verbena, a medicinal plant which could be identified with several herbs

baselique, vaine (107v) - the basilic vein which is bled from the upper arm in phlebotomy in order to rid the liver of bad humors

bismaulve (74v) - mallow or hollyhock

bled (71r) - wheat

bolus (29v) - a large pill

bouch (98v) - billy goat

bouillon (55r) - 1. measure of salt water concentrated by evaporation (1 bouillon equals 26 seilles) 2. a boiling 3. broth

bourbe (52r) - 1. mud, slime 2. stagnant water

bouter (53r) - 1. to boil 2. to push out

boyau grele (7r) - small intestine

brache ursine (74v) - bear's foot, a hellebore with digitate leaves, an acid taste, an offensive odor, and irritant qualities when taken internally

braise (18r) - hot coals, fire

brancus (5r) - hoarseness

broueille (41r) - thin broth

brouet (20v) - thin broth

broyer (40r) - to grind, to pound

bruir (85v) - to ring

butireux (13r) - buttery

C

cabri (16r) - a he-goat

cacecie (117r) - abundance of bad humors

cacothuneus (11v) - pertaining to what engenders bad humors

calament (22r) - calamint, also known as basil thyme

calidité (58r) - heat

caligineux (67r) - obscuring, dimming of the eyesight

cane (18r) - duck

canin (90v) - canine, one of four sharp corner teeth

canne du polmon (88r) - windpipe

cappres (67v) - caper-bush, fruit of the caper bush. Used in text as herb to help spleen.

cardiaca, veine (115r) - median vein, vein bled during phlebotomy to
rid the heart of bad humors. See mediane

carminatif (12r) - having the property of expelling intestinal gas

castor (76r) - beaver

castor, huile de (76r) - castor oil

cataire (5r) - chest cold, any cold

cathaplasme (62r) - a poultice, i.e. a soft, usually heated and medi-
cated mass spread on cloth and applied to sores or other lesions.

caturbite (66v) - gourd

celidonne (81r) - celandine, a yellow-flowered biennial herb of the
poppy family

cephalique (114r) - See ciphalique

cerfeul (80v) - chervil, an aromatic herb of the carrot family

ceur (1v) - heart

chaleur naturelle (4r) - natural body heat, innate heat, vital force

chaleur victuale (45r) - virtual heat

chapler (42v) - to crush, to cut up

chault vive (89v) - quick lime

chesneve (31v) - hemp

chevroter (13v) - to breed or to bring forth a young goat

chien de mer (51r) - sea-dog

chilus (94v) - the liquid contents of the small intestine before
digestion

cina (60r) - large cherries with a bitter taste, according to the
text. In fact these are haws, the fruits of the hawthorn or holly
known as "cenelles" in modern French.

ciphalique, vaine (113v) - vein which originates at the shoulder
blade, where it is known as the scapular vein. Known as the
cephalic vein it goes the length of the arm. At the elbow it
divides into three branches. In the upper arm it was bled during
phlebotomy to rid the head of bad humors.

ciphat (7r) - the peritoneum, i.e. the serous membrane lining the
abdominopelvic walls

ciragre (94r) - gout of the hand

cistis fellis (95r) - a kind of sack in the body; it is related to
the humor choler. Its obstruction can cause jaundice, according
to the text (117v)

citrin (87v) - lemony, yellowy

citrineté (95r) - lemonness, yellow color

clameux (46r) - vociferous, insistant

GLOSSARY

claret (33r) – clear, light

clersi (66v) – cleared

coin (39v) – quince

colere (13v) – the humor choler, yellow bile. It is like the froth in blood, bright red in color when it is normal. Abnormally it may mix with some extraneous material or have an altered composition.

colere aduste (42v) – burned or oxidized choler, an uncommon mixture of choler with black bile believed to cause abnormal humors

colere noire (64v) – black bile, the melancolic humor

colere rouge (33r) – red choler, i.e. normal choler

colligance (104v) – closeness, relationship

collique passion (7r) – yellow bile, suffering from yellow bile

collon (79v) – colon (anatomy)

colliquitude (77r) – liquefication, liquid form

collorique (2v) – choleric, relating to choler

comain, poisson de (50r) – common fish

commixtion (16r) – mixture, a mixing

commin (28v) – cumin, a low plant of the carrot family with aromatic seeds

commung, poisson de (50v) – common fish

competant (3v) – sufficient

competer (13v) – to be sufficient

complection (4v) – 1. temperament, as in the four temperaments (blood, choler, phlegm, black bile) 2. complection 3. disposition 4. nature or makeup of something

concavité (88r) – cavity

conferer (67v) – to be useful

confité (91r) – stuck, swallowed

connaturel (85r) – conforming to the nature of another thing or of another person

connin (17r) – rabbit

consuetude (73r) – habit

consumé (55r) – consumptive

contriction (10v) – contraction

conturbation (4r) – movement which disturbs

cop (106r) – blow, impact

cordial (17v) – pertaining to the heart

corisa (5r) - common head cold

cornute (30v) - pertaining to horns, pertaining to bullocks

corruption (5v) - corruption, decay, marring

coturnix (47v) - a kind of partridge, according to the text; in reality a quail

coulé (72r) - strained, purified

coullon (17r) - testicle, cullion

coulon (47v) - pigeon

crapule (45v) - drunkenness

cremer (106r) - to fear

cremeur (73r) - fear

creson (38v) - cress, watercress, nasturtium

creu (35r) - grown

cristere (74v) - injection

cronique, maladie (32v) - recurring illness, marked by long duration

cuins, pomes de (22v) - quince

cuir (23v) - hide, skin, outer part of body

D

damascene (60v) - pertaining to Damascus

datile (23r) - date (fruit)

debouter (3v) - to push out

decalefactif (80r) - warming thoroughly

decoction (4r) - a liquid preparation made by boiling a medicinal plant with water

deffention (75v) - prevention

defucation (9r) - drying out

degaster (2v) - to destroy

degetter (57r) - to digest

degré (12r) - Qualities (usually heat, cold, dryness, and moisture) are described in terms of degrees. The first degree is the lowest, the fourth degree is the highest.

demorant (107v) - that which remains

deopiller (28r) - to unobstruct, to unblock

deporter (53v) - 1. to take care of 2. to drive away

depuration (31v) - purification

député (7r) - counted, fixed, chosen

desopiler (55r) - to unobstruct, to unblock

devers (35r) - towards

digestion (7r) - "Digestion premiere" takes place in the stomach, according to the text (117v). The second, third and following digestions refer to what happens to the food after it leaves the stomach. The liver, for example, receives food from the stomach and further digests it. (117v)

digestion petite (69v) - partial digestion

dissinterique du foye (44r) - probably a disease involving inflammation of both the intestine and the liver

doit, grand (113r) - middle finger

doit medicinal (113r) - twentieth century ring finger

doit du piz (96v) - nipple

domestique, partie (115r) - probably the right side of the body, as one of the Latin variants listed its counterpart "silvestre" as left

doulz au dernier degré (26r) - very sweet

duales (90v) - the four central incisors (teeth)

E

ebeurré (56r) - unbuttered See lait eburré

ebulicion (12r) - 1. something boiling 2. apyretic eruptions of the body

eburré (21v) - unbuttered See lait eburré

effumation (35r) - giving off of "fumees"

eglentier (77r) - eglantine or wild rose bush

electuaire (83v) - an electuary, a medicinal composition made of choice drugs, of a consistency between that of a syrup and that of a jelly

ellebore, blanc (117r) - white hellebore (an herb of the crowfoot family)

embrassié (24v) - embraced

empantement (84v) - fright

emprés (89v) - after

enathomie (90v) - anatomy

encollir (30r) - to stick

encontre (30r) - against

engin (1v) - mind, spirit, talent

englentine (91r) - wild rose, dog rose

enmy (11r) - halfway, in the middle

enpessemen (113r) - hindrance, prevention

enula campana (91r) - elecampane, i.e. a large coarse European herb with yellow-rayed flowers

epilence (8r) - epilepsy

equale (21v) - equal, even

equiparé (65v) - comparable, similar

eruca (32r) - a kind of cole-wort

erugineux (96r) - 1. Spanish green 2. rusty, cankered or corrupted

esbeurré (56r) - unbuttered See lait eburré

escelle (62r) - armpit

escaille (51r) - scale

escrevisse (38v) - crayfish, crab

esfimere (5r) - See fievre

esmeuet (51r) - troubled, having motion

espentement (84v) - fright

esperis (4v) - 1. air, exhalation 2. odor 3. spirit 4. disposition 5. something that explains the cause of phenomena 6. humor

esperis gros (34v) - thick humors, humors that are hard to digest

esperis ingenieux (34v) - subtle or thin humors, humors that are easy to digest

espesse (50r) - 1. species 2. appearance, semblance, or color 3. thick

esprinssons (2r) - 1. inflammations 2. a kind of dysentery that broke out in Metz in epic proportion in 1473-74.

esracher (44r) - 1. to pull, to extract 2. to spit, to vomit

estat (110v) - time when an illness comes to its full growth, height of an illness

estimation (62v) - the rising

estouper (13v) - to stop up, to close

estuve (4r) - bath

ethigoneta (48r) - thrush

ethique (1v) - 1. consumptive 2. someone having hectic fever See fievre

euvrer (26v) - to open

evacuation (10v) - emptying

eventer (105v) - to let out

exasperation (27v) - roughness

excoriante (13r) - pain, sting, corroding, chafing

exhiber (8v) - to show, to offer

exilense (7v) - epilepsy

explenetique (76r) - epileptic

expression (69v) - expansion, forcing outward

exprimer (89r) - to expand

exprinson (94v) - See esprinssons

F

face (73r) - feces

facheulx (68v) - offensive, adverse, unquiet, angry

famelique (36v) - starving

farmacie (112r) - purgation

fastidiation (26r) - disgust, dissatisfaction, squeamishness

febricitan (12v) - man having a fever

fece (63r) - dreg (Var.: lie)

feces, laicher les (74v) - to have a laxative effect

feculenteux (93r) - muddy

femmelin (33v) - feminine, effeminate

fenoul (12v) - fennel

fermosité (97v) - beauty

ferue (85r) - blow, wound

feve (40r) - bean

fevre (87r) - metal worker, smith

fievre ague (10r) - 1. ague, a fever of malarial character marked by paroxysms of chills, fever, and sweating that recur at regular intervals 2. a fever having a sudden onset, a sharp rise, and a short duration

fievre esfimere (5r) - 1. fever beginning and ending in a day 2. fever lasting a short time

fievre ethique (1v) - hectic fever, fluctuating but persistently recurrent fever

fievre putride (5r) - fever which, because of the awful smell, is attributed to the corruption of humors

fievre quartes (14v) - a fever recurring every fourth day

fievre tierce (95v) - a fever recurring every third day

fistule (89v) - fistula Defined in text: "ulcere de laquelle fluit continuelement matiere, et a periode en son flui selon divers temps et diverses lunes jetant matieres en plus grande quantité" (90r)

flairent (25v) - smelling

fleu de ventre (27v) - menstruation

fleumatique (10r) - phlegmatic, pertaining to phlegm

fleurs, ayant les (113r) - menstruating

flume (30v) - phlegm

fluy (12r) - discharge

fluy de ventre (12r) - menstrual flow

fondement (2r) - 1. feces 2. anus

fort (39v) - wormwood

fortraire (54v) - to take off, taken off

forventer (116r) - to spray, to blow hard

frenesie (114r) - 1. lunacy, frenzy 2. inflammation of the brain and its membranes

frenetique passion (33r) - See frenesie

frication (78r) - rubbing

frigellus (48v) - chaffinch

froier (39r) - to rub, to break, to sharpen

frouter (50v) - 1. to pat, to stroke 2. to beat 3. to stir

fucation (93v) - rubbing

fuligineulx (5r) - sooty, black

fumee (3v) - exhalation, vapor, smoke, steam

fumosité (34v) - fume, vapor

funis du bras (114r) - vein of the forearm, the median cephalic vein, located above the cephalic vein toward the left side of the arm

fusqué (99v) - dark, bordering on green according to the text

G

galentin (53r) - gelatin

galentine, saulse de (53r) - gelatin sauce

galingal (67v) - galingale, a kind of spice taken from the galanga plant, which grows in the East Indies

geline (48v) - hen, chicken

gen (100r) - cheek

generacion (52v) - reproduction

GLOSSARY 201

gingives (29r) - gums (mouth)

glandule (61v) - glanders, a contagious disease known today especially among horses. It is characterized by nodular lesions that tend to break down into ulcers. Our text says that they form in the armpits, the groin and the neck.

gornaul (51v) - gurnard, red mullet

gornus (51v) - gurnard, red mullet

goutte (5v) - gout, rheumatism, arthritis, sciatica and similar afflictions are all described by this same term

graveleux (35v) - having a stone, especially a kidney stone

gravelle (44r) - gravel from a kidney stone or gall stone

grenade (39v) - pomegranate

grever (79v) - to harm, to aggravate

gros (34v) - 1. big, thick, heavy 2. dull, blunt 3. difficult to digest or rich (food); rich food is harder to digest than light food, but it is usually more nutritious

grosse, diete (72r) - See gros 3

grosse matiere (3v) - feces

gule (65v) - gullet, throat

H

herser (22r) - to have sexual intercourse

hoche-cul (48v) - a water wagtail

humer (55r) - to sip, to smell

humeur (4v) - 1. any liquid or semi-liquid parts in the body's system. This includes humors derived from nutrition, disease, natural body secretions, etc. (See Nysten's Dictionnaire for greater detail.) 2. a fluid or juice of an animal or plant 3. one of the four fluids determining the constitution of the body, i.e. the four temperaments (See introduction for more detail.) 4. moisture, vapor

husense (82v) - laziness, idleness

I

ieiunium (93v) - jejunum, the first two fifths of the small intestine beyond the duodenum

illec (13r) - there

impingatif (48v) - fattening

incider (90v) - to cut

incontinent (2r) - 1. weak 2. immediately 3. late 4. unhappy

indigence (10v) - need

induce (109v) - delay

induration (69v) - hardening

inhibé (76r) - kept back

insciseur (90v) - incisor (teeth)

insipide (68v) - tasteless, unsavory

inspiration (69v) - breathing in, taking in

instance (109v) - exception

interpolé (110v) - appeared, changed

isope (80r) - hyssop (herb)

J

jaunisse (117v) - jaundice

jusquiame (88r) - henbane, a poisonous fetid Old World herb of the nightshade family having sticky, hairy dentate leaves and yellowish-brown flowers and yielding a medicinal extract resembling belladonna

K

karesme, raisin de (24r) - raisin, dry grape

L

labile (25v) - fragile, fleeting, changing

lacerte (84r) - muscle, conjunctive tissue mixed with fat

lacrimales, vaines (113v) - veins around the eyes

laicher le ventre (11v) - to have a laxative effect

lait baraté (21v) - buttermilk

lait batu (21v) - buttermilk

lait eburré (21v) - buttermilk

lancette (106r) - lancet, instrument used to extract blood during phlebotomy

larder (40r) - to lard

lassitude prefactive (33v) - tiredness caused by dryness

legun (54v) - vegetable

lenification (26r) - action of softening

leporus sarcoydes (62r) - "Sarcoydes" is a skin tumor. It is possibly leprosy of the skin.

letifier (106v) - to make happy

lie (43v) - dreg

GLOSSARY

ligature du bras (114v) - the bend of the arm

lim (31v) - flax

limeux (29r) - slimy, muddy

limpher (19v) - to water down

limosité (70r) - something slimy, sticky, or dirty has this quality

liqueur (41r) - juice

litargé (33r) - lethargy

lolium (64r) - 1. lolium, a kind of grain of poor quality with small seeds 2. a kind of herb that has a drying, astringent affect

lopia (52r) - kind of fresh-water fish found in the river today called Lippe, located in northwest Germany

lubricité (56v) - characteristic of something slippery

lune (90r) - month

lye (27v) - dreg

M

macicatif (86v) - making thin or dry

macis (67v) - a fictitious spice

main grande (113v) - part of the arm extending from the armpit to the elbow

maladie ague (9v) - See fievre ague

maladie materielle (7r) - probably a disease producing some kind of matter, such as pus. Its opposite is "maladie sans matiere" (7v-8r)

maladorum (49v) - wild duck

malefice (1v) - offense, great fault

mandicatif (57r) - purifying, cleansing

mantion, par (19v) - so-called

maratrum (66r) - a kind of fennel

marcure (74v) - 1. mercury 2. dog-mercury, a weedy plant with greenish flowers

marichal (71r) - blacksmith

marri (1r) - sad, afflicted

marri (26v) - oesophagus

marrissons (1v) - chagrin, sadness

matris (114r) - median vein See mediane

maulve (74v) - mallow

mediane, veine (114r) - vein located between and linked to the basilic vein and the cephalic vein in the text. In fact there are three median veins. They are located at the bend of the elbow and the forearm and continue down to the hand, reaching the fingers. One originates in the cephalic vein, one from the basilic vein, and one goes down to the forearm and hand.

medulle (22v) - marrow

meridional (6v) - afternoon

merlengus (51v) - whiting

merula (48r) - blackbird

meselerie (117v) - leprosy, scurvy

meseraique (2r) - mesenteric, relating to the branches of the portal vein in the upper and lower parts of the body leading from the intestine between the two layers of mesentery (upper and lower)

metal, noix de (59r) - nut of a cross-bow

methel, noix de (59r) - nut of a cross-bow

metridal (31r) - antidote

mie (42v) - crumb; part of bread inside the crust

mirac (7r) - abdomen

miseraique (10v) See meseraique

mocheron (30r) - 1. little fly   2. gnat   3. mushroom

modeux (46r) - habitual, false

moins de (71v) - except for

monnier (71r) - money changer

morbile (38r) - smallpox, measles

mordication (68r) - sharpness, pungency

morelle (116r) - morel, a large pitted edible fungus

morphé (91v) - scales

morpheer (68r) - to acquire or to give scales

morsure (91v) - scales

moust (12v) - must, new wine

mugal (28v) - I was unable to find a modern French or English equivalent for this snake. The word may be of Arabic origin.

mus (67v) - musk

muscade, noix (59r) - nutmeg

muscadiau (26r) - 1. muscat (grape)   2. muscatel (wine)

mustillage (93v) - slime

N

nasturcio (91v) - nasturtium

nasturtium (76r) - nasturtium

nesple (62v) - medlar, a small Eurasian tree of the rose family whose fruit resembles crab apple

nigra (114r) - median vein, vein of upper arm used in phlebotomy to rid the heart of bad humors See mediane

nitreux (45v) - having natron (a hydrated sodium carbonate)

nitrosité (63r) - quality of having natron (a hydrated sodium carbonate)

nois (23v) - nut, walnut

noix muscade (59r) - nutmeg

noyel (60r) - center

O

obstertion (70r) - obstruction

obvier (12v) - to resist, to meet, to provide against, to prevent

offention (64v) - injury, damage

offusquer (70v) - to obscure, to darken

oïe (85v) - hearing

opirus (42r) - a kind of bread, made with much bran according to our text, but made without bran according to Baxter's dictionary

oppillation (4v) - oppilsyion, i.e. obstruction

orex (48v) - an exotic variety of the weaver-bird found today in Equatorial Africa. Our author is uncertain about its characteristics

orifice de l'estomac (2r) - diaphragm

origan (22r) - oregano

oue (40r) - goose

P

pannicule (58r) - skin

parche (50r) - perch

parexisme (73r) - See paroxisme

parmuer (71r) - to change

parmueuse, maladie (71r) - illness resulting from change

paroxisme (73r) - 1. heightening of an illness 2. a convulsion

partransferer (71v) - transfer completely

passeras (49r) - sparrow

passule (24v) - raisin

pavot (62v) - poppy

peccant (92v) - faulty

pelon (98v) - prone to fighting

petit-laict (13r) - whey

petreux (52r) - having stones

pierre (13v) - gall stone, kidney stone

pignier (3v) - combing

pigricité (71r) - laziness

piler (40r) - to crush, to grind

piz, dois du (96v) - nipples

pleuresie (107v) - pleurisy, inflammation of the pleura, or delicate membranes in the thorax which fold back over the lung, usually accompanied by fever, pain, difficult breathing, cough and exudation into the pleural cavity

plis (50v) - plaice (fish)

plorant (14r) - runny (cheese)

ploy du genoul, veine du (115r) - vein located at the bend of the knee, used in phlebotomy to bring on menstruation

podagre (79v) - gout

poindre (95v) - to sting, to excite, to awaken, to affect sensibly

point (104v) - bordering area

pontifice (69v) - astringency, the acidulous flavor

ponticité (60v) - astringency

pontique (25r) - pungent, sharp, hot, astringent

porc marin (51r) - porpoise

porois (3v) - pores

pormixtif (54r) - having the ability to mix

porroy (88r) - leek, a biennial garden herb of the lily family

portaurium (44r) - gateway

potation (57v) - drinking

pourcelé (40r) - young pig

pourpié (81v) - purslane, which has fleshy, succulent leaves

pourriture (68r) - itching

poussins, extremités des (72r) - harder to digest parts of young chickens prave (99r) - wicked

preceder (98v) - to excel

precordial, membre (113r) - diaphragm

prefactif (33v) - dry, caused by dryness

premula veris (76r) - primrose

presserré (111r) - contracted

pressive (96r) - related to the herb white horehound

presure (57v) - coagulation

privé (48r) - the domesticated

prolexe, maladie (106r) - long illness

ptisique (13r) - 1. consumptive 2. suffering from hectic fever

pulegium (81r) - fleabane, i.e. any of various plants believed to drive away fleas

punction (29r) - quality of something which is pungent

pussee (77r) - flea

pustule (7v) - pustule, small blister, pimple

putrefaction (4v) - decomposition, suppuration, running of a wound or sore, discharge

putride, fievre (5r) - See fievre

Q

quadruple (90v) - the lateral incisors (teeth), located beside the four bicuspids

quadrupli (90v) - See quadruple

quartes, fievres (14v) - See fievre

quasser (41r) - shake

quaterne (48v) - I was unable to find the modern French or English term for this bird which the text asks us not to confuse with the wagtail

R

radicalement (5v) - from the root

rare (105r) - thin or loose

rascement (75r) - a spitting up

ratelle (5v) - spleen

rave (65v) - turnip

reclous (103v) - closed off

refociler (86r) - to reheat, to reanimate, to bring back to life

refort (30v) - radish

reglutiner (62v) - to reheal

reiche (53r) - fish bone

reliez (45v) - locked in, attached

replection (r) - 1. meal, replection 2. plethora, a bodily condition characterized by an excess of blood and marked by turgescence and a florid complection 3. filling

replet (76r) - full

resolution (26v) - loosening, release, escape

resolver (68v) - to loosen, to release, to open

retification de, avecques (36v) - in accordance with

retrai (4v) - withdrawn, narrow, straightened

retraict, aler au (27r) - to go to the privy or, anachronistically, to the toilet (aller dur au retraict--have a solid defecation)

retraire (69r) - to draw together, to contract

rompture (91r) - hernia

rompu (91r) - pertaining to someone having a hernia

rongne (68r) - scabies

rosat (80r) - pertaining to the rose, rose in color

rue (28v) - rue, a strong-scented woody herb with yellow flowers

rugitiz (23r) - belching

S

sablon (44r) - sand (making up the stone)

sailes (114r) - See salvatelle

salsi (46r) - salted, seasoned

salvatelle (113r) - vein on the back of the hand, part of the system of median veins, sometimes defined as between the little finger and what we call today the ring finger (113r) and sometimes defined as between the middle finger and what we call the ring finger (114v)

sanie (85r) - corrupted blood, disease

sanglout (75r) - clot (blood)

scame (51r) - scale

sciatique (79v) - sciatica, pain of the lower back, buttocks, hips or adjacent parts

sciatique, vaine (115r) - vein of the foot used in phlebotomy to rid the hips, kidneys, and parts of the body near the "partie silvestre" of bad humors. It is located above the outward part of the ankle and also is known as the external saphenous vein.

seiles (114v) - See salvatella

seneur (75v) - agent for getting rid of

sens (93v) - feeling

sensus, den (90v) - wisdom tooth

sent (93v) - feeling

sentement (88r) - feeling (physical as well as emotional)

sephalique (115r) - See cephalique

septentrion (52r) - north

serbile (20v) - mild

serbiles, liqueurs (20v) - juice made from the broth of meat, gravy

sercher (50r) - to look for

serpiltum (40v) - serpyllum (herb)

serpignir (115v) - a kind of skin disease, such as darters or scabies (the latter mentioned by name in the Latin text)

serpineux (68r) - pertaining to someone having a disease such as darters or scabies

siege du fondement (2r) - guts, insides

silvestre (14v) - wild

silvestre, partie (115r) - probably the left side of the body, since in 114v the translator gave "sinistre" as the French equivalent of "silvestrem" See note 420

sinapisé (12r) - 1. to have revived a mortified place, and to have drawn fresh humors and coler into it by a plaster of mustard seed 2. to raise blisters or otherwide apply plasters 3. to make something into a mustard plaster

sinbolsie, en (92v) - in accordance

sincope (42r) - fainting

sistifellis (93v) - See cistis fellis

sitif (37v) - thirsty

sophene (107r) - saphenous vein, vein of the foot used in phlebotomy to draw blood from the testicles, penis, and uterus. There are two saphenous veins: the internal saphenous vein is located on the inner part of the back of the foot; the external saphenous vein, another name for the sciatic vein, is located on the outer part of the back of the foot.

sorbile (23r) - easy to swallow

sornus (50v) - shrimp

soubtiler (78v) - to make subtle or thin

soule (50r) - sole

spasme double (48r) - probably a spasm affecting more than one muscle or more than one set of muscles

spasme simple (48r) - probably a spasm affecting one muscle or set of muscles

splenetique (5v) - 1. relating to the spleen 2. relating to the salvatella vein

spodium (67r) - ashes of vegetable matter

squinancie (115v) - quinsy, a severe inflammation of the throat with swelling and fever

sterne (48r) - starling

sternutation (78v) - sneezing

stiptique (60v) - styptic, restrictive, astringent

stourne (47v) - starling

strangurie (36r) - painful discharge of urine

strimeux (52r) - scaly

strophule (61v) - scrofula, tuberculosis of the lymph glands, especially of the neck. The text defines it as "inflations ulcerees soubz le menton ou au col"

stupefactif (88r) - which stupefies, stuns, or deadens

sturnus (47r) - starling

subtiliatif (57r) - making thin or subtle

suggier (55v) - to suck

summere (98v) - highest

surbout (4r) - standing

T

tanasie (76v) - athanasia (herb)

tenant (99r) - tenacious

tendron (16r) - tristle of meats, especially of veal

tendrure (35r) - stroke, shock

terrene (73v) - pertaining to the element earth

terrouer (19r) - a wine-growing area

tierce (6v) - in summer 8 o'clock, in winter 10 o'clock

tierce, fievre (95v) - See fievre tierce

timal (4r) - spurge, i.e. any of several plants of the family Euphorbiaceae, including tithymal and wolf's milk

timpanité (7r) - a kind of dropsy; a swelling of the stomach due to accumulated gas in the intestinal canal

GLOSSARY

tisanne (72r) - 1. barley water, crushed barley 2. infusion

tor (22v) - bull

tors (50v) - twisted

tourtre (47v) - turtle dove

traval (33v) - weariness

<u>tremulus</u> (48v) - wagtail (bird)

trespassement (26v) - passage

trestous (100r) - all, completely

triacle (28r) - theriaca, a mixture of many drugs and honey formerly held to be an antidote to poison

triblé (80v) - ground

triturié (21v) - finely ground

tunique (86v) - an enveloping layer or membrane of body tissue

tupin (44v) - vase, pot

tympane (7r) - emptiness

U

umeur radical (37v) - natural moisture

unctueulx (14r) - greasy, oily

V

variole (38r) - variola, smallpox, cowpox, etc.

venal (45v) - pertaining to veins

vendoise (52r) - the dace, a carplike fresh water fish

ventose (2r) - flatulent, full of air or gas

ventose (2r) - cupping glass

ventosité (6v) - 1. a state in which one is full of gas or air, flatulence 2. air or gas

ver (65v) - a boar-pig

verdelé (25r) - a kind of grapes

verge (24r) - penis

verjus (23v) - verjuice, i.e. a very sour wine

vertin (29v) - dizziness

vescie (13r) - 1. bladder 2. blister

veulve (81v) - the womb

viateur (39v) - traveler

vicelline (95v) - pertaining to the yolk of an egg

victuelement (53v) - virtually

vigeré (117v) - fortified

vin gros (25v) - See gros

vin noir (20v) - the oldest, thickest, deepest-colored red wine

vin roux (20v) - probably rosé wine

vin verdelés (25r) - wine made from verdelé grapes; these are old wines according to the text

vinette (74v) - 1. sorrel, any of various plants with a sour juice 2. barberry, any shrub of the genus Berberis

violette de mars (79r) - the ordinary violet

viscieux (15v) - viscous

visif (86r) - pertaining to sight

vitreux (94r) - viscous in appearance

vituperé (6v) - harmful, deserving of blame

Y

ydropisie (7r) - dropsy, any kind of serosity found in any body cavity or cellular tissue (serosity: the fraction of blood; a serum-like quality)

yliaque (7r) - intestinal, relating to the small intestine

yliaque passion (79v) - disease in a part of the small intestine named the ileum. It causes a painful ringing due to obstructions, gas or sharp humors.

ylion (7r) - ileum, the part of the small intestine located between the jejunum and the large intestine

yposaca (7r) - 1. a kind of dropsy caused by a large amount of blood during menstruation (105r) 2. hyposarca, i.e. generalized massive presence of abnormally large amounts of fluid in the intercellular spaces of the body

yreulx (98v) - angry

ysope (41r) - hyssop

ytercien (57r) - someone who suffers from jaundice

INDEX NOMINUM

[This index lists first occurrences of all proper names.]

Aggregantur (28r) - See Serapion

Agregateur (34v) - See Serapion

Albert le Grant (50r) - Saint Albertus Magnus (c.1200-1280). German scholastic philosopher, scientist and theologian. Our text cites one of his books on natural history, the Livre des Bestes, or Animalibus. (Albertus also wrote De partibus animalium and the famous Historia animalium to which our author may have been referring by the same title.)

Alesander (105r) - Alexander of Aphrodisias (2nd century A.D.). Greek philosopher who wrote commentaries on most Aristotelian works. He was known both to Arabic and Christian philosophers.

Almasor (14r) - See Rhazes (Rasis)

Almaygne (63v) - Germany

Ambourch (63v) - Hamburg

Anfforisme (10v) - See Galen (Galien)

Anfforismes (13r) - See Hippocrates (Ypocras)

Angleterre (1r) - England

Arabie (49r) - Arabia

Aristotele (30r) - Aristotle (384-322 B.C.). Great Greek philosopher and scientist. Our text cites a natural history work, De Generatione animalium, under two titles: Generation des Bestes and Livre des Bestes. It cites a psychological work, De sensu et sensili, under the title De sensu et sensato. Finally it cites another work of doubtful authorship, the Problemata, which treats of diverse subjects including natural history; our text calls it Livre des Problenmes. Aristotle is often called "le philosophe."

Aristotiles (74r) - See Aristotele

Armenie (60v) - Armenia

Arnoul de Villeneuve (1r) - Arnaldus de Villanova (1235-1311). The prominent Catalan physician who had taught at Montpellier and to whom our work is attributed. See introduction for pertinent detail (Section A).

Avenzoar (47r) - Avenzoar (Abumeron or Arabic: Abu Marwan Abdal-Malik ibn Zuhr) (1113-62). Spanish Muslim physician. He sometimes had the courage to go against Galen. His Teisir was translated into Hebrew (1280) and later into Latin (1490).

Averoys (15r) - Averroës (Abu-al-Walid Mohammed ibn Ahmad ibn Mohammed ibn Rushd) (1126-1198). The most outstanding representative of Arabic philosophy in Spain, known also as a writer on astronomy, on medicine, and on Muslim Canon Law. He commented extensively on Aristotle. He left two major medical works: (1) Al-Kulliyat, a complete handbook of medicine whose name, by a curious misunderstanding, became known as Colliget in Latin, cited as the Collige in our text, and (2) a commentary on Avicenna's Canon.

Avicenna (1v) - Avicenna (Abu-Ali al-Husain ibn Abdullah ibn Sina) (980-1037). Persian philosopher and physician, very influential in both the Islamic world and the Latin Middle Ages. Avicenna's most famous work, and the one cited most often here, is Al-Qanun fi'l-Tibb (The Canon of Medicine), a systematic encyclopedia based for the most part on the achievements of Greek physicians of the Roman imperial age, on other Arabic works and, to a lesser extent, on his own experience. Our text cites the Canon by its divisions-- e.g. first canon, third distinction, chapter on wine or hyssop, etc. Our text cites only rarely his Cantica, known as Quantiques, and De viribus cordis, a work first known in Latin through Arnaldus de Villanova.

Beaune (19v) - Beaune, part of Burgundy

Bertuce (6v) - Nicholas Bertruccio (d. 1347). Italian physician and anatomist, teacher of Guy de Chauliac. Among other things he wrote a Compendium and a commentary on Hippocrates' Aphorisms and Galen's Tegni.

Bestes, livre des (30r) - See Aristotle (Aristotele)

Bestes, livre des (50r) - See Albertus Magnus (Albert le grant)

Brabant (27v) - Brabant, one of the nine provinces of Belgium containing Brussels and Louvain

Cathalone (1r) - Cataluna

Collige (15r) - See Averroës (Averoys)

Complexions (82v) - See Galen (Galien)

Consiliateur (47r) - the Conciliator (1303) by Peter of Abano (1250-1318). His masterpiece, which deals with many aspects of thirteenth century learning. Among his other accomplishments was Peter's translation of Aristotle's Problemata, a work cited here as belonging to Aristotle only.

Constantin (24v) - Constantinus Africanus (c.1020-1087), an important medieval figure who initiated the translating of important writings from Arabic into Latin. About 1071 he was in the service of the Norman duke Robert Guiscard, whom he probably followed to Salerno. There he became a monk and ended his days at the Benedictine house of Monte Cassino, where he did many translations. Among his works were treatises of Isaac Israeli (855-955) of Kairouan, also known as Isaac the Jew (See Ysaac) and Haly Abbas (See Haly), and Galen (See Galien). His works were read until the sixteenth century and were particularly influential at the medical school of Salerno. Our text mentions his Theorique, or Theorice in Latin.

Damascene (9v) - another name for Serapion, See Serapio

Damas (60v) - Damascus

Democritus (66v) - Democritus (5th century B.C.). Great Greek philosopher. He wrote books on theology, zoology, botany and physiology.

Dietes particulieres (20r) - See Isaac (Ysaac)

Dietes universales (13r) - See Isaac (Ysaac)

Dyascordes (12r) - Dioscorides (1st century A.D.). An ancient known for his work on herbs. The version that was handed down was enlarged by a pseudo-Dioscorides, possibly in the third or fourth century, according to Thorndike. Later some compiler of the twelfth, thirteenth or fourteenth century introduced a great deal of new material from Galen's genuine or spurious works in that field.

Elemens (11v) - See Galen (Galien)

Espagnol (6v) - Spaniard

Flandre (64r) - Flanders

François (48r) - French

Fransois (48r) - French

Galian (3r) - See Galien

Galien (5r) - Galen (c.130-c.200 A.D.). Greek physician, anatomist and philosopher. He systematized and unified Greek anatomical and medical knowledge and practice. Our text cites some works which are definitely his and easy to identify as such: the Aphorisms (Anfforismes) come from Galen's commentary on the Aphorisms of Hippocrates; his De victus ratione in morbis acutis ex Hippocratis sententia (Maladies agues) is a reference to his commentary on Hippocrates' work on acute illnesses, which is also cited in the original. Other works mentioned possibly refer to doubtful works, but are still easily identifiable: Viandes and Elemens (Latin editions: Alimentorum) both refer to either the spurious work De alimentorum facultatibus or to a true Galen commentary on Hippocrates' De alimento. Constantine's translation of sixteen Arabic renditions of Galen's works are responsible for several titles in our text: he translated De temperamentis as De complexione (our text: Complexions); he entitled Galen's Ars medicinalis as Microtegni (our text: Tegin); a Megategni unified much of Arabic medicinal art (our text: Megategin). I suspect that other editors are responsible for the deviations from Constantine's titles. I have had to guess the identity of Ingenio sanitatis (15r) as De tuenda sanitate, and Regime de sante (Latin text: Tegni) as the Ars medicinalis. I found no title resembling our text's Terapeutique, or Latin Terapeutice.

Generation des bestes (86r) - See Aristotle (Aristotele)

Hali (47r) - See Haly

Haly (31r) - Haly Abbas (Ali ibn al-Abbas) (d.994). Iraki author who wrote the Liber Regius of which an abbreviated version, the Pantechne, was translated by Constantine into Latin. This became the first Latin work to give the western world a view of Greek medicine as a whole. Our text cites this work as the Tegin.

Haynault (64r) - Hainaut, a province of Belgium that occupies much of the south-west of the country, today extending along the French border for nearly 150 miles.

Holandre (64r) - 1. The Netherlands 2. A province of the Netherlands, Holland.

Holandre (64r) - See Holande

Ingenio sanitatis, de (15r) - See Galen (Galien)

Janneuse, Simon (67r) - Simon Cordo of Genoa (Simon Januensis) (middle and late 13th century). Italian lexicographer, botanist, physician who flourished about the end of the thirteenth century. He began a dictionary juxtaposing Greek, Arabic and Latin scientific terms. Among other works, he did a translation of Serapion's Aggregator.

Juif (47v) - Jew

Maladies agues (9v) - See next two listings

Maladies agues (18v) - See Galen (Galien)

Maladies agues (19r) - See Hippocrates (Ypocras)

Megategin (101r) - See Galen (Galien)

Mesue (47r) - Mesue (Yuhanna ibn Masawaih) (925-1015). Physician and Jacobite Christian, known mainly for an Antidotarium.

Montpellier (1r) - Montpellier, location of the famous French medical school which flourished during the late Middle Ages and Renaissance. The doctores regentes of Montpellier supposedly corrected our edition and thus gave it greater prestige.

Moyses, Rabi (47v) - Moses Maimonides (1135-1204). Jewish physician whose commentary on Hippocrates' Aphorisms, his own Aphorisms, and a letter on a regimen of health were well known for centuries.

Mydi (51r) - the South

Otrisse (63v) - Austria

Plataire (74v) - See Platere

Platere (80v) - Matthaeus Platearius (d. 1161?). Author of De simplici medicina, which treats of plants and animals among other things, and several other works.

Portingalois (60v) - Portuguese

Pronostiques (6v) - See Hippocrates (Ypocras)

Quantiques (44v) - See Avicenna (Avicenne)

Rain (43v) - the Rhine

Rasis (14r) - Rhazes (Abu-Bakr Mohammed ibn Zakariyya ar-Razi) (c.865-923 or 932). Persian. Great physician, philosopher and alchemist. His two most famous medical works are the Kitab al-Mansuri, known to medieval Europe through Gerard of Cremona's twelfth century Latin translation (usually written Almansor) and the Al-Hawi or Comprehensive Book surveying all Greek, Arabic and Syrian medicine and some Indian medicine. Our text quotes the Kitab al-Mansuri, a smaller compilation of the second work, presented in ten books; our text uses the title Almasor.

Regime de sancté (3r) - See Galen (Galien)

Rin (63r) - the Rhine

Ruffi, de (13r) - Rufus of Ephesus (2nd century A.D.). Greatest Greek physician after Galen.

Salerne, Université de (1r) - University of Salerno. Prominent medical school which flourished from the late eleventh century to the fourteenth century when it was gradually replaced by more prominent schools. Our poem claims the school of Salerno as its place of origin.

Sensu et sensato, de (68r) - See Aristotle (Aristotele)

INDEX NOMINUM 217

Serapio (28r) - Serapion the Elder (Janus Damascenus) (Yahya ibn Sarafyun) (flourished in 9th century Damascus). Christian physician who wrote in Syriac. One of his two medical compilations was translated into Latin by Gerard of Cremona and known under the title of <u>Practica sive breviarum</u>. Another name for this work is <u>Aggregator</u>, which is cited in our text.

Serapion (12r) - See Serapio

Simon Janneuse (67r) - See Janneuse

<u>Tegin</u> (72v) - See Galen (Galien)

<u>Tegin</u> (31r) - See Haly

<u>Terapeutique</u> (15v) - See Galen (Galien)

<u>Theorique</u> (24v) - See Constantinus Africanus (Constantin)

<u>Urines</u> (103v) - See Isaac (Ysaac)

<u>Viandes</u> (48v) - See Galen (Galien)

<u>Viribus cordis, de</u> (17v) - See Avicenna (Avicenne)

Ypocras (6v) - Hippocrates (c.460-late 4th century B.C.). Greek physician traditionally regarded as the "father of medicine" and author of a number of medical works known as the <u>Hippocratic Collection</u>. Our text mentions his <u>Aphorisms</u> (<u>Anfforismes</u>); a book on acute illnesses (<u>Maladies agues</u>) which is also named in its form commented on by Galen (See Galien); and his book on the prognosis of disease and the course it may take (<u>Pronostiques</u>).

Ysaac (13r) - Isaac Israeli the Elder (Isaac the Jew) (Ishaq al-Isra'eli) (d.932 at about 100 years old). Jewish physician and philosopher born in Egypt. Constantine translated his writings from Arabic into Latin. He wrote two books mentioned in our text which concern diet (<u>Dietes particulieres</u> and <u>Dietes universales</u>). We have reference to a third book on urine (<u>Urines</u>).

Ytalie (48r) - Italy

APPENDIX A

REGIMEN SANITATIS SALERNITANUM

    Anglorum regi scripsit scola tota Salerni:
    Si vis incolumen, si vis te reddere sanum,
    Curas tolle graves, irasci crede prophanum,
    Parce mero, cenato parum, non sit tibi vanum
5 Surgere post epulas, somnum fuge meridianum,
    Non mictum retine, nec comprime fortiter anum.
    Hec bene si serves, tu longo tempore vives.

******

    Si tibi deficiant medici, medici tibit fiant
    Hec tria: mens leta, requies, moderata dieta.

******

10 Lumina mane manus surgens gelida lavet aqua;
    Hac illac modicum pergat; modicum sua membra
    Extendat; crines pectat; dentes fricet. Ista
    Confortant cerebrum, confortant cetera membra.
    Lote cale; sta paste vel i; frigesce minute.

******

15 Sit brevis aut nullus tibi somnus meridianus.
    Febris, pigricies, capitis dolor atque caterrus:
    Hec tibi proveniunt ex somno meridiano.

******

    Quattuor ex vento veniunt in ventre retento:
    Spasmus, ydrops, colica, vertigo quattuor ista.

******

20 Ex magna cena stomaco fit maxima pena.
    Ut sis nocte levis, sit tibi cena brevis.

******

A SALERNITAN REGIMEN OF HEALTH

The whole School of Salerno wrote for the English king:
If you want to be healthy, if you want to remain sound,
Take away your heavy cares, and refrain from anger,
Be sparing of undiluted wine, eat little, get up
5 After eating fine food, avoid afternoon naps,
Do not retain your urine nor tightly compress your anus.
Do these things well, and you shall live a long time.

******

Should you need physicians, these three doctors will suffice:
A joyful mind, rest and a moderate diet.

******

10 In the morning, upon rising, wash your hands and face with cold water;
Move around a while and stretch your limbs;
Comb your hair and brush your teeth. These things
Relax your brain and other parts of your body.
After your bath keep warm; stand or walk around after a meal; go slowly if you are of cool temperament.

******

15 Take a short afternoon nap, or none at all, as
Fever, indolence, headache and chest cold
May result from that nap.

******

Four illnesses come from gas retained in the stomach:
Spasm, dropsy, colic and vertigo.

******

20 Your stomach will suffer great harm after a heavy meal.
In order not to feel weighed down at night, make your evening meal light.

******

Tu numquam comedas stomacum nisi noveris ante
Purgatum vacuumque cibo quem sumpseris ante.
Ex desiderio poteris congnoscere certo--
25 Hec tua sunt signa--subtilis in ore dieta.

******

Persica, poma, pira, lac, caseus et caro salsa,[1]
Et caro cervina et leporina, caprina, bovina;
Hec melancolica sunt, infirmis inimica.

******

Ova recentia, vina rubentia, pinguia iura,
30 Cum similia pura nature sunt[2] valitura.

******

Nutrit et impinguat triticum, lac, caseus infans,
Testiculi, porcina caro, cerebella, medulle,
Dulcia vina, cibus gustu iucundior,[3] ova
Sorbilia, mature ficus, uveque recentes.

******

35 Vina probantur odore, sapore, nitore, colore.
Si bona vina cupis, hec quinque probantur in illis:
Fortia, formosa, fragrantia, frigida, frisca.

******

Sunt nutritiva plus dulcia, candida vina.

******

Si vinum rubeum nimium quandoque bibatur,
40 Venter stippatur, vox limpida turbificatur.

******

[1] TEXT: falsa
[2] TEXT: sint
[3] TEXT: iocundior

APPENDIX A   221

>   Do not eat a second time until your stomach has been purged and
>   emptied
>   Of the food which you took earlier.
>   You will be able to know for sure whether you are hungry, by
>   judging your desire for food.
> 25 The other sign is having dined lightly earlier.[1]

                              ******

>   Peaches, apples, pears, milk, cheese, salted meats,
>   Deermeat, rabbit, goat, and beef
>   Are melancholic and harmful to the sick.

                              ******

>   Fresh eggs, red wines and rich gravies are recommended
> 30 Since they are nutritious in nature.

                              ******

>   Wheat, milk, and fresh cheese are nourishing and fattening, as
>   are
>   Testicles, pork meat, brain, marrow,
>   Sweet wines, good tasting foods, raw
>   Eggs, ripe figs, and fresh grapes.

                              ******

> 35 Wines should be tested for smell, taste, brightness, and color.
>   If you want good wines, these five things should be tested in
>   them:
>   How strong, brilliant, fragrant, cool, and fresh they are.

                              ******

>   Most nutritious are the heavy white wines.

                              ******

>   If too much red wine is drunk,
> 40 It causes constipation and raucousness of the voice.

                              ******

---

[1] Only the commentary makes this clear: "Le second signe signifiant fain veritable c'est la diete precedente, prinse en petite quantité." (11r)

Allea, nux, ruta, pira, raphanus et tiriaca:
Hec sunt antidotum contra mortale venenum.

******

Aer sit mundus, habitabilis ac luminosus,
Nec sit infectus, nec olens fetore cloace.

******

45 Si tibi cerotina noceat potatio vini,
Hora matutina rebibas; et erit medicina.

******

Gignit et humores melius vinum meliores.
Si fuerit nigrum, corpus reddet tibi pigrum;
Vinum sit clarumque vetus, subtile, maturum,
50 Ac bene limphatum, saliens, moderamine sumptum.

******

Non sit acetosa cervisia, sed bene clara,
De validis cocta granis satis ac veterosa.

******

De qua potetur, stomachus non inde gravetur.

******

Temporibus veris modicum prendere iuberis.
55 Sed calor estatis dapibus nocet immoderatis.
Autumni fructus caveas ne sint tibi luctus.
De mensa sume quantum vis tempore brume.

******

Salvia cum ruta faciunt pocula tuta;
Adde rose florem, minuit potenter amorem.

******

60 Nausea non poterit quemquam vexare marina[1],
Antea cum vino mixtam si sumpserit illam.

******

---

[1] TEXT: marinia

Garlic, nuts, rue, pears, radishes, and theriaca
Are antidotes for deadly poison.

******

The air must be pure, habitable, and bright,
It should be neither contaminated nor smell of the sewer.

******

45 If you develop a hangover from drinking at night,
Drink again in the morning; it will serve as your medicine.

******

The best wine engenders the best humors.
If wine is dark, it renders your body indolent;
Wine should be clear, aged, subtle, ripe,
50 Well diluted, zesty, and taken in moderation.

******

Beer should not be sour but clear. It should be brewed
From healthy grains, and sufficiently fermented and aged.

******

Your stomach will not be weighed down from drinking beer.

******

Take a moderate quantity of food in the springtime.
55 Summer's heat is also harmful to those who eat immoderately.
In autumn beware that fruits (fructus) do not become cause for
    mourning (luctus).
Eat as much as you like in winter.

******

Sage and rue[1] will make your drinks safe. If you
Add the flower of the rose, it will strongly diminish your love.

******

60 Seasickness will not trouble a man who
Has taken seawater mixed with wine before [the trip.]

******

---

[1] The commentary considers sage and rue separately rather than as "sage with rue."

Salvia, sal vinum, piper, allea, petrosilinum,
Ex his fit salsa, nisi sit commixtio salse.

******

Si fore vis sanus, ablue sepe manus.
65 Lotio post mensam tibi confert munera bina:
Mundificat palmas et lumina reddit acuta.

******

Panis non calidus nec sit nimis inveteratus,
Sed fermentatus, oculatus, sit bene coctus,
Modice salitus, frugibus validis sit electus.
70 Non comedas crustam, coleram quia gignit adustam.
Panis salsatus, fermentatus, bene coctus,
Purus sit, sanus, qui non ita sit tibi vanus.

******

Est caro porcina sine vino peior ovina;
Si tribuis vina tunc est cibus medicina.

******

75 Ylia porcorum bona sunt, mala reliquorum.

******

Impedit urinam mustum, solvit cito ventrem;
Epatis emfraxim splenis, generat lapidemque.

******

Potus aque[1] sumptus sit edenti valde notivus;
Infrigidat stomacumque; cibum nititur fore crudum.

******

80 Sunt nutritive multum carnes vituline.

******

Sunt bona galina, capo, turtur, sturna, columba,
Quiscula vel merucula, phasianus, ethigoneta,
Perdrix, frigellus, orex, tremulus, amerellus.

******

[1] TEXT: atque

From sage, salt with wine, pepper, garlic, and parsley
Make a sauce, mixing it together in a sprightly manner.

******

If you want to be healthy, wash your hands often.
65 Washing after a meal gives you two benefits:
It cleans your hands and makes your eyes keen.

******

Bread should be neither warm nor stale.
It should be leavened, raised, well-baked,
Moderately salted, and chosen from the best grains.
70 Do not eat the crust, since it causes burning choler.
Bread that is salted, leavened, well-baked,
Pure, and healthy should be of great benefit to you.

******

If you eat pork without wine, it is worse than mutton.
If you add wine to pork, then it is food and medicine.

******

75 The intestines of pigs are good; those of other animals are bad.

******

Must (new wine) interferes with urination and acts as a laxative;
It causes stoppage of the liver and spleen, and engenders kidney stone.

******

Drinking and eating at the same time may be harmful, since [water]
Cools the stomach, and the food is liable to remain undigested.

******

80 Veal is very nourishing.

******

Chicken, duck, turtle-dove, starling, pigeon,
Quail, blackbird, pheasant, thrush,
Partridge, chaffinch, orex, wagtail, and water fowl are nourishing.

******

Si pisces molles sunt, magno corpore tolle;
85 Si pisces duri, parvi sunt plus valituri.

******

Lucius et parca, saxaulis et albica, tenca,
Sornus, plagicia cum carpa,[1] galbio, truta.

******

Vocibus anguille prave sunt si comedantur,
Qui phisicam non ignorant hec testificantur;
90 Caseus, anguilla nimis obsunt si comedantur
Ni tu sepe bibas et rebibendo bibas.

******

Inter prandendum sit sepe parumque bibendum.
Si sumas ovum, molle sit atque novum.

******

Pisam laudare decrevimus ac reprobare;
95 Pellibus ablatis, est bona pisa satis;
Est inflactiva cum pellibus atque nociva.

******

Lac ethicis sanum caprinum, post camelinum,
Ac nutritivum plus omnibus est azininum;
Plus nutritivum vaccinum sit et ovinum.
100 Si febriat caput et doleat non est bene sanum.

******

Lenit et humectat, solvit sine febre butirum.

******

Incidit atque lavat,[2] penetrat mundat quoque serum.

******

---

[1] TEXT: parca
[2] TEXT: lavet

APPENDIX A 227

If fish are soft, they should be eaten when large in size;
85 If fish are hard, they are more nutritive when small in size.

******

Pike, perch, sole, whiting, tench,
Shrimp, plaice, carp, gurnard, and trout [are all edible fish.]

******

Eating eels is bad for the voice
As those who know anything about medicine will attest,--and
90 Cheese and eel are harmful when eaten together in great quantity,
Unless you drink [wine] often.

******

During the meal take small drinks often.
If you eat an egg, make it soft and fresh.

******

We decided both to praise and to reproach the pea:
95 Without the pod, peas are rather good;
With the pod, they cause gas and are harmful.

******

Goat's milk is healthy for consumptives, and next after that
   camel's milk,
But most nutritious of all is ass's milk;
Cow's milk is also nutritious and likewise sheep's milk.
100 If your head is feverish or aches, milk is not very healthy.

******

Butter softens, is moist and acts as a laxative when there is no
   fever.

******

Whey cuts through and washes, penetrates and purifies.

******

Caseus est frigidus, stipans grossus[1] quoque durus.
Caseus et panis bonus est cibus hic bene sanis;
105 Si non sunt sani, tunc hunc non iungito pani.

******

"Ignari medici me dicunt esse nocivum,
Sed tamen ignorant cur nocumenta feram."
Languenti stomacho caseus addit opem.
Si post sumatur, terminat ille dapes:
110 Qui phisicam non ignorant hec testificantur.

******

Inter prandendum sit sepe parumque bibendum;
Ut minus egrotes non inter fercula potes.

******

Ut vites penam, de potibus incipe cenam.

******

Singula post ova pocula sume nova.
115 Post pisces nux sit, post carnes caseus assit.
Unica nux prodest, nocet altera, tercia mors est.

******

Adde potum piro, nux est medicina veneno.
Fert pira nostra pirus. Sine vino sunt pira virus;
Si pira sunt virus, sit maledicta pirus.
120 Si quoquas, antidotum pira sunt, sed cruda venenum.
Cruda gravant stomachum, relevant pira cocta gravatum.
Post pira da potum, post pomum vade fecatum.

******

[1] TEXT: grossos

APPENDIX A 229

      Cheese is cold, constipating, crude, and hard,

      Cheese and bread are good food for a man who is healthy;

105 If a man is not healthy, then cheese without bread is good.

******

      "Ignorant doctors say that I (cheese) am harmful,

      Nevertheless they do not known why I should do harm."

      Cheese brings help to a weak stomach.

      Taken after your other food, it properly ends the meal.

110 Those who are not ignorant of medicine will attest to these
        things.

******

      During the meal take small drinks often;

      So that you do not become ill, do not [wait to] drink in between
        courses.

******

      Begin the meal with drinks to avoid ill effects.

******

      After each egg drink another cup [of wine;]

115 After fish have nuts, after meat serve cheese.

      One [kind of] nut is good, a second is harmful, a third [kind]
        brings death.

******

      Add a drink of wine to your pear, and the nut is medicine against
        poison.

      A pear tree produces our pears. Without wine its pears are
        poison;

      If pears are poison (virus), then damned be the peartree (pirus)!

120 If you cook them, pears are an antidote, but uncooked they are a
        poison.

      Raw they aggravate the stomach; cooked, pears relieve the
        aggravation.

      After the pear, drink wine; after the apple empty your bowels.

******

Cerasa, si comedas, tibi confert grandia dona:
Expurgat stomachum, nucleus lapidem tibi tollit,
125 Et de carne sua sanguis eritque bonus.

******

Infrigidant, laxant, multum prosunt tibi pruna.

******

Persica cum musto vobis dantur ordine iusto
Sumere; sic est mos nucibus sociando racemos.
Passula non spleni, tussi valet, est bona reni.

******

130 Scrofa, tumor, glandes, ficus cataplasmate cedit;
Iunge papaver et confracta foris tenet ossa.

******

Pediculos Venerem facit, sed cuilibet obstat.

******

Multiplicant mictum, ventrem dant escula strictum.
Escula dura bona, sed mollia sunt meliora.

******

135 Provocat urinam mustum, cito solvit et inflat.

******

Grossos humores nutrit cervisia, vires
Prestat et augmentat carnem, generat atque cruorem,
Provocat urinam, ventrem quoque mollit et inflat.
Infrigidat modicum. Sed plus desiccat acetum:
140 Infrigidat, macerat, melancoliam dat, sperma minorat,
Siccos infestat nervos, et pinguia siccat.

******

APPENDIX A

      From eating the cherry, you will derive great benefits:
      It purges the stomach, its pit removes your kidney stone,
125 And from its pulp (carne) will come good blood.

******

      Plums are quite beneficial to you: they are cooling and cathartic.

******

      You should take peaches with must (new wine),
      Just as it is customary to eat grapes with nuts.
      Raisins are bad for the spleen, but good for a cough or for the kidneys.

******

130 Fig in a poultice removes scrofula, tumor, and glandulas;
      Add poppy and it mends together broken bones.

******

      [The fig] generates lice and lust, but it resists anything.

******

      Medlars cause excessive urine and constipation.
      Medlars are good hard, but better soft.

******

135 Must causes urine, is laxative and brings on gas.

******

      Beer nourishes thick humors, gives strength,
      Fattens the flesh, produces blood,
      Provokes urine, has a laxative effect, causes gas,
      And has a cooling effect. Vinegar has more of a drying effect:[1]
140 It cools, makes a man thin, induces melancholy, decreases the number of sperm,
      Harms those of dry humor, and dries up the nerves of the fats.

******

---

[1] The commentary indicated the punctuation of this line and specified that vinegar was not the subject of both verbs.

Rapa iuvat stomachum, novit producere ventum,
Provocat urinam, faciet quoque dente ruinam,
Si male cocta datur, hinc torsio tunc generatur.

******

145 Egeritur tarde cor, digeritur quoque dure.
Similiter stomachus, melior sit in extremitates.
Reddit lingua bonum nutrimentum medicine.
Digeritur facile pulmo, cito labitur ipse.
Est melius cerebrum gallinarum riliquorum.

******

150 Semen feniculi fugat et spiracula culi.

******

Emendat visum, stomacum confortat anisum.
Copia dulcoris anisi sit melioris.

******

Si cruor emanat spodium sumptum cito sanat.

******

Vas condimenti preponi debet edenti.
155 Sal virus[1] refugat et non sapidumque saporat,
Nam sapit esca male que datur abque sale.
Urunt persalsa visum, spermaque minorant,
Et generant scabiem, pruritum sive vigorem.

******

Hi fervore vigent tres: salsus, amarus, acutus.
160 Alget acetosus, sic stipans, ponticus atque.
Unctus et insipidus, dulcis dant temperamentum.

******

[1] TEXT: visus

APPENDIX A								233

         The turnip helps the stomach, produces gas,
         Causes urine, and may do harm to the teeth.
         If it is served undercooked, it may give you a stomach cramp.

                              ******

145   The heart [of all animals] is slow to digest and hard to excrete.
         Similarly the stomach is harder to digest and egest than its
            extremities (organs on either end of the stomach).
         Tongue gives good medicinal nourishment.
         The lung is easily digested and is quickly expelled.
         The brain of chickens is better than any other animal's.

                              ******

150   The fennel seed loosens gas.

                              ******

         Anise improves vision and comforts the stomach.
         And sweet anise works better.

                              ******

         The ashes of certain vegetable matter[1] stop hemorrhage.

                              ******

         The salt dish should be placed on the table at mealtime.
155   Salt wards off poison, and adds taste to a man's food,
         For food which is served without salt does not taste good.
         Very salty foods hurt the eyes, decrease sperm,
         And engender scabies, pruritus, or vigor (three diseases involv-
            ing itching).

                              ******

         These three flavors have a warming effect: the salty, the bit-
            ter, and the sharp.
160   The sour, like the styptic, and the acidulous have a cooling
            effect.
         The unctuous, the tasteless, and the sweet yield a balanced
            effect.

                              ******

         [1]"Spodium" does not have a more precise definition.

Bis duo vipa facit; mundat dentes, dat acutum
Visum; quo minus est implet, minuit quod habundant.

******

Omnibus assuetam iubeo servare dietam;
165　Approbo sic esse, nisi sit mutare necesse.
Est Ypocras testis, quoniam sequitur mala pestis.
Fortior est meta medicine certa dieta,
Quam si non curas, fatue regis et male curas.

******

Quale? quid? et quando? quantum? quotiens? ubi dando?
170　Ista notare cibo debet medicus dietando.

******

Ius caulis solvit, cuius substantia stringit;[1]
Utraque quando datur, venter laxare paratur.

******

Dixerunt malvam Veteres quia molliat alvum.
Malve radices rase[2] dedere feces;
175　Vulvam moverunt et fluxum sepe dederunt;

******

Mentitur menta si sit depellere lenta
Venteris lubricos stomachi vermesque nocivos.

******

[1] TEXT: strignit
[2] TEXT: rese

APPENDIX A 235

    The "soupe au vin" (vipa) has a quadruple effect: it cleans the
       teeth; it gives sharp
    Vision; what is lacking it supplies; what is overabundant is
       reduces.

******

    I prescribe a regular diet for all people:
165 I recommend keeping that diet unless it is necessary to change
       it.
    Hippocrates attests that disease may result otherwise.
    A proper diet is one of the foremost goals of medicine;
    Attend to your diet, or you foolishly direct your other efforts
       and take care of yourself badly.

******

    What kind? what? when? how much? how often? where to be
       given?
170 These things a doctor should quickly take note of while pre-
       scribing a diet.

******

    Cabbage broth has a laxative effect; its substance is astringent;
    When taken together they act as a laxative.

******

    The Ancients called mallow "malva" because it softens the belly
       (alvum).
    The roots of the mallow act as a laxative;
    They bring movement to the womb and cause menstrual flow to
       occur often.

******

    Mint would not be mint (mentitur menta) if it were slow to
       expel
    Dangerous intestinal worms of the belly and stomach.

******

Cur moritur homo cui salvia crescit in orto?
Contra vim mortis non est medicamen in ortis.
180 Salvia confortat nervos, manumque tremorem
Tollit, et eius ope febris acuta fugit.
Salvia, castore[u]m, lavendula, premula veris,
Nasturtium, athanasia sanant paralitica membra.
Salvia, salvatrix, nature consiliatrix!

******

185 Nobilis est ruta quia lumina reddit acuta;
Auxilio rute, vir quippe, videbis acute;
Ruta viris coitum minuit, mulieribus auget.
Ruta facit castum, dat lumen et ingerit astum.
Cocta facit ruta de pulicibus loca tuta.

******

190 De cepis medici non consentire videntur.
Colericis non esse bonas, dicit Galienus,
Fleumaticis vero multum docet esse salubres,
Presertim stomacho, pulchrum creare colorem.
Contricis cepis loca denudata capillis
195 Sepe fricans, poteris capitis reparare decorem.

******

Si cruor emanat spodium sumptum cito sanat.

******

Est modicum granum siccum calidumque sinapis,
Dat lacrimas, purgatque caput, tollitque venenum.

******

Crapula discutitur, capitis doloratque gravedo.
Purpuream dicunt violam curare caducos.

******

200 Egris dat somnum, vomitum quoque tollit ad usum,
Compescit tussim veterem, colicisque medetur,
Pellit pulmonis frigus, ventrisque tumorem,
Omnibus et morbis subveniet articulorum.
******

APPENDIX A   237

    Why should a man die in whose garden grows sage?

    Against the power of death there is not medicine in our gardens.

       But

180 Sage calms the nerves, takes away hand

    Tremors, and helps cure acute fever.

    Sage, castoreum, lavender, primrose,

    Nasturtium, and athanasia cure paralytic parts of the body.

    O sage the savior, of nature the conciliator!

                            ******

185 Noble is rue since it gives you keen eyesight.

    With its help, certainly as a man, you will see sharply.

    Rue decreases coitus in man and increases it in women.

    Rue makes man chaste, intelligent and cunning.

    When cooked, rue makes the house safe from fleas.

                            ******

190 The doctors do not seem to agree on onions.

    Galen says that they are not good for those of choleric humor,

    But he teaches that they are quite salubrious for phlegmatics,

    And especially good for the stomach and the complection.

    By frequently rubbing your bald spots with ground onions,

195 You may restore your head of hair.

                            ******

    The mustard seed is small, dry, and hot;

    It causes tears, relieves the head, and expels poison.

                            ******

    Drunkenness and headache are relieved [by the violet.]

    They say that it also cures epileptics.

                            ******

200 [The nettle] gives sleep to the sick, stops vomiting,

    Relieves chronic cough, and is a remedy against colic.

    It takes away your chest cold as well as abdominal tumors,

    And it helps in all diseases of the joints.

                            ******

Isopus est herba purgans a pectore fleuma.
205 Ad pulmonis opus cum melle coquatur ysopus.
Vultibus eximium fertur reparare colorem.[1]

******

Appositum cancris tritum cum melle medetur;
Cum vino potum poterit separare dolorem
Sepe solet vomitum ventremque tenere solutum.

******

210 Cum vino coleram nigram potata repellit;
Sic dicunt veterem sumptum curare podagram.

******

Cecatis pullis hac lumina mater yrondo,
Plenius ut scribit, quamvis sint eruta reddit.

******

Auribus infusus vermes succus necat eius.
215 Cortex verrucas in asceto cocta resolvit.
Pomorum succus, flos, partus destruit eius.

******

Confortare crocus[2] dicatur letificando,
Membraque defecta confortat, epar reparando.

******

Fleuma vires modicas tribuit, latosque brevesque,
220 Fleuma facit pinges, sanguis reddit mediocres.
[Ocio non studio tradunt sed corpora somno.]
Sensus ebes, tardus motus, pigritia, somnus:

---

[1] TEXT: colerem
[2] TEXT: trocus

The hyssop is an herb that purges your chest of phlegm.
205 When it is cooked with honey it is good for the lungs.
It is said to restore a healthy coloring to your face.

******

[Chervil] ground and mixed with honey is a remedy for the canker.
When it is taken with wine it cuts off pain;
It often stops vomiting and loose bowels.

******

210 [Fleabane] taken with wine expels black bile;
They say it also cures chronic gout.

******

The mother swallow [uses celandine] in restoring sight to her blinded young
Whose eyes have been plucked out--according to Pliny.

******

[The willow's] juice kills worms when poured into their ears;
215 Its bark cooked in vinegar cures warts;
The juice of the fruits and the flower are harmful to [human] reproduction.

******

The saffron, being cheery, is said to comfort;
It aids weak parts of the body and helps the liver.

******

Phlegm makes men weak, stout, short,
220 And fat, while the blood humor makes men of medium build.
[Men of phlegmatic humor tend toward leisure rather than work, and]
Dullness of senses, slow movement, laziness, and sleep [are typical.]

Hic somnolentus, piger, in hac sputamine multus,
Est huic sensus ebes, pinguis facit color albor.

******

225 Reddit fecundas permansum sepe puellas;
Isto stillantem poteris retinere cruorem.

******

Quod piper est nigrum non est dissolvere pigrum;
Fleumata purgabit digestivamque iuvabit.
Leucopiper stomacho prodest tussique dolori
230 Utile, preveniet mutum febrisque rigorem.

******

Et mox post escam dormire nimisque moveri,
Ista gravare solent auditus, ebrietasque.

******

Metus, longa fames, vomitus, parcussio, casus,
Ebrietas, frigus tinnitum causat in aure.

******

235 Balnea, vina, Venus, ventus, piper, allea, fumus,
Porri cum cepis, lens, fletus, faba, sinapis,
Sol, coitus, ignis, labor, ictus, acumina, pulvis:
Ista nocent oculis, sed vigilare magis.

******

Feniculus, verbena, rosa, celidonia, ruta:
240 Ex istis fit aqua, que lumina reddit accuta.

******

Sic dentes serva: porrorum collige grana,
Ne careas iure cum iusquiano simul ure,
Sicque per embotum fumum cape dente remotum.

******

APPENDIX A

These sleepy and sluggish men, who spit often,
Are dull of senses and white in coloring.

******

225 If eaten often, [leeks] make girls fertile.
You may also stop [nose]bleed with them.

******

Because pepper is black (nigrum), it is not slow (pigrum) to
   dissolve.
It will purge phlegm and help digestion.
White pepper is good for your stomach and useful for the pain of
   cough.
230 It will ward off the attack of fever and its rigor.

******

Both sleep and too much movement soon after eating,
As well as drunkenness, are usually bad for the hearing.

******

Fear, long fasting, vomiting, a blow, a fall,
Drunkenness, and cold cause a ringing in your ear.

******

235 Baths, wines, Venus, wind, pepper, garlic, smoke,
Leeks, onions, lentil, weeping, beans, mustard,
The sun, coitus, fire, work, a blow, spicy foods, dust:
These things hurt the eyes, but staying up late hurts them more
   so.

******

Fennel, verbena, the rose, celandine, rue:
240 From these mix juices to sharpen your eyesight.

******

Likewise take care of your teeth: gather the seeds of leeks,
Burn them with the juice of henbane,
And direct the smoke toward your teeth through a funnel.

******

Nux, oleum, frigus capitis, anguilaque,[1] lotus,
245 Ac pomum crudum faciunt hominem fore raucum.

******

Ieiuna, vigilia, caleas dape, valde labora,
Inspira calidum, modicum bibe, comprime flatum:
Hec bene tu servas, si vis depellere reuma.
Si fluat ad pectus dicatur reuma catarrus,
250 Ad fauces brancus, ad nares esto corisa.

******

Auripigmentum sulfur miscere memento,
His decet apponi calscem, commisce saponi.
Quattuor hec misce, commixtis quattuor istis
Fistula curatur, quater ex his si repleatur.

******

255 Ossibus ex denis bis centenisque novenis,
Constat homo, denis bis dentibus et duodenis,
Ex tricentenis deties sex quinque que venis.

******

Enula campana reddit precordia sana;
Cum succo rute si succus sumitur huius,
260 Affirmant ruptis nil esse salubrius istis.

******

Illius succo crines retinere fluentes,
Allitus asseritur dentisque curare dolorem,
Et squamas succus sanat cum melle perunctus.

******

Quatuor humores in humano corpore constant:
265 Sanguis cum colera, fluma, melancolia.

---

[1] TEXT: angutilaque

APPENDIX A   243

      Nuts, olive oil, head cold, eels, drinking,
245 And raw apple make a man hoarse.

******

Fast, stay awake, eat hot food, work hard,
Breathe warm air, drink little, hold your breath:
Do these things well if you want to get rid of a cold.
If the cold goes down to the chest it is called catarrh.
250 When it goes to the fauces (narrow passages from the mouth to
    the pharynx), hoarseness; to the nose, coryza (a common head
    cold).

******

Mix sulphur with orpiment (arsenic trisulfide)
And add quick lime, then combine them with soap.
Mix these four together, and when they are mixed
Your fistula will be cured (curatur), when these four steps are
    completed (repleatur).

******

255 Man has two hundred and nineteen bones,
He has thirty-two teeth, and
Three hundred and sixty-five veins.

******

Elecampane is good for the diaphragm.
If its juice is mixed with that of rue,
260 There is nothing more healthful for those with hernia.

******

[Nasturtium] juice spread over the head is said to
Stop hair from falling out; it also cures toothache;
And the juice mixed with honey cures scales.

******

Four humors make up the human body:
265 Blood, choler, phlegm and melancholoy.

Terra melancolia, aqua flegma, et aer sanguis, colera ignis.

******

Natura pingues isti sunt atque iocantes.
Semper rumores cupiunt audire frequentes;
Hos Venus et Bachus delectant, fercula, risus,
270 Et facit hos hylares et dulcia verba loquentes.
Omnibus hii studiis habiles sunt et magis apti;
Qualibet ex causa nec hos leviter movet ira.
Largus, amans, hylaris, ridens rubeique coloris,
Cantans, carnosus, satis audax, atque benignus.

******

275 Est et humor[1] colere, qui competit impetuosis:
Hoc genus est hominum cupiens precellere cunctos.
Hic leviter discunt, multum comedunt, cito crescunt;
Inde magnanimi sunt, largi, summa petentes.
Hirsutus, fallas, irascens, prodigus, audax,
280 Astutus, gracilis, siccus, croceique coloris.

******

Restat adhuc tristis colere substantia nigre,
Que reddit pravos, pertristes,[2] pauca loquentes.
Hii vigilant studiis, nec mens est dedita somno.
Servat propositum, sibi nil reputant fore tutum.
285 Invidus et tristis, cupidus, dextreque tenacis,
Non expers fraudis, timidus, luteique coloris,

******

[1] TEXT: houmor
[2] TEXT: partristes

APPENDIX A   245

Earth corresponds to melancholy, water to phlegm, air to blood, fire to choler.

******

Fat and jolly of nature are those [of sanguine humor.]
They always want to hear rumors,
Venus and Bacchus delight them, as well as good food and laughter;
270 They are joyful and desirous of speaking kind words.
These people are skillful for all subjects and quite apt;
For whatever cause, anger cannot lightly rouse them. They are
Generous, loving, joyful, merry, of ruddy complexion,
Singing, solidly lean, rather daring, and friendly.

******

275 Next is the choleric humor, which is known to be impulsive:
This kind of man desires to surpass all others.
On the one hand he learns easily, he eats much and grows quickly;
On the other hand, he is magnanimous, generous, a great enthusiast.
[He is] hairy, deceitful, irritable, lavish, bold,
280 Astute, slender, of dry nature, and of yellowish complexion.

******

There remains the sad substance of the black melancholic temperament,
Which makes men wicked, gloomy, and taciturn.
These men are given to studies, and little sleep.
They work persistently toward a goal; they are insecure.
285 They are envious, sad, avaricious, tight-fisted,
Capable of deceit, timid, and of muddy complexion.

******

Hii sunt[1] humores qui prestant cuique albores:[2]
Omnibus in rebus ex flumate sit color albus,
Sanguine fit rubeus, colera rubea quoque ruffus.
290 Si peccet sanguis, facies rubet, extat ocellus,
Inflantur gene, corpus nimiumque gravatur,
Est pulsusque frequens, plenus, mollis, olor ingens
Maxime fit frontis et constipatio ventris,
Siccaque lingua, sitis, et somnia plena rubore.
295 Dulcor adest sputi, sunt[3] acria dulcia queque.

******

Denus septenus vis fleubothomium petit annus.
Spiritus uberior erit per flebothomiam;
Spiritus ex potu vini mox multiplicatur,
Humorumque cibo damnum lente reparatur.
300 Lumina clarificat, sincerat fleubothomia
Mentes et cerebrum, calidas facit esse medullas,[4]
Viscera purgabit, stomachum, ventremque coercet,
Puros dat sensus, dat somnum, cedia tollit,
Auditus, vocem, vires producit et auget.

******

305 Tres insunt istis--mayus, september, aprilis--
Et sunt lunares sunt velut ydra dies;
Prima dies primi, postremaque posteriorum,
Nec sanguis minui nec carnibus anseris uti.

---

[1] TEXT: sont
[2] TEXT: labores
[3] TEXT: suut
[4] TEXT: medullus

APPENDIX A 247

These are the humors which give to each his skin coloring:
From phlegm comes a fair, white complection,
From blood a ruby color, and a rather tawny complection from red choler.

290 If blood is overabundant, the face turns red, the eye protrudes,
The cheeks swell up, the body is too weighed down,
The pulse is frequent, full, and soft; great pain
Occurs, espcially in the forehead; the bowels are constipated,
A dry tongue and thirst result, and dreams are completely red in color.

295 The saliva is sweet, even when tasting bitter things.

******

Phlebotomy is scarcely needed before a person is seventeen.
The more productive spirit will escape [with your blood] during phlebotomy,
But these spirits will soon be replenished by drinking wine, and
Any harm done by the humors will be gradually repaired by food.

300 Phlebotomy clears your eyes, freshens your
Mind and brain, makes your marrow warm,
Purges your bowels and restrains your stomach and belly [from vomiting or menstruation;]
It purifies the senses, brings on sleep, takes away weariness;
It cultivates and improves hearing, speech, and strength.

******

304 There are three good [months for phlebotomy]--May, September, April--
Which are lunar months just as are the Hydra [constellation's] days.
Neither on the first day of May nor the last day of September or April
Should blood be drawn or goose be eaten.

In sene vel iuvene si vene sanguine plene,
310 Omni mense dene confert incisio vene.
Hii sunt tres menses-mayus, september, aprilis-
In quibus eminuas ut longo tempore vivas.

******

Frigida natura, frigens regio, dolor ingens,
Post lavacrum, coitum, minor etas atque senilis,
315 Morbus prolixus, repletio potus et esce,
Si fragilis, vel subtilis sensus stomachi sit
Et fastiditi, tibi non sunt fleubothomandi.

******

Quid debet facere quando vis fleubothomari?
Vel quando minuis? fueris vel quando minutus?
320 Unctio, sive potus, lavachrum vel facias, motus
Debent non fragili tibi singula mente teneri.

******

Exhilarat tristes, iratos[1] placat, amentes
Ne sint amentes fleubothomia facit.

******

Fac plagam largam mediocriter, ut cito fumus
325 Exeat, uberius liberiusque cruor.

******

Sanguine substracto sex horis est vigilandum,
Ne somni fumus ledat sensibile corpus.
Ne nervum ledas, non sit tibi plaga profunda.
Sanguine purgatus non carpat protinus escas.

******

330 Omnia de lacte vitabis rite minute,
Et vitet potum fleubothomatus homo.
Frigida vitabis qui sunt inimita minutis.
Interdictus erit minutus nubilus homo;

---

[1] TEXT: iracos

APPENDIX A 249

        In the old man or in the young man whose veins are full of blood
310 Phlebotomy may be practiced in every month.
        These are the three months--May, September, April--
        In which you should draw blood in order to live a long time.

******

        Cool constitution, a cold region, great pain,
        Bathing, sexual intercourse, youth and old age,
315 Long illness, heavy drinking, and eating,--[if you are in one of
        these situations]
        Or if you are weak or thin or have a sensitive stomach, or
        If you are nauseous, then phlebotomy is not good for you.

******

        What should you do when you want to be phlebotomized?
        Or when you are bloodletting or when you will have blood let?
320 Ointment, drink, washing, bandages, and movement
        Should be kept well in mind.

******

        Phlebotomy cheers the sad, calms the angry
        And helps cure madmen.

******

        Make the wound rather large, so that quickly the vapors
325 May escape, and blood come out more abundantly and more freely.

******

        When blood has been taken out, stay awake six hours,
        So that the vapors of sleep will not harm your sensitive body.
        To avoid damaging a nerve, do not let your wound cut deep.
        After being cleansed by blood, you should not eat immediately.

******

330 You should avoid all milk products,
        And refrain from drinking after phlebotomy, keep away
        From cold things, since cold is bad for you.
        While in this condition, avoid walking outside during cloudy
           weather, but

Spiritus exultat minutis luce per aeres.[1]
335 Omnibus apta quies, est motus valde nocivus.

******

Principio minuas in acutis perperacutis.

Etatis medie multum de sanguine tolle,

Sed puer atque senex tollet uterque parum.

Ver[2] tollet dupplum, reliquum tempus tibi simplum.

******

340 Estas, ver dextras, autumnus hyemsque sinistras,

Quatuor hec membra: Cephale, cor, pes, epar vacuanda.

Ver [cor], epar estas, ordo seque[n]s reliquas.

******

Dat salvatella tibi plurima dona minuta:

Purgat epar, sp[l]enum, pectus, precordia, vocem;

345 Innaturalem tollit de corde dolorem.

******

Si dolor est capitis ex potu, lympha bibatur,

Ex potu nimio nam febris accuta creatur.

Si vertex capitis vel frons estu tribulentur,

Tempora fronsque simul moderate sepe fricentur,

350 Morella cocta necnon calidaque laventur.

******

Temporis estivi ieiunia corpora siccant.

Quolibet in mense confert vomitus, quoque purgat

---

[1] TEXT: aures

[2] TEXT: vel

APPENDIX A   251

      Raise your spirits by walking outside in good weather.
335   Rest is appropriate for all, and movement could prove harmful.

******

      Practice phlebotomy at the beginning of acute and very acute
         illnesses.
      Take a lot of blood from those of middle age;
      From children and older persons take only a little.
      Take twice as much blood in spring, but only the normal amount
         in other seasons.

******

340   In summer and spring [take blood from] the right veins; in
         autumn and winter from the left.
      These four parts of the body--the head, the heart, the feet, the
         liver--should be relieved [of blood:]
      The heart in spring, the liver in summer, the following in the
         order of the seasons (the head in winter, the feet in autumn).

******

      Opening the salvatella vein gives you many small benefits:
      It purges the liver, the spleen, the chest, the diaphragm, and
         the voice;
345   It also takes away any unnatural pain from the heart.

******

      If your headache is from alcohol[1], drink water,
      For from too much alcohol an acute fever may occur.
      If the top of your head or forehead has a burning pain,
      Rub your temples and forehead moderately at the same time,
350   And wash them with warm morel that has been cooked.

******

      Fasting in summertime dries out the body.
      Vomiting is profitable in every month, for it purges

---

      [1]The commentary specifies any drink which can make a man
drunk; " . . . de vin on d'aultre breuvaige duquel l'omme s'enyvre
 . . . " (116r)

Humores noc[i]vos, stomachi lavant ambitus omnis.

Ver, autumnus, hyems, estas dominatur in anno.

355 Tempore vernati calidus sit aer humidusque,

Et nullum tempus melius sit fleubothomie.

Usus tunc homini Veneris confert moderatus,[1]

Corporis et motus, ventrisque solutio, sudor,

Balnea. Purgentur tunc corpora cum medicinis.

360 Estas more calet, siccam noscatur in illa;

Tunc quoque precipue coleram rubeam dominari;

Humida, frigida fercula dentur, sit Venus extra,

Balnea non prosunt, sint rare fleubothomie,

Utilis est requies, sit cum moderamine potus.

******

[1] TEXT: moderatus

Harmful humors, and it washes the circuits of all the stomach.

Spring, [summer,] autumn, and winter are the seasons of the year.
355 In springtime the air is warm and humid,

And no time is better for phlebotomy.

In spring lovemaking is beneficial to man in moderation,

As are exercise, laxatives, sweating, and

Baths. In that season the body should be purged with medicines.
360 Summer is usually hot, and is known as a dry season.

The summer encourages the occurrences of red choler.

In summer food of cold and humid qualities should be served, and
lovemaking should be avoided;

Baths are not good then, and phlebotomy should be rare.

Rest is useful, and drink is good in moderation.

******

INDEX RERUM

[This index indicates the lines of poetry which treat of the following subjects.]

ages   childhood 338, youth 309, 314, middle age 337, old age 309, 314, 338

air 42-43, 247, 266, 355. See also gas.

anatomy 255-57. See also temperaments and individual parts of the body.

anger 3, 272, 322

anise 151-52

antidote 41-42, 117, 120, 155, 197. See also remedies.

anus 6

apple 26, 122, 245

ass 98

astrology 305-12

athanasia 183

autumn 56, 340, 342, 354

Avicennian qualities   heat 196, 355, 360, cold 14, 103, 139, 234, 313, 332, 362, dryness 139, 141, 196, 280, 351, 360, 362, moisture 101, 355

Bacchus 269. See also drunkenness.

baldness 194-95

bandages 320

bath 14, 235, 314, 359, 363

beans 236

beef 27

beer 51-52, 53, 136-41

belly 173, 177. See also stomach.

bile, black 210. See also melancholy.

birds 81-83, 149, 308. See also individual birds.

blackbird 82

blood 125, 137, 265-66, 267-74, 289-95. See also phlebotomy.

bloodletting. See phlebotomy.

blow (n.) 233, 237

bones 131, 255

bowels 209, 293, 302. See also feces, laxatives and constipation.

brain 13, 32, 149, 301

bread 67-72, 104

breath 247

broth 171

butter 101

cabbage 171

camel 97

canker 206

carp 87

castoreum 182

catarrh 249

celandine 212-13, 239

chaffinch 83

cheese 26, 31, 90, 103-05, 106-10, 115

cherry 123-25

chervil 207-09

chest 202, 249, 344

chicken 81, 149

choler 265-66, 275-80, 289, 361

choler, black 210

choler, burning 70

choler, red. See choler.

choleric 191, 275-80

coitus 187, 237, 357, 362. See also reproduction.

cold (illness) 16, 202, 244, 246-50. See also Avicennian qualities.

colic 19, 201

complection 193, 206, 224, 273, 280, 286, 287-90

constipation 40, 103, 133, 293

consumptive 97

coryza 250

cough 129, 201, 229

cow 99

deermeat 27

diaphragm 258, 344

diet 9, 22-25, 29-30, 31-34, 35-37, 38, 39-40, 46-50, 51-52, 53, 54-57, 62-63, 67-72, 73-74, 75, 76-77, 78-79, 80, 81-83, 84-85, 86-87, 88-91, 93, 94-96, 97-100, 101, 102, 103-05, 106-10, 114-16, 117-22, 123-25, 126, 127-29, 132, 133-34, 136-41, 142-44, 145-49, 154, 159-61, 162-63, 164-68, 169-70, 171-72. See also eating.

digestion 145-48, 228. See also diet and eating.

disease. See illness and specific diseases themselves.

dizziness 19

doctor 8-9, 106-07, 170, 190-91

dreams 294

drinking 4, 45-46, 53, 78-79, 91, 92, 111-12, 113, 198, 232, 234, 244, 247, 269, 298, 315, 331, 346-47, 364. See also milk, water, beer, wine and drunkenness.

dropsy 19

drunkenness 45-46, 198, 232, 234, 269. See also drinking.

duck 81

dust 237

earth 266

eating 4-5, 20-21, 22-25, 14, 65, 78-79, 92, 109, 111-12, 113, 114-15, 117-22, 154, 231, 315, 329. See also diet.

eel 88-91, 244

egg 29, 33, 93, 114

elecampane 258-60

elements, four 266. See also fire, air, water, earth.

epileptic 199

exercise 358

eye 66, 151, 157, 162-63, 185, 235-38, 239-40, 290, 300

fall 233

fasting 233, 246, 351

fat (n.) 141

fauces 250

fear 233

feces 6, 122. See also bowels, constipation and laxatives.

feet 341-42

fennel 150, 239

fertility 225. See also coitus, menstruation and reproduction.

fever 16, 100, 101, 181, 230, 347

fig 34, 130

fire 237, 266

fish 84-85, 86-87, 88-91, 115. See also individual fish.

fistula 251-54

flavors 159-61, 295

flea 189

fleabane 210-11

food 5, 24, 33, 54, 74, 79, 109, 155-57, 237, 246, 269, 299. See also eating and diet.

fowl, water 83

fruit 26, 34, 41, 56, 117-22, 123-25, 126, 127-29, 130, 132, 216. See also individual fruits.

garlic 41, 62, 235

gas 18, 96, 135, 138, 142, 150

glandulas 130

goat 27, 97

goose 308

gout 211

grape 34, 128

gravy 29

gurnard 87

hair 12, 194-95, 261-62

hand 10, 64, 66, 180

hangover 45-46, 198

head 16, 100, 197, 198, 261, 292-93, 341-42, 346-50

headache 16, 100, 198, 292-93, 346-50

health, general 1-7, 8-9, 64-66, 164-68. See also specific aspects of health.

hearing 232, 234, 304

heart 341-42, 345

henbane 242

herb 41, 58-59, 133-34, 150, 151-52, 153, 155-56, 171-72, 173-75, 176-77, 178-84, 185-89, 190-95, 196-97, 198-99, 200-03, 204-06, 207-09, 210-11, 212-13, 214-16, 217-18, 225-26, 227-30, 235-38, 239-40, 241-43, 251-54, 258-60, 261-63, 350. See also individual herbs.

hernia 260

hoarseness 40, 244-45, 250

honey 205, 207, 263

humors digestive 46, 136, four 219-24, 264-66, 267-74, 275-80, 281-86, 287-95, general 299. See also temperament.

hunger. See eating and fasting.

hyssop 204-06

illness 166, 315, 336. See also individual diseases.

indolence 16, 48, 222

intestine 75

joint 204

kidney 129

kidney stone 77, 124

lavender 182

laxative 22, 76, 101, 126, 135, 138, 171-72, 174, 302, 358

leek 225-26, 236, 241-43

lentil 236

lice 132

lime, quick 252

liver 77, 218, 341-42, 344

love 59, 235, 269, 357, 362. See also coitus, Venus, and reproduction.

lung 205

lust 132. See also Venus.

madmen 323

mallow 173-75

marrow 32

meat 26-27, 32, 73-74, 75, 80, 81-83, 115-19, 145-49. See also individual meats and birds.

medicine. See physicians and remedies.

medlar 133-34

melancholic 28, 281-86

melancholy 140, 210, 265-66, 281-86

menstruation 175, 302

milk 26, 31, 97-100, 330

mint 176-77

moderation 9, 50, 54-55, 69, 357, 364

months 305-12, 352. See also seasons.

morel 350

mouth 25

must (new wine) 76, 127, 135

mustard 196-97, 236

mutton 73

nap 5, 15-17. See also sleep.

nasturtium 183, 261-63

nausea 317

nerve 141, 180, 328

nettle 200-03

nosebleed 226

nut 41, 115-16, 117, 128, 244

nutrition. See diet.

ointment 320

onion 190-95, 236

orex 83

orpiment 251

paralysis 183

parsley 26, 62

partridge 83

pea 94-96

peach 26, 127

pear 26, 41, 117-22

pepper 62, 227-30, 235

perch 86

pheasant 82

phlebotomy 296-304, 305-12, 313-17, 318-21, 322-23, 324-25, 326-29, 330-35, 336-39, 340-43, 344-45, 356, 363

phlegm 219-24, 265-66, 288

phlegmatic 192, 219-24

pig 75

pigeon 81

pike 86

plaice 87

plum 126

poison 42, 117-20, 155, 197

poppy 131

pork 32, 73-74, 75

poultice 130

primrose 182

pruritus 158

pulse 292

quail 82

rabbit 27

radish 41

raisin 129

raucousness 40, 244-45, 250

remedies 41-42, 45-46, 58-59, 60-61, 74, 117, 120, 130-31, 150, 151-52, 153, 155, 171-72, 173-75, 176-77, 178-84, 185-89, 190-95, 196-97, 198-99, 200-03, 204-06, 207-09, 210-11, 212-13, 214-16, 217-18, 225-26, 227-30, 239-40, 246-50, 251-54, 258-60, 261-63, 346-50. See also phlebotomy.

reproduction 216. See also coitus, menstruation, sperm and Venus.

rest 9, 335, 364. See also sleep.

rose 59, 239

rue 41, 58, 185-89, 239, 259

saffron 217-18

sage 58, 178-84

saliva 295

salt 154-58

salvatella 343

sanguine humor 265-66, 267-74, 289-95

sauce 63

scabies 158

scales 263. See also specific diseases with scales.

scrofula 130

seasickness 60

seasons 53-57, 339, 340-42, 351-64

sex. See reproduction, coitus, sperm, menstruation, Venus.

sheep 73, 99

shrimp 87

sick (n.) 29, 105, 200. See also specific illnesses.

sleep 5, 15-17, 200, 222, 231, 283, 293, 303, 326-27

smoke 235, 243

soap 252

sole 86

soupe au vin 162

spasm 19

sperm 140, 157

speech. See voice.

spices. See herb.

spleen 77, 344

spodium 153

spring 54, 339, 340, 342, 354-59

starling 81

stomach 18, 20-21, 22-23, 53, 76, 107, 121, 124, 142, 144, 151, 177, 193, 202, 229, 302, 316. See also eating and drinking.

stone 77, 124

sulphur 251

summer 55, 340, 342, 351, 354, 360-64

sun 237

tears 197, 236

teeth 12, 143, 162, 241-43, 256, 262

temperament 14, 141, 191, 219-24, 265-66, 267-74, 275-80, 281-86, 287-95, 313. See also blood, choler, phlegm, melancholy, and Avicennian qualities.

tench 86

testicles 32

theriaca 41

thrush 82

toothache 262

tremors 180

trout 87

tumor 130, 202

turnip 142

urine 6, 76, 133, 135, 138, 143

vapor 324, 326

veal 80

vegetables. See individual vegetables.

vein 257, 343. See also phlebotomy.

Venus 132, 235, 269, 357, 362

verbena 239

vertigo 19

vigor 158

vinegar 139, 215

violet 198-99

vision. See eye.

voice 40, 244-45, 250, 304, 344

vomiting 200, 209, 233, 302, 352

wagtail 83

wart 215

washing 10, 64-66, 102, 320, 353

water 78, 266, 346

water fowl 83

weeping 197, 236

wheat 31

whey 102

whiting 86

willow 214-16

wind 235. See also air and gas.

wine 4, 29, 33, 35-37, 38, 39-40, 46-50, 61, 62, 73-74, 76-77, 91, 114, 117-18, 122, 127, 135, 208, 210, 235, 298, 346-47

winter 57, 340, 342, 354

womb 175

work 237, 246

worm 177, 214

wound 324, 326

A SELECTED BIBLIOGRAPHY

Allred, Fred. "An Old French Science Dictionary." Ph.D. diss., University of North Carolina at Chapel Hill, 1966.

Alos-Moner i de Dou, R.D', "Col·lecció de documents relatius a Arnau de Vilanova." Estudis Universitaris Catalans 3 (1910), 47-53, 140-48, 331-32, 447-49, 531-34.

──────. "Col·lecció de documents relatius a Arnau de Vilanova." Estudis Universitaris Catalans 4 (1911), 110-19, 496-98.

──────. "Col·lecció de documents relatius a Arnau de Vilanova." Estudis Universitaris Catalans 6 (1912), 98-103.

Aristotle. The Works of Aristotle Translated into English. Vol. I. Ed. W.D. Ross. London: Oxford University Press, 1952.

Aristotle, pseudo-. Secreta secretorum Aristotelis. Lyon: Blanchard, 1528. [See also Robert Steele, editor.]

Arnaldus de Villanova. Arnau de Vilanova. Obres Catalanes. 2 Vols. Ed. Miguel Batllori with the prologue of Joaquin Carreras i Artau. Barcelona: Barcino, 1947.

──────. Hec sunt opera Arnaldi de Villanova. Ed. Murchi. Lyon: Fradin, 1504. [See Regimen sanitatis salernitanum.]

Astruc, J. Mémoires pour servir à l'histoire de la Faculté de Médecine de Montpellier. Ed. M.-M. Lorry. Paris: Cavelier, 1767.

Bailey, N. Dictionarium Britannicum. London: Cox, 1736.

Batlle i Prats, L. "Notícies de llibres d'antics inventaris del bisbat de Girona." Estudis Universitaris Catalans 16 (1931), 333-39.

Batllori, Miguel. "Orientaciones bibliográficas para el estudio de Arnau de Vilanova." Pensamiento 10 (1954), 311-20.

Baudrier, J. Bibliographie lyonnaise. Recherches sur les imprimeurs . . . de Lyon au XVIe siecle. 12 Vols. Lyon: 1895-1921.

Baxter, James H. Medieval Latin Word-List. London: Oxford Univ. Press, 1934.

Blecua, Alberto. "Libros de caballerías, Latín macarrónico y novela picaresca: la adaptación castellana del Baldus." Boletín de la Real Academia de Buenas Letras de Barcelona 24 (1971-72), 147-239.

Brinkman, Johannes. Die apokryphen Gesundheitregeln des Aristoteles für Alexander den Grossen in der Uebersetzung des Johann von Toledo. Metzger & Wittig, 1914.

Brunet, Gustave. La France littéraire au XVe siecle. 1865. Reprint: Geneva: Slatkine Reprints, 1967.

Carreras i Artau, Joaquín. "La Llibreria d'Arnau de Vilanova." Analecta Sacra Tarraconensia 11 (1935), 63-84.

──────. "Les obres teològiques d'Arnau de Vilanova." Analecta Sacra Tarraconensia 12 (1936), 217-31.

_____. Relaciones de Arnau de Vilanova con los reyes de la casa de Aragón. Barcelona: Real Academia de Buenas Letras de Barcelona, 1955.

Carreras i Artau, Joaquín and Miguel Batllori. "La patria y la familia de Arnau de Vilanova." Analecta Sacra Tarraconensia 20 (1948), 5-75.

Cartulaire de l'Université de Montpellier. Vols. I-II. Montpellier: 1890-1912.

Catalogue of a Collection of Early German Books in the Library of C. Fairfax Murray. Compiled by Hugh W. Davies. 2 Vols. London: The Holland Press, 1962.

Chabàs Llorens, R. "Arnaldo de Vilanova, valenciano?" Revista Valenciana de Ciencias Médicas 3 (1901), 2-9.

_____. "Arnaldo de Villanueva y sus yerros teólogos." Homenaje a Menéndez y Pelayo. Madrid: 1899.

_____. "Inventario de los libros, ropas y demás efectos de Arnaldo de Villanueva." Revista de Archivos, Bibliotecas y Museos 3rd epoch, 9 (1903), 189-203.

Choulant, L. Graphische Incunabeln für Naturgeschichte und Medicin. 1858. Reprint. Hildesheim: Olms, 1963.

_____. Handbuch der Bücherkunde für die ältere Medicin. 2 Vols. Leipzig: Voss, 1841.

Copinger, W. Supplement to Hain's Repertorium bibliographicum. Milan: Görlich, 1950.

Daremberg, Charles. L'Ecole de Salerne. Traduction en vers français par Charles Meaux Saint-Marc, avec le texte latin, précédée d'une introduction. Paris: Baillière, 1880.

Denifle, H.-E. Chartularium Universitatis Parisiensis. Vol. II. Paris: 1881.

DeRenzi, Salvador et al. Collectio Salernitana Ossia Storia della scuola medica di Salerno. 5 Vols. Naples: Filiatre-Sebezio, 1852-59.

De Riquier, M. "Un nuevo manuscrito con versiones catalanes de Arnau de Vilanova." Analecta Sacra Tarraconensia 22 (1949), 1-20.

Dictionnaire des sciences médicales. Paris: Panckouck, 1812.

Diepgen, Paul. "Der Lebens- und Bildungsgang Arnalds von Villanova." Archiv für Geschichte der Medizin 3 (1909), 115-30.

_____. Des Meisters Arnald von Villanova Parabeln der Heilkunst. Leipzig: 1922.

_____. "Die Weltanschauung Arnalds von Vilanova und Seine Medizin." Scientia 61 (1937), 38-47.

_____. "Zur Charakteristik Arnalds von Villanova." Archiv für Geschichte der Medizin 5 (1911), 115-20.

Dorland. Dorland's Illustrated Medical Dictionary. 24th edition. London: Saunders, 1965.

Dunglison, Robley. Human Health. Philadelphia: Lea, 1874.

_____. *Medical Lexicon. A Dictionary of Medical Science*. Philadelphia: Lea, 1874.

Fisher, C.P. *A Descriptive List of the Incunabula in the Library of the College of Physicians of Philadelphia*. [Reproduction from Annual Medical History, N.S. 1931, 3, 228, 325, 439.]

Galen, Claudius. *Opera quae existant*. Vol. I. Ed. C. Kuhn. Leipzig: 1821.

Garrison, Fielding H. *An Introduction to the History of Medicine, with medical chronology, suggestions for study and bibliographic data*. 4th edition, revised and enlarged. Philadelphia: Saunders, 1929. [See also Harington, The School of Salernum.]

Grässe, J.G. *Trésor de livres rares et précieux*. 8 Vols. Leipzig: Welter, 1900.

Gruner, O. Cameron. *Treatise on the Canon of Medicine of Avicenna*. London: Luzac, 1930.

_____. *A Treatise on the Canon of Medicine Incorporating a Translation of the First Book*. New York: Kelley, 1970.

Hain, Ludwig. *Repertorium bibliographicum*. 2 Vols. 1826-38. Reprint. Milan: Görlich, 1948.

Harington, Sir John, trans. *The School of Salernum*. History of the School of Salernum by Francis R. Packard, M.D., and a Note on the Prehistory of the Regimen sanitatis by Fielding H. Garrison. New York: Hoeber, 1920.

Haureau, B. "Arnaud de Villeneuve." *Histoire Littéraire de la France*, Vol. XXVIII (1881), 26-126.

Haven, Marc. *La Vie et les oeuvres de Maître Arnaud de Villeneuve*. Paris: Chomel, 1896.

Henschel, G.E.T. et al. See DeRenzi et al.

Hippocrates. *Opera quae existant*. 3 Vols. Ed. C. Kuhn. Leipzig: 1825-27.

Hurst, A. *The Constitutional Factor and Disease*. London: Kegan Paul Psyche Miniatures, 1927.

Jones, W.H.S. *Philosophy and Medicine in Ancient Greece*. Supplement to Bulletin of the History of Medicine. Baltimore: Johns Hopkins, 1946.

Klebs, Arnold C. *Incunabula scientifica et medica*. [Reproduction from Osiris, Bruges, Belgium, 1938.]

Kristeller, Paul. *School of Salerno*. [Reproduction from Bulletin of the History of Medicine, Vol. 17, No. 2, February, 1945.]

Lacinius, Janus. *The New Pearl of Great Price*. A Treatise concerning the treasure and most precious stone of the philosophers. Trans. Arthur E. Waite. London: Elliott, 1894.

Lafeuille, Germaine. *Les Amphorismes Ypocras de Martin de Saint-Gille 1362-1365*. Cambridge, Mass.: Harvard University Press, 1954.

_____. *Les Commentaires de Martin de Saint-Gille sur les Amphorismes Ypocras*. Genève: Droz, 1964.

Lalande, E. *Arnaud de Villeneuve, sa vie et ses oeuvres.* Paris: Chomel, 1896.

Lawn, Brian. *The Salernitan Questions.* Oxford: Clarendon Press, 1963.

Leclerc, Lucien. *Histoire de la Medecine arabe.* 2 Vols. 1876. New York: Franklin, n.d. [Reprint: Paris: 1876.]

Martí de Barcelona, P. "Nous documents per a la biografia d'Arnau de Vilanova." *Analecta Sacra Tarranconensia* 11 (1935), 85-127.

_____. "Regesta de documents arnaldians coneguts." *Estudis Franciscans* 47 (1935), 261-300.

McVaugh, Michael. "Quantified Medical Theory and Practice at Fourteenth Century Montpellier." [Reprint: *Bulletin of the History of Medicine*, Vol. 43, No. 5, Sept.-Oct., 1969.]

Menéndez y Pelayo, M. *Arnaldo de Vilanova, médico catalán del siglo XIII.* Madrid: Murillo, 1879.

Montoliu, M. de. *Les Grans personalitats de la literatura catalana.* Vol. II. [Ramon Llull i Arnau de Vilanova]. Barcelona: Alpha, 1958.

Moore, N. "The Schola Salernitana: its history and the date of its introduction into the British Isles." *The Glasgow Medical Journal* 69 (1908), 241-68.

Moreau, René. *Schola salernitana.* Paris: Blasius, 1625.

Nysten, P.-H. *Dictionnaire de Médecine.* Paris: Baillière, 1855.

Packard, Francis R. See Harington.

Palau y Dulcet, A. *Manual del librero hispano-americano; bibliografía general española e hispano-americana desde la invención de la imprenta.* 2nd edition, corrected and expanded by the author. 10 Vols. Barcelona: Palau, 1948-57.

Paniagua, Juan A. "L'Arabisme à Montpellier dans l'oeuvre d'Arnau de Vilanova." *Le Scalpel* (Brussels), 117 (1964), 631-37.

_____. "Arnau de Vilanova, médico escolástico." *Asclepios* (1966-67), 517-32.

_____. *Estudios y notas sobre Arnau de Vilanova.* Madrid: Instituto "Arnaldo de Vilanova" de Historia de la Medicina, 1963.

_____. "Importancia europea de la medicina de Arnau de Vilanova." *XV Congreso internacional de Historia de la Medicina.* n.d. 305-14.

_____. "Vida de Arnau de Vilanova." *Archivos Iberoamericanos de Historia de la Medicina* 3 (1951), 3-83.

Parente, Pascal, trans. *The Regimen of Health of the Medical School of Salerno.* New York: Vantage Press, 1967.

Pellechet, M. *Catalogue général des incunables des bibliothèques publiques de France.* Paris: Picard, 1897-1909.

Polain, M.L., Ed. *Catalogue des livres imprimés au quinzième siècle des bibliothèques de Belgique.* Brussels: Société des bibliophiles & iconophiles de Belgique, 1932.

A SELECTED BIBLIOGRAPHY

Pollard, A.W. et. al. A Short-title catalogue of books printed in England, Scotland, & Ireland and of English books printed abroad, 1475-1640. Compiled by A.W. Pollard and G.R. Redgrave, with the help of G.F. Barwick and others. London: Bibliographical Society, 1946.

Proctor, R. An Index to the Early Printed Books of the British Museum . . . with notes to those of the Bodleian Library. London: 1898-1903.

Ram Narain, M. The Temperaments and Constitutional Defects. Delhi: Narain's Medical Agency, 1902.

Regimen sanitatis [Ger.] Die Ordnung der Gesundheit. Augsburg: Johann Bamler, 23 April 1472.
U.S. National Library of Medicine (USNLM) 384, Klebs 828.1, Hain 13736, Sudhoff 20, Osler 14

_____. Ulm: Conrad Dinckmut, 5 October, 1482.
USNLM 385, Klebs 828.8, Sudhoff 16, Schreiber 5061, Schramm vi, 24-25, Ernst: Kestner Mus. 287.

_____. Augsburg: Anton Sorg, 1490.
USNLM 386, Klebs 828.9, Hain 13745, Br. Mus. Cat. ii, 355, Sudhoff 17, Voullième 151

Regimen sanitatis salernitanum. With the commentary of Arnaldo de Villanova. Louvain: Johann de Paderborn (Westphalia), c. 1480. (With Arnaldo de Villanova, Regimen sanitatis ad regem Aragonum.)
USNLM 387, Klebs 829.3, Campbell 1469, Proctor 9292, Pellechet 1280, Polain 3324

_____. With the commentary of Arnaldo de Villanova. Paris: André Bocard, 17 November, 1493.
USNLM 389, Klebs 831.4, Pellechet 1295, Copinger 5069, Proctor 8154, Claudin ii, 141, Thierry-Poux Pl. xvi, 10, Garrison 354

_____. With the commentary of Arnaldo de Villanova. Paris: Felix Baligault, 17 November, 1493.
USNLM 388, Klebs 831.3, Pellechet 1296, Proctor 8246, Claudin ii, 193, Thierry-Poux Pl. xii, 7, 8, Garrison 355

_____. With the commentary of Arnaldo de Villanova. Corrected by the doctores regentes of Montpellier, 1480. Paris: Antoine Caillaut, 1483.
USNLM 390, Klebs 830.3, Reichling 1853, Art Ancien Bull. XVI, no. 1484

_____. With the commentary of Arnaldo de Villanova. Corrected by the doctores regentes of Montpellier, 1480. Lyon or Toulouse: n. pr., 1490.
USNLM 392, Klebs 830.2, Hain 13748, Pellechet 1277, Copinger 5051, Proctor 7418, Veröffentlichungen der Gesellschaft für Typenkunde des XV Jahrhunderts 2148

_____. With the commentary of Arnaldo de Villanova. Corrected by the doctores regentes of Montpellier, 1480. Strassburg: Georg Husner, 29 December, 1491.
USNLM 393, Klebs 830.10, Hain 13758, Pellechet 1293, Br. Mus. Cat. i, 142, Collijn Stockh 924

_____. With the commentary of Arnaldo de Villanova. Corrected by the doctores regentes of Montpellier, 1480. Venice: Bernardinus Venetus, de Vitalibus or Joannes Baptista Sessa, after 1500.
USNLM 395, Klebs 830.14, Hain 13750, Pollard 285, New York Acad. of Med. 98

_____. With the commentary of Arnaldo de Villanova. Corrected by the doctores regentes of Montpellier, 1480. 'Strassburg: 29 December, 1491' [i.e. Venic: Bernardinus Benalius, 1500.] USNLM 393, Klebs 830.15, Hain 13757, Pellechet 1294, Br. Mus. Cat. v, 379, Fisher 340

_____. With the commentary of Arnaldo de Villanova. Corrected by the doctores regentes of Montpellier, 1480. Venice: Bernardinus Venetus, de Vitalibus [after 1500?].
USNLM 394, Klebs 830.16, Reichling 708, Essling 610, Bibl. Osleriana 7484 Fisher 342, New York Acad. of Med. 99

_____. [Fr.] Le Regime tresutile et tresproufitable pour conserver et garder la santé du corps humain. With the commentary of Arnoul de Villeneuve. Corrected by the "docteurs regens" of Montpellier, 1480. Lyon: n. pr., 1491. See History of editions for full information on our base text (Introduction).

_____. [Fr.] Regimen sanitatis en françois. With the commentary of Arnoul de Villeneufve. Corrected by the "docteurs regens" of Montpellier, 1480 and 1501. Lyon: n. pr., 1501. (With Souverain remede contre l'epedimie and Traictié pour congnoistre les urines.)

Reichling, D. Appendices ad Hainii-Copingen Repertorium bibliographicum. 6 parts and supplement. Monaco: Rosenthal, 1905-11.

Salvador de los Borges, F. "Arnau de Vilanova, Moralista," Institut d'Estudis Catalans, 25 (1957), 5-120.

Sarton, G. Introduction to the History of Science. 3 Vols. London: 1927-48.

Shah, Mazhar H. "Principles of the Greco-Arabian System of Medicine." The Medicus, 22, I (1961), 1-19.

_____. The General Principles of Avicenna's Canon of Medicine. Karachi, Pakistan: Naveed Clinic, 1966.

Sigerist, Henry E. "Notes lexicographiques sur les recettes medicales du Haut Moyen Age." Bulletin DuCange 5 (1929-30), 97-166.

_____. Studien und Texte zur frühmittelalterlichen Rezeptliteratur. Leipzig: Barth, 1923.

Singer, C. A Short History of Medicine. Oxford: Clarendon Press, 1928.

Soulard, Henry. "Maître Arnaud de Villeneuve, médecin, alchimiste et philosophe provençal du XIIIe siecle." Association Guillaume Budé. Bulletin, 4 (1966), 210-30.

Steele, Robert, ed. Opera hactenus inedita Rogeri Baconi. Fasc. V. Secretum secretorum cum glossis et notulis. Oxford: Clarendon Press, 1920.

_____. ed. Secrees of Old Philisoffres by Lydgate and Burgh. London: Kegan Paul, 1894.

_____. ed. Three Prose Versions of the Secreta secretorum. London: Kegan Paul, 1898.

Stone, Howard. "Medical Translations in French before 1500: a Linguistic Analysis of Representative Works." Ph.D. diss., University of California at Berkeley, 1941.

_____. "Puzzling translations in the Thirteenth Century, Multiple Equivalents in Early French Medical Terminology." Romance Notes, 10 (1968), 175-79.

Sudhoff, Karl. Deutsche medizinische Inkunabeln. Leipzig: 1908.

_____. "Zum Regimen sanitatis salernitanum." Archiv für Geschichte der Medizin 8 (1914-15), 352-73.

_____. "Zum Regimen sanitatis salernitanum." Archiv für Geschichte der Medizin 9 (1915-16), 221-56.

_____. "Zum Regimen sanitatis salernitanum." Archiv für Geschichte der Medizin 7 (1913-14), 360-62.

_____. "Zum Regimen sanitatis salernitanum." Archiv für Geschichte der Medizin 10 (1916-17), 91-101.

Talbot, C.H. The Medical Practitioners in Medieval England. London: Wellcome Historical Medical Library, 1965.

Thorndike, Lynn. The History of Magic and Experimental Science. Vol. II. New York: MacMillan (Columbia University Press), 1923.

Vacher de la Feutrie et al. Dictionnaire de chirurgie. 2 Vols. Paris: Lacombe, 1767.

Verrier, René. Etudes sur Arnaud de Villeneuve. 2 Vols. Leiden: Janus, 1947-49.

Weller, E. "Regimen sanitatis." Serapeum 19 (1858), 268-71.

_____. "Regimen sanitatis." Serapeum 20 (1859), 64.

Wickerscheimer, Ernest. "Autour du Régime de Salerne." Le Scalpel 105 L (1952), 1501-10.

_____. Dictionnaire biographique des médecins en France au Moyen Age. 2 Vols. Paris: Droz, 1936.

www.ingramcontent.com/pod-product-compliance
Lightning Source LLC
Chambersburg PA
CBHW060258240426
43661CB00060B/2823